日帰り山あるき 関西

大人の遠足
BOOK

JN023501

Area Color

- ▮ 六甲・東播
- ▮ 北摂
- ▮ 京都周辺
- ▮ 近江
- ▮ 大和・吉野
- ▮ 室生・鈴鹿
- ▮ 阪南・紀北

Contents

表紙写真
伊吹山（メイン写真・コース 24）
三輪神社のササユリ（下左・コース 27）
武奈ヶ岳（下中・コース 25）
みたらい渓谷（下右・コース 34）
目次写真（左上から）
中山寺の梅林（コース 9）
布引滝（コース 41）
金勝アルプスの岩場（コース 22）
伊吹山のイブキトリカブト（コース 24）
大観寺の大イチョウ（コース 49）
大和葛城山・誓いの鐘（コース 30）
白上山付近からの紀伊水道（コース 46）

本書の使い方

本書は、関西周辺の日帰りで楽しめる 50 コースを収録しています。主にビギナーやファミリーでも歩きやすいコースをはじめ、有名な寺院や世界遺産、高原や渓谷などの観光地を歩くコースをピックアップしていますが、岩場や鎖場など、より上のレベルへのステップアップにつながるコースも紹介しています。

●本書のデータは2020年4月現在のものです。料金、営業期間などは変更になる場合があります。お出かけの際はあらかじめご確認ください。
●各コースの標高差とコース距離の算出、および高低図の作成にあたって、DAN杉本さん作成の「カシミール3D」を利用させていただきました。

登山データ

・標高
紹介する山の最高点、または紹介コース上の最高地点を表記しています。

・レベル
紹介コースの登山レベルを示します。決定にあたっては、コースを取材した上で、道標の整備や岩場の有無など現地の様子や、歩行時間、標高差などを総合的に見て判断しています。コースによっては★の数が同じでも、ひとつ上（あるいは下）のレベルになる場合があります。

入門…整備度★★★、難易度★
初級…整備度★★★〜★★　難易度★★〜★
中級…整備度★★〜★　難易度★★★〜★★

※別途上級を設定しています。なお、本書はビギナーやファミリーを主な対象としているため、他のガイドブックと比べ、同じコースでもレベルが高くなっていることがあります。

整備度
★★★…道標、コースともによく整備され、道迷いなどの心配が少ない。
★★……道標は要所にあるが、コースの一部に荒れた箇所などがある
★………道標が少なく、コースの一部に道迷いにつながる不明瞭な箇所がある

難易度
★………歩行3時間30分以内、標高差400m未満。危険箇所はほとんどない
★★……歩行3時間30分〜6時間、標高差400〜700m。ガレ場や岩場など一部に危険箇所がある
★★★…歩行6時間以上、標高差700m以上。3点確保を伴う危険な岩場がある

・歩行時間
コースの歩行時間の合計で、休憩時間は含みません。計画を立てる際は、休憩時間や食事などのプラスアルファを考慮して下さい。

・歩行距離
コース中の歩行距離を示します。

★ロックガーデン上部の風吹岩からは大阪湾や大阪市街が見渡せる

1 ロックガーデン・六甲山魚屋道（ろっこうさんとと・や みち）

高摩の磨岩にあるロックガーデンの奇岩像・藤木九三のレリーフ

老若男女レベルを問わず親しまれる関西随一の山岳レジャーの山

六甲山地最高点・六甲最高峰（標高931m）へは、芦屋川駅からロックガーデンの中央稜を通って山頂に立ち、かつて灘の海から有馬温泉へ魚介を運んだ魚屋道を有馬温泉に下山するのが一般的で、六甲山中でも人気が高い。ここでは、さらに六甲山地一帯の草原風景が広がる東おたふく山も絡めたコースを紹介する。雨ヶ峠から東おたふく山に登っていったん下り、さらに六甲最高峰へ向けて登るだけに、体力が必要なコースだ。登りは標高差もかなりある。通年歩けるコースだが、ベストは5月の新緑と秋のススキの頃。

アクセス情報

（アクセス図）

アクセスのヒント
芦屋川駅には阪急芦屋川駅の特急と通勤特急、快速急行は停車しないので注意。下山駅は、有馬温泉駅寄駅の有馬バス停から宝塚駅への阪神バスや大阪（梅田）への阪急バスが出ている。

マイカーの場合は、芦屋川駅周辺のコインパーキングに車を停め、下山後に有馬温泉から阪急芦屋川駅に戻ってくるといいだろう。

●登山途中で天候が崩れそうな場合は、東おたふく山から山頂からが芦屋川ドライブウェイ上の東おたふく山登山口バス停があるため、六甲最高峰から西に1時間ほどの六甲有馬ロープウェイ山上公園駅へ向かう。後者は車道を横切る際に通行する車に注意しよう。

8

・標高差
登りの標高差はコースの起点（または登り区間での最低所）と山頂（またはコース中の最高所）の標高の差を示しています。下りの標高差は山頂（またはコースの最高所）と下山口の標高の差を示しています。

・問合せ先
紹介コースの情報が得られる市町村役場や観光協会、アクセスで利用する交通機関などの電話番号です。自治体によっては土・日曜・祝日の問合せには対応していない場合があります。

地図

各コースにつけられた❶❷❸などの数字は、コースガイド、高低図と一致しています。コース中の注意箇所は赤色、注目ポイントや花などコース中の見どころは青色の吹き出しで紹介しています。

・本書に掲載されている地図は、国土地理院発行の地形図をもとに製作されています（承認番号は巻末に掲載）。
・地図上の情報やルートは、発行後に変更・閉鎖される場合もありますので、ご注意ください。

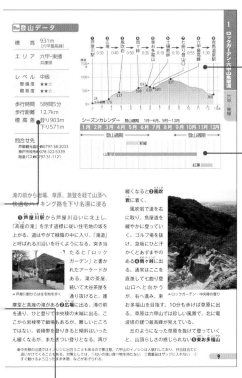

高低図

紹介コースのおおよその距離と標高を示した図で、コース中の主要通過点とその間の歩行時間も掲載しています（各コースにつけられた❶❷❸などの数字は、コースガイド、地図と一致しています）。

シーズンカレンダー

紹介コースに無理なく登れる期間を示す登山適期をはじめ、新緑や紅葉の見ごろ、コース中で見られる主な花の開花期を記載しています。気象条件などにより、年によって状況が変わるので、事前に地元自治体等に問合せておきましょう。

アクセス情報

電車・バスなど公共交通機関を利用する場合は、大阪から登山起点となる現地の鉄道駅、あるいは駅から登山口に近い最寄りのバス停までの経路を、マイカーの場合は最寄りのICからの経路を紹介しています。公共交通の所要時間には乗り換え時間は含みません。曜日や季節によっては登山に適するバス便がないことがありますので、事前にバス会社に問合せておきましょう。また、マイカー利用の際の効率的な回り方や注意点などのヒントもあわせて紹介しています。

地図記号の凡例

━━━	その章の本文で紹介している登山コース	1945 △ 三角点	🏠 道の駅
○ ▲	登山コースのポイント（山マークは山頂）	1945 ・ 標高点	⛩ 碑
←0:30	登山コースポイント間のコースタイム	🏠 有人山小屋	🏫 学校
━━━	その章でサブコースとして紹介している登山コース	🏠 無人小屋	Ⓧ 警察署・交番
━━━	その章で紹介していない主な登山コース・エスケープコース	🏠 ホテル・旅館	〒 郵便局
‥‥‥	その他の主な登山道	💧 水場	◎ 市役所
═══	有料道路	🚻 トイレ	○ 町村役場
▬❶▬	国道	(!) 登山コース中の重要注意箇所	卍 寺院
—·—·—	県界	✻ 花	幵 神社
—··—··—	市町村界	⛺ 登山ポスト	♣ ゴルフ場
▬▭▬	鉄道(JR)	Ⓟ 駐車場	✺ 発電所・変電所
━━━	鉄道(私鉄)	🍷 バス停	♨ 温泉
▭▭▭	ケーブルカー	⛺ キャンプ指定地・キャンプ場	∴ 史跡・名勝
○━━○	ロープウェイ・ゴンドラ		
○━━○	リフト		

登山データ

標 高	931m（六甲最高峰）
エリア	六甲・東播 兵庫
レベル	中級
	整備度 ★★☆
	難易度 ★★☆
歩行時間	5時間5分
歩行距離	12.7km
標高差	登り903m 下り571m
問合せ先	芦屋観光協会☎0797-38-2033 神戸市役所☎078-322-5339 阪急バス☎0797-31-1121

湯の前から岩場、草原、急登を経て山頂へ
快適なハイキング路を下り名湯に浸る

❶**芦屋川駅**から芦屋川沿いに北上し、「高座の滝」を示す道標に従い住宅地の坂を上がる。道はやがて緑陰の中に入り、「滝道」と呼ばれる川沿いを行くようになる。突き当

たると「ロックガーデン」と書かれたアーケードがある。滝の茶屋、続いて大谷茶屋のある❷広場に出る。滝の前を通り、ひと登りで中央稜の末端に出る。ここから岩稜帯で鎖場もあるが、難しいところではない。岩稜帯を登りきると傾斜がいったん緩くなるが、またきつい登りとなる。再び

くなると❸**風吹岩**に着く。

風吹岩で道を右に取り、魚屋道を緩やかに登っていく。ゴルフ場を抜け、急坂にひと汗かくとあずまやのある❹雨ヶ峠に出る。通常はここを直進して七曲り登山口へと向かうが、右へ進み、東お多福山を目指す。10分も歩けば草原に出る。草原は六甲山では珍しい風景で、北に電波塔の建つ最高峰が見えている。

丘のようになった草原を抜けて登っていくと、山頂からの感じられない❺**東お多福山**

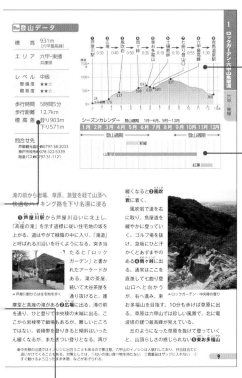

※中央稜の沿道ではイノシシに出合うこともあるので要注意。六甲山のイノシシは人慣れしており、弁当目当てに追いかけられることもある。対策としては、①匂いの強い食べ物を持たない ②貴重品はザックに入れない ③すぐ動けるよう足元は必ず靴を履く、などが挙げられる

9

▲ロックガーデン上部の風吹岩からは大阪湾や大阪市街が見渡せる

1 ロックガーデン・六甲山魚屋道

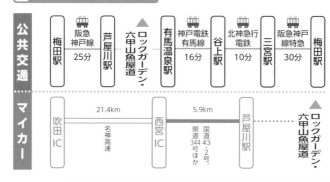

高座の滝前にあるロックガーデンの
命名者・藤木九三のレリーフ

 老若男女レベルを問わず親しまれる関西随一の山岳レジャーの山

六甲山地最高点・六甲最高峰（標高931m）へは、芦屋川駅からロックガーデンの中央稜を通って山頂に立ち、かつて灘の海から有馬温泉へ魚介を運んだ魚屋道を有馬温泉に下山するのが一般的で、六甲山中でも人気が高い。ここでは、さらに六甲山地唯一の草原風景が広がる東お多福山も絡めたコースを紹介する。雨ヶ峠から東お多福山に登っていったん下り、さらに六甲最高峰へ向けて登るだけに、体力が必要なコースだ。登りは標高差もかなりある。通年歩けるコースだが、ベストは5月の新緑と秋のススキの頃。

アクセス情報

公共交通	梅田駅	→阪急神戸線 25分→	芦屋川駅	▲ロックガーデン・六甲山魚屋道	有馬温泉駅	→神戸電鉄有馬線 16分→	谷上駅	→北神急行電鉄 10分→	三宮駅	→阪急神戸線特急 30分→	梅田駅

マイカー	吹田IC	—21.4km 名神高速→	西宮IC	—5.9km 国道43・2号、県道344号ほか→	芦屋川駅	▲ロックガーデン・六甲山魚屋道

アクセスのヒント

芦屋川駅には阪急神戸線の特急と通勤特急、快速急行は停車しないので注意。下山時は、有馬温泉駅手前の有馬バス停から宝塚駅への路線バスや大阪（梅田）への高速バスが出ている。マイカーの場合は、芦屋川駅周辺のコインパーキングに車を停め、下山後に有馬温泉から阪急バス（所要35分）で芦屋川駅に戻ってくるとよいだろう。

●登山途中で天候が崩れそうな場合は、東お多福山なら山頂から東に40分ほどで芦有ドライブウェイ上の東お多福山登山口バス停がある。六甲最高峰なら西に1時間ほどの六甲有馬ロープウェイ山上公園駅へ向かう。後者は車道を横切る際に通行する車に注意しよう。

登山データ

標　高	931m（六甲最高峰）
エリア	六甲・東播　兵庫県
レベル	中級
整備度	★★☆
難易度	★★☆
歩行時間	5時間5分
歩行距離	12.7km
標高差	登り903m　下り571m

問合せ先
芦屋観光協会 ☎0797-38-2033
神戸市役所 ☎078-322-5339
阪急バス ☎0797-31-1121

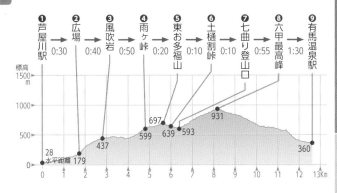

❶芦屋川駅 →0:30 ❷広場 →0:40 ❸風吹岩 →0:50 ❹雨ヶ峠 →0:20 ❺東お多福山 →0:10 ❻土樋割峠 →0:10 ❼七曲り登山口 →0:55 ❽六甲最高峰 →1:30 ❾有馬温泉駅

標高1500m / 1000 / 500

28 水平距離 179　437　599 697 639 593　931　360

0 1 2 3 4 5 6 7 8 9 10 11 12 13Km

シーズンカレンダー　登山適期　通年

1月	2月	3月	4月	5月	6月	7月	8月	9月	10月	11月	12月

←──────────── 登山適期 ────────────→
新緑
山野草
紅葉

**滝の前から岩場、草原、急登を経て山頂へ
快適なハイキング路を下り名湯に浸る**

❶芦屋川駅から芦屋川沿いに北上し、「高座の滝」を示す道標に従い住宅地の坂を上がる。道はやがて緑陰の中に入り、「滝道」と呼ばれる川沿いを行くようになる。突き当

▲芦屋川駅からは住宅地を歩く

たると「ロックガーデン」と書かれたアーケードがある。滝の茶屋、続いて大谷茶屋を通り抜けると、護摩堂と高座の滝がある❷広場に出る。滝の前を通り、ひと登りで中央稜の末端に出る。ここから岩稜帯で鎖場もあるが、難しいところではない。岩稜帯を登りきると傾斜はいったん緩くなるが、またきつい登りとなる。再び

緩くなると❸風吹岩に着く。

風吹岩で道を右に取り、魚屋道を緩やかに登っていく。ゴルフ場を抜け、急坂にひと汗かくとあずまやのある❹雨ヶ峠に出る。通常はここを直進して七曲り登山口へと向かうが、右へ進み、東お多福山を目指す。10分も歩けば草原に出る。草原は六甲山では珍しい風景で、北に電波塔の建つ最高峰が見えている。

丘のようになった草原を抜けて登っていくと、山頂らしさの感じられない❺東お多福山

▲ロックガーデン・中央稜の登り

●中央稜の沿道ではイノシシに出合うこともあるので要注意。六甲山のイノシシは人馴れしており、弁当目当てに追いかけてくることもある。対策としては、①匂いの強い食べ物を持たない　②貴重品はザックに入れない　③すぐ動けるよう立ったまま休憩、などがあげられる。

▲雨ヶ峠～東お多福山間は爽快な草原の道

▲電波塔が立つ六甲最高峰の山頂

▲満開のタムシバに彩られる魚屋道を下る。幅の広い快適な道が続く

山頂に着く。そのまま樹林帯を直進して下り、林道に出たところが❻土樋割峠だ。左に進み、林道を下っていく。右に川を横断する登山道が見えたところで右折して❼七曲り登山口へ、ここで再び魚屋道に入り、七曲りと呼ばれる急坂に取り付く。小一時間がんばって登ると、一軒茶屋の前に飛び出す。ここで山上道路を横断して左に向かうと六甲最高峰、右に向かうと魚屋道を有馬温泉へ行くが、まずは六甲最高峰の山頂へ足を延ばしてこよう。登り着いた❽六甲最高峰は広々とした山頂で、奥には一等三角点が埋まっている。

一軒茶屋まで戻り、魚屋道を有馬温泉へ下る。石畳があるが最初だけで、すぐに登山道となる。魚屋道は歩きやすく、緩やかな坂が続く。やがて射場山の西を巻く山腹道に出ると、水平な道になる。射場山を半周したところで、今度は振り幅の大きなつづら折りの下りになる。下り切ると、鳥地獄・虫地獄の涸れ井戸がある有馬温泉上部の道路に出る。

道路に出たら右に進む。かんぽの宿を過ぎると、左に温泉街へと下る道が現れる。炭酸泉源公園を経てさらに下る。左の路地奥に「銀の湯」、さらに進んで突き当たりを左へ行くと「金の湯」の前に出る。ここまで来たら、❾有馬温泉駅へはあと5分も歩けばよい。

🏛 立ち寄りポイント

大谷茶屋と滝の茶屋

ロックガーデンの入口に、2軒の茶屋がある。滝の茶屋は中に入ってゆったりくつろげる。大谷茶屋（写真）は高座の滝の休憩所にあたるので中にも入れるが、外でおでんなどを食べている人が多い。ともに常連客が多いが、いちげんさんでも入りやすい気軽な雰囲気。

🏛 立ち寄りポイント

有馬温泉 金の湯・銀の湯

有馬温泉には「金の湯」（写真・8時〜22時。第2・4火曜休。☎078-904-0680）と「銀の湯」（9時〜21時。第1・3火曜休。☎078-904-0256）の2つの共同浴場がある。前者は海水の3倍もの塩分を含む赤褐色の金泉が、後者にはラジウム泉と炭酸泉が満たされている。

●毎年9月の最終日曜日に、ロックガーデンの命名者である登山家・藤木九三を顕彰する「藤木祭」が高座の滝前広場にて開催され、藤木九三作の詩の朗読や「雪山賛歌」の合唱、記念ハイキングなどが行われる。☎078-940-1850（神戸登山研修所）

▲飛び石づたいに徒渉をくり返すトエンティクロス。石はしっかり置かれているので安心だ

2 トエンティクロス・摩耶山

山頂部の摩耶自然観察園に咲くアジサイ

明治時代からの爽快な渓谷コースで六甲山の人気の山へ

　新幹線の新神戸駅からわずか15分、六甲山の名所のひとつ布引の滝。その源は六甲山の西の名峰・摩耶山から流れ出る生田川だ。この渓谷沿いには、明治時代に神戸の居留外国人が"twenty crossing"と呼んだコース、トエンティクロスがある。続いて外国人のシェールが愛したシェール道、穂高湖とつなぎ、摩耶山忉利天上寺を目指す。ゴールは大展望が広がる掬星台。距離はあるが、ゆったりとしたハイキングを楽しもう。沢沿いのため、雨天時や雨後の入山は避ける。徒渉があるので靴はトレッキングシューズがベストだ。

アクセス情報

公共交通	梅田駅	阪急神戸線特急 29分	神戸三宮駅・三宮駅	神戸市営地下鉄 2分	新神戸駅	▲トエンティクロス・摩耶山	星の駅	摩耶ロープウェイ・ケーブル 10分	摩耶ケーブル駅・摩耶ケーブル下バス停	坂バス	阪急王子公園南バス停・王子公園駅 9分	阪急神戸線 36分	梅田駅

マイカー	吹田IC	名神高速 21.4km	西宮IC	阪神高速3号神戸線 15.1km	生田川ランプ	神戸市道 1.8km	新神戸駅	▲トエンティクロス・摩耶山

アクセスのヒント

　三宮駅へは阪急電鉄以外に、阪神電鉄やJR東海道本線でもアクセスできる。マイカー利用の場合は三宮駅か新神戸駅周辺の駐車場に車を停めて下山後に公共交通で戻るか、掬星台から南西に延びる尾根道（天狗道・六甲全山縦走路）を下って紹介コースの市ヶ原に出て、逆コースで新神戸駅に戻る（2時間35分）。

●時間に余裕があれば、掬星台から歩いて王子公園駅まで下ってみよう。掬星台から南に進んで摩耶史跡公園へ。石段を下った先の上野道・青谷道の分岐を右へ、行者堂跡に出て青谷川沿いの青谷道を下る。車道に出てなおも進むと王子公園駅だ（1時間30分）。

🥾 登山データ

標　高	702m(摩耶山)
エリア	六甲・東播 兵庫県
レベル	初級
整備度	★★☆
難易度	★★☆
歩行時間	4時間30分
歩行距離	10.7km
標高差	登り661m 下り30m

問合せ先
　神戸市役所☎078-322-5339
　摩耶ロープウェイ星の駅
　☎078-861-2998
　坂バス(みなと観光)☎078-845-3710

❶新神戸駅 → ❷雄滝 → ❸市ヶ原 → ❹森林植物園の東入口 → ❺桜谷出合 → ❻堰堤下 → ❼ドライブウェイ → ❽掬星台 → ❾摩耶山 → ❽掬星台

0:15　0:45　1:00　0:25　0:45　0:20　0:50　0:05　0:05

標高 1500m / 1000 / 500 / 0

56 156 246 357 425 581 610 687 687 702

水平距離 0 1 2 3 4 5 6 7 8 9 10 11Km

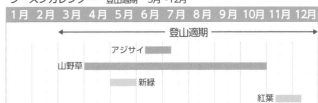

シーズンカレンダー　登山適期　3月〜12月

1月	2月	3月	4月	5月	6月	7月	8月	9月	10月	11月	12月

←──────── 登山適期 ────────→

アジサイ

山野草

新緑

紅葉

名瀑見物と徒渉をくり返す沢を行く
ゴールは大阪湾や神戸市街の大展望

　地下鉄新神戸駅から地上に上がり、新幹線❶新神戸駅の山側からスタート。すぐに布引渓谷が始まる。何度か道が分岐するが、おおむね渓谷沿いに歩けばよい。鼓滝、雌滝と続き、❷雄滝に着く。

▲布引の滝・雄滝（落差約45m）

ここからおんたき茶屋の前を通って尾根に上がり、コンクリート道を上がると右手にトイレの設置された展望所がある。

　さらに進むと、前方に石造りのダムが現れる。明治時代竣工の五本松堰堤（国重要文化財）だ。堰堤に上がり貯水池沿いに歩いて茶屋の立つ❸市ヶ原へ。その先でいったん渓谷

▲シェール槍を望む穂高湖。上高地の大正池に似た雰囲気

を離れ、摩耶山から延びる尾根を乗り越していくと再び渓谷沿いになる。ここからが「トエンティクロス」と呼ばれる渓谷道になる。何度か飛び石づたいに生田川を渡るが、雨天時は増水して渡れなくなることもある（2020年4月現在崩壊箇所があり、市ヶ原から西への迂回路をたどる）。なお、トエンティクロスはその名の通り昔は20回ほどの徒渉だったが、現在は5回ほどとなっている。

●摩耶山頂直下の摩耶史跡公園は1976年の火災までこの地にあった忉利天上寺の跡地を整地した公園で、鎌倉時代に播磨の豪族・赤松遠心が鎌倉幕府を迎え討った場所でもある。掬星台から往復30分だが、見学後にそのままケーブル虹の駅に下るのもいい（公園から30分）。

▲神戸の1000万ドルの夜景で知られる掬星台からの大阪湾。昼でも眺めはすばらしい　▲紅葉の布引の滝の遊歩道

❹**森林植物園の東入口**からは、幕末に造られ使われることのなかった間道の徳川道をたどる。❺**桜谷出合**で川を渡ると、まもなく左にシェール道が分岐する。シェール道はトエンティクロスとは趣が異なり、同じ渓谷沿いながらアップダウンが激しい。広い林道に出たら右へたどっていくと、あずまやのある穂高湖の❻**堰堤下**に着く。

堰堤の上に登り、穂高湖を半周しよう。桟橋のある広場からは正面にシェール槍が見える。広場の先で❼**ドライブウェイ**に上がって右へ進む。しばらく歩くと左手にアゴニー坂への登り口がある。そのままドライブウェイ

を進めば直接掬星台に行けるが、余力があるなら、アゴニー坂を登って忉利天上寺にお参り。この寺は昭和の半ばまでは掬星台直下の台地にあり摩耶詣でで栄えた寺で、1976（昭和51）年の焼失後に現在の地に移転したもの。明石大橋がよく見える。

天上寺から車道を進み、瀟洒なオテル・ド・摩耶の前を通ってハイキング道を進んでいくと、やがて❽**掬星台**にたどり着く。ここからの大阪湾の展望は六甲山でも随一のものだ。

ここまで来たら❾**摩耶山**の山頂まで行ってみよう（往復10分）。三等三角点があるが、樹林の中で残念ながら展望はない。

🏠 立ち寄りポイント

神戸布引ハーブ園

神戸布引ロープウェーの終点にあり、四季折々のハーブで彩られる。レストランや体験プログラムも。中腹の風の駅から西へ行けば紹介コースの布引貯水池上部に合流する。10時〜17時（夏季延長）。冬季休園あり。
☎078-271-1160

🏠 立ち寄りポイント

オテル・ド・摩耶

掬星台近くにある神戸の夜景を見下ろすジャグジーが人気の宿泊施設。ちょっと贅沢になるが、ハイキング中は行動食で我慢して、ここでシェフ自慢のコースのランチを楽しむというのもユニークなプランになる。
☎078-862-0008

●本コースにはトエンティクロス、シェール道、アゴニー坂といったカタカナの地名が目立つ。これは、明治期に神戸の居留外国人が六甲の山々を好んだこと、ロックガーデンの名づけ親・藤木九三ら文化人が命名した地名が多いから。

3 須磨アルプス

**六甲山地の西にある
ミニアルプスを縦走**

　六甲山地を東西に貫く六甲全山縦走路は、本来は塩屋から始まるが、現在は須磨浦公園が起点。今回紹介するコースはその最初の部分。須磨の海岸を見下ろす旗振山や公園のようなおらが山、荒々しい岩稜が目をひく須磨アルプスと変化に富む。とはいえ山地のほぼ末端から歩くので標高は低く、体力的な負担は少ない。須磨アルプスの核心部や馬の背は慎重にたどれば難なく越えられるが、強風時や岩が濡れているときは注意しよう。展望は冬がベストだ。

鉢伏山への登りに咲く
ツツジ

▲須磨アルプスの核心部。岩が露出した光景はまさに「アルプス」

🚗 アクセス情報

公共交通	梅田駅	阪神本線・神戸高速・山陽電鉄直通特急 56分	須磨浦公園駅	▲須磨アルプス	板宿駅	山陽電鉄・神戸高速・阪神本線直通特急 48分	梅田駅

マイカー	吹田IC	21.4km 名神高速	西宮IC	23.6km 阪神高速3号神戸線	若宮ランプ	3km 国道2号	須磨浦公園	▲須磨アルプス

アクセスのヒント

　JRを利用した場合は須磨駅で下車し、須磨浦公園まで歩く（25分）。マイカーの場合は起点の須磨浦公園の駐車場に車を停め、紹介コースを歩いて板宿駅から鉄道で須磨浦公園に戻る。登山適期からは外れるが、夏は須磨浦公園までの国道2号が渋滞するので、板宿駅周辺のコインパーキングを利用した方がいいだろう。

登山データ

標　高	312m（横尾山）
エリア	六甲・東播 兵庫県
レベル	初級
整備度	★★☆
難易度	★★☆
歩行時間	3時間
歩行距離	7.9km
標高差	登り298m 下り295m

問合せ先
神戸市役所
☎078-322-5339
須磨浦山上公園
☎078-731-2520

❶須磨浦公園駅 →0:45 ❷旗振山 →0:10 ❸鉄拐山 →0:10 ❹おらが茶屋 →0:35 ❺栂尾山 →0:15 ❻横尾山 →0:20 ❼東山 →0:30 ❽板宿八幡神社 →0:15 ❾板宿駅

標高 1500m／1000／500／0　水平距離　0 / 1 / 2 / 3 / 4 / 5 / 6 / 7 / 8Km

14　253　234　198　274　312　249　80　17

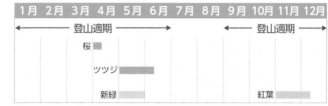

シーズンカレンダー　登山適期　1月〜6月、9月〜12月

1月	2月	3月	4月	5月	6月	7月	8月	9月	10月	11月	12月
◀──── 登山適期 ────▶								◀── 登山適期 ──▶			
桜											
			ツツジ								
		新緑							紅葉		

風光明媚な景色を眺めながら稜線へ
コース後半は迫力ある岩場の通過

　❶須磨浦公園駅から西へ。敦盛橋で線路を渡ると、すぐ右手に鉢伏山への登山口がある。須磨浦公園内の登山道はほぼ階段になっている。大阪湾を背に登り続けると休憩所があり、明石海峡大橋が一望できる。そのすぐ上がロープウェイ鉢伏山上駅で、この先で鉢伏山山頂を通る道と通ら

▲旗振茶屋が立つ旗振山山頂

ない道に分かれる。鉢伏山の先で合流するので、どうせなら鉢伏山山頂を踏んでから縦走路に入るとよい。いったん下って登り返すと旗振茶屋と電波塔が立つ❷旗振山で、旧摂津の国と旧播磨の国の国境であることを示す案

▲須磨浦公園上部から須磨の浦を望む。右は海づり公園

内板がある。

　歩きやすい稜線をたどり、鉄拐山を目指す。山頂への登りは短いながらも急登だ。迂回路があるので、小さな子ども連れはパスしてもいい。❸鉄拐山を越え、やがて広々とした公園風の道になると、目の前に❹おらが茶屋が見えてくる。このあたりを「おらが山」と呼んでいる。茶屋の下にはトイレがあり、屋上は展望台になっている。おらが山の先にあっ

▲横尾山を過ぎるといよいよ須磨アルプスの岩場歩きが始まる

▲鉄拐山先の石標。左は一の谷の安徳宮へ

▲400段近い階段を登って栂尾山を目指す

た高倉山は土砂が削られ、今はポートアイランドとなって大阪湾に浮かんでいる。

　おらが茶屋から階段を下り、高倉台団地の中を通って山裾まで歩いて左へ。その先の右手から縦走路前半の名物のコンクリート階段を登り切り、しばらく歩くと❺栂尾山だ。樹林に囲まれているが、ここのあずまやの屋上も展望台になっている。小さなアップダウンをくり返し、海側の展望が開けた❻横尾山を過ぎると、いよいよ須磨アルプスに入っていく。鎖のつけられた岩場を下ると、やがて目の前に荒涼とした岩肌がむき出しの風景が広がる。実際は見た目ほど難しい箇所はないが、

風化が激しく足下が崩れやすいので注意しよう。荒れた山肌を越えると細い岩稜の馬の背だ。注意して渡ると岩場は終了する。

　❼東山に登って右へ、板宿八幡神社方面の道を選んで進む。何度も分岐が現れるが、「板宿八幡神社」の案内に従っていけば❽板宿八幡神社へ下り着く。神社から階段を下り市街地に出るが、道は少し複雑だ。西に妙法寺川が流れているので、南へ、西へとくり返して妙法寺川を目指す。妙法寺川に出たら橋を渡り、バス道を南下する。❾板宿駅は地下にあるので、わからないようであれば、地元の人に声をかけて教えてもらおう。

🏠 立ち寄りポイント

須磨浦公園

　古くから風光明媚な場所として知られた須磨の海の海浜公園。園の外れには16歳で討たれた平敦盛を祀る敦盛塚があり、園内には芭蕉や蕪村の句碑も。山上には須磨浦山上遊園があり、登山前にはあまり利用しないだろうが、回転展望台に喫茶がある。☎078-795-5533

🏠 立ち寄りポイント

コース中の名物茶屋

　旗振山に毎日登山の人で賑わう旗振茶屋（☎078-733-2534）が、その先のおらが山には3方向に海を望むおらが茶屋（☎070-5455-5096）の2軒の茶屋がある。いずれも六甲山に多い常連さんが集う場所で、楽しい話が聞ける。昼食に利用したいところだが、どちらも不定休で、天候の悪い日は特に閉まっていることの方が多い。開いていればぜひ覗いていこう。

●馬の背は危険そうな場所に見えるが、小学生が遠足で歩いているほどなので、岩が濡れていない限りは難なく越えられる。それでも岩場が苦手な人は横尾山で引き返し、高倉台5バス停から神戸市バスでJR須磨駅に向かう。

須磨アルプス

▲高御位山の三つ岩からの絶景は圧巻だ

ミツバツツジの花期は3月

4 高御位山
たかみくらやま

 「播磨アルプス」と称される稜線からの眺望を満喫

　「播磨富士」の別名を持つ高御位山は、兵庫県加古川市と高砂市の市境に位置する標高300mほどの低山。山頂部からは播磨平野や瀬戸内海を一望できる。この山を中心とした稜線は、「播磨アルプス」と称される岩尾根が続く。岩尾根というと危険なように思うが、鎖場やよじ登るような箇所はないので、初心者でもトライできる。その稜線に向けて多くの登山道が延びるので、時間やレベルに応じたコースがチョイスできる。通年登れるが、稜線上は日陰が少ないので、盛夏は避ける。また、岩が濡れている時は滑りやすい。

🚗 アクセス情報

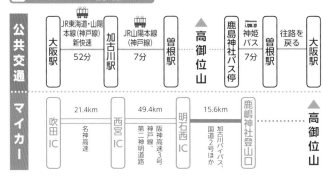

| 公共交通 | 大阪駅 | JR東海道・山陽本線（神戸線）新快速 52分 | 加古川駅 | JR山陽本線（神戸線）7分 | 曽根駅 | ▲ 高御位山 | 鹿島神社バス停 | 神姫バス 7分 | 曽根駅 | 往路を戻る | 大阪駅 |

| マイカー | 吹田IC | 名神高速 21.4km | 西宮IC | 阪神高速3号神戸線、第二阪神道路 49.4km | 明石西IC | 加古川バイパス、国道2号ほか 15.6km | 鹿嶋神社登山口 | ▲ 高御位山 |

アクセスのヒント

　鹿島神社からのバスは最終が16時10分。バスに間に合わなかった場合はタクシーを利用するか（約10分、約1200円・伊保タクシー ☎0794-47-0587）、曽根駅まで歩く（30分）。マイカーの場合は下山地の鹿嶋神社登山口にある駐車場を利用し、ここを起点に周回する。駐車場はほかに市ノ池公園、新池畔、曽根駅前のコイン駐車場がある。

●鹿嶋神社の参道には朝から手作りの柏餅を蒸かしている店が何軒かあり、行動中のおやつや下山後のお土産にちょうどいい。なんでも昔殿様が神社を訪れた際、地元の人が柏餅でもてなしたことから名物になったのだとか。

登山データ

標　　高	304m
エ リ ア	六甲・東播 兵庫県
レ ベ ル	初級
整 備 度	★★☆
難 易 度	★★☆
歩行時間	4時間5分
歩行距離	9.2km
標 高 差	登り300m 下り281m

問合せ先
高砂市観光交流ビューロー
☎079-441-8076
神姫バス加古川駅前案内所
☎079-421-1551

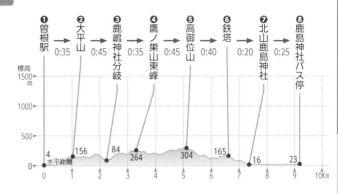

❶曽根駅 0:35 ❷大平山 0:45 ❸鹿嶋神社分岐 0:35 ❹鷹ノ巣山東峰 0:45 ❺高御位山 0:40 ❻鉄塔 0:20 ❼北山鹿島神社 0:25 ❽鹿島神社バス停

シーズンカレンダー　登山適期　通年

1月	2月	3月	4月	5月	6月	7月	8月	9月	10月	11月	12月

登山適期

ミツバツツジ
桜
アジサイ
新緑
紅葉

大展望の広がる岩稜をたどり
神霊の宿る巨岩の山頂を目指す

❶曽<ruby>根<rt>ね</rt></ruby><ruby>駅<rt>えき</rt></ruby>を出たら前の道を右へ取り、T字路を左へ進む。国道2号・豆崎交差点の信号を渡り、すぐ右前方の枝道へ入る。30mほど先で、右の民家の横から登山道に入る。道

▲大平山への岩尾根を行く

はいきなりの急登で、50mほど登ると岩尾根になるが、その先で土の尾根道になり、経塚山古墳に着く。

再び露岩となった道を❷大<ruby>平山<rt>おおひらやま</rt></ruby>へと向かう。登るに従い、展望が開けてくる。さらに岩混じりのコブをいくつか越えると地蔵山に着く。山頂は360度の大展望で、鷹ノ巣山の双耳峰が百間岩を前衛に、威圧的な姿で迫

▲百間岩の登り。足場はしっかりしている

る。その右には高御位山が控え、眼下には阿弥陀町の民家が箱庭のように広がっている。

地蔵山から露岩の長い下り坂を足元に注意して進むと❸鹿<ruby>嶋神社分岐<rt>かしまじんじゃぶんき</rt></ruby>に出る。分岐の先にトイレと半円形展望台がある。ここからは百間岩と呼ばれる岩稜が別所奥山まで続く。道は傾斜こそ緩いが、油断禁物だ。ペンキ印を忠実に拾い、慎重に登っていく。百間岩を登り切ると、鉄塔と反射板が立つ別所奥山だ。

●高御位山のある高砂市の名物が「高砂にくてん」。高砂風のお好み焼きで、甘辛煮のジャガイモやすじ肉、コンニャク、キャベツなどを薄い生地に乗せて焼いたもの。市内の多くの店で味を競っている。☎079-441-8076（高砂市観光交流ビューロー）

好展望の別所奥山から鞍部へ下り、鷹ノ巣山へ登り返す。鷹ノ巣山から吊尾根状の道を三角点のある❹鷹ノ巣山東峰へと登る。東峰から少し下ると右へ馬ノ背への道を分け、鞍部から登り返して桶居山への道を左に見送る。その先の市ノ池公園分岐に立てば、高御位山は指呼の間だ。このコース唯一の樹林の中を登っていくと、方位盤と石柱が立つ❺高御位山である。北側には神社が立ち、岩頭の南側は胸のすくような展望が広がる。

山頂からは奥宮参道を下り、長尾分岐を右に見送って北山奥山方面へ向かう。岩盤のペンキ印を目印に慎重に下り、左の小高御位山を往復してこよう。分岐に戻り、小さな起伏をくり返して❻鉄塔まで行き、道標に従って右へ下ると❼北山鹿島神社に出る。

あとは車道を新池の南端から❽鹿島神社バス停まで30分ほど歩いていく。

▲ 高御位山から南面の中塚山方面を眺める

🏯 立ち寄りポイント

生石神社

JR山陽本線宝殿駅の西にある神社。ここには宮城県塩釜神社の塩釜、宮崎県霧島神社の天逆鉾と並んで日本三奇のひとつとされる「石の宝殿」と呼ばれる巨大な石造物がある。高砂市最大のパワースポットに、時間が許せばぜひ立ち寄ってみよう。☎079-447-1006

高御位山

1:30,000
0 250 500m
1cm=300m
等高線は20mごと

▲下山地の立杭陶の郷からの虚空蔵山。立杭陶の郷は立杭焼を「見る」「楽しむ」「体験する」総合施設

5 虚空蔵山
こくぞうやま

立杭焼がデザインされた
今田町のマンホール

焼き物の郷にそびえる初級者向きの丹波の里山

　虚空蔵山は名前の通り山岳宗教が栄えた山で、中腹には聖徳太子ゆかりの虚空蔵堂がある。登山道は何本もあるが、三田市側の藍本駅から山頂に立ち、篠山市側へと下る道を紹介する。急な斜面やところどころに岩場があるが道はよく整備され、ファミリーやビギナーでも楽しめる。西麓には古くから立杭焼（丹波焼）の里として知られた今田集落があり、資料館や販売所はもちろんだが、登り窯など焼き物の町の風情がたっぷりと味わえる。盛夏と降雪直後以外はいつでも登れるが、狩猟が解禁される冬の入山は避けたい。

アクセス情報

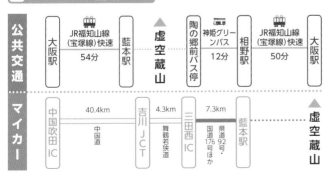

公共交通	大阪駅	JR福知山線 （宝塚線）快速 54分	藍本駅	▲虚空蔵山	陶の郷前バス停	神姫グリーンバス 12分	相野駅	JR福知山線 （宝塚線）快速 50分	大阪駅
マイカー	中国吹田IC	40.4km 中国道	吉川JCT	4.3km 舞鶴若狭道	三田西IC	7.3km 国道176号ほか 県道92号ほか	藍本駅		▲虚空蔵山

アクセスのヒント

　大阪駅発の快速は7時台のあとは9時台までないので、8時台は普通列車を利用するか、尼崎駅から快速に乗車する。下山地となる陶の郷前バス停は本数が少ない。マイカー利用の場合、藍本駅前の有料駐車場か、下山側の立杭陶の郷に駐車して山頂を往復する。立杭陶の郷に駐車した場合、登路途中の虚空蔵堂の往復をプラスするといい。

●下山地の篠山市今田町では、例年10月中旬の土・日曜に「丹波焼陶器まつり」が開催される。この日に合わせて新作や力作を用意する窯元も多いので、陶器ファンでもそうでなくともぜひ足を運んでみたい。

標　　高	592m
エ リ ア	六甲・東播 兵庫県
レ ベ ル	初級
整備度	★★☆
難易度	★★☆
歩行時間	2時間15分
歩行距離	4.8km
標 高 差	登り413m 下り388m

問合せ先
三田市総合案内所☎079-563-0039
篠山市役所☎079-552-6907
神姫グリーンバス篠山案内所
☎079-552-1157

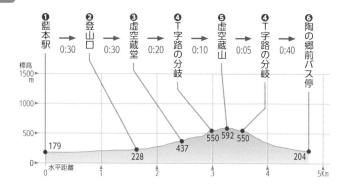

❶藍本駅 → 0:30 → ❷登山口 → 0:30 → ❸虚空蔵堂 → 0:20 → ❹T字路の分岐 → 0:10 → ❺虚空蔵山 → 0:05 → ❹T字路の分岐 → 0:40 → ❻陶の郷前バス停

標高 1500m／1000／500／0　水平距離
179　228　437　550　592　550　204
0　1　2　3　4　5Km

シーズンカレンダー　登山適期　3月～6月、9月中旬～12月

1月	2月	3月	4月	5月	6月	7月	8月	9月	10月	11月	12月

◀── 登山適期 ──▶　　　◀── 登山適期 ──▶
ヤマツツジ
山野草
新緑
紅葉

丹波の里を見晴らす山頂に立ち
下山後は焼き物の里でお土産探し

❶藍本駅を出て、線路沿いに車道を南下していく。その昔、中腹の磐座から酒が滴ったという故事を起源とした酒滴（酒垂）神社を右に見て、郵便局を過ぎた角に、虚空蔵山登山口を案内する道標が立っている。

道標に従って右折して、田園風景の中を山の手に歩いていく。道なりに右にカーブして中ノ池を過ぎ、舞鶴若狭道をくぐって側道を左に行くと❷登山口がある。少し荒れ気味の谷道を登っていくと、登山道はやがて谷を離れる。参道の趣となり、

▲中腹の虚空蔵堂。この先は急登が続くのでひと休みしよう

▲T字路分岐の陶板の道標

ひと登りで道の両側に燈籠が現れ、その先の階段を登ると❸虚空蔵堂がある。虚空蔵堂は聖徳太子ゆかりの古寺と伝えられ、周辺には伽藍があったという。傍らに慶長年間のものといわれる鯱瓦が置かれている。

虚空蔵山へは、虚空蔵堂の右奥から登山道が続いている。高度を上げていくと、役行者を祀った祠があり、急斜面を登って稜線まで上がると❹T字路の分岐に出る。道が左右

●立杭陶の郷北西の篠山市今田新田地区に、「こんだ薬師温泉ぬくもりの郷」がある。丹波焼などを使った内風呂や、篠山の創作料理が味わえるレストランがある。10時～22時。火曜休（祝日の場合翌日）。☎079-590-3377

二手に分かれ、左は下山路となる陶の郷（すえのさと）への道で、右が虚空蔵山へ向かう道だ。山頂方面へ向かうと岩場があり、眼下に丹波の里の展望が広がる。ここを丹波岩と呼んでいる。虚空蔵山の山頂はここからすぐだが、ゆっくりと憩うなら丹波岩の方がいいだろう。

　展望図が設置されている**❺虚空蔵山**（こくぞうやま）の山頂に立ったら往路を**❹T字路の分岐**（じろぶんき）まで戻り、直進して下っていくと鞍部に着く。ここを右に取って谷沿いを下っていくと、やがて立杭（たちくい）陶の郷横の舗装された道に出る。施設内にに立ち寄る場合は、料金所から入ろう。立杭陶の郷には、丹波古窯館や地元の陶芸作家の作品が購入できる店などがあり、焼き物ファンなら十分に時間を取りたいところだ。

　時間があれば、さらに**❻陶の郷前バス停**（すえのさとまえバスてい）の先にある立杭の里も散策してみたい。登り窯などの焼き物の里の風情が興味深い。

▲手前に立杭の里、遠くに播磨平野を見渡す丹波岩

立ち寄りポイント

立杭の里

　立杭焼は日本六古窯のひとつ。虚空蔵山の西麓には総合施設の立杭陶の郷（☎079-597-2034）や兵庫陶芸美術館（☎079-597-3961）、約60軒もの窯元が軒を連ねる立杭集落がある。アフターハイクは焼き物三昧の時間を過ごしてみよう。

▲西麓の北山貯水池からの甲山。小山ながらもインパクトのある山容だ

甲山への登りに立つ
五輪塔

6 仁川・甲山
にがわ・かぶとやま

西宮市のシンボル的な存在の山で、ファミリー登山に最適

　甲山は、その名の通りから六甲山麓の丘陵地に甲を伏せたように横たわる。標高も低く、近隣には自然公園が整備され、休日ともなると家族連れのハイカーの姿をよく見かける。ここでは仁川駅から仁川沿いの道をたどって山頂に立ち、甲山大師の名で知られる神呪寺を経て甲陽園駅へ向かうコースを紹介する。コース中に危険箇所はないので、ビギナーやファミリーハイクに最適なコース。舗装路歩きが長いので、靴はスニーカーよりも足の負担が少ないウォーキングシューズの方がいい。通年登れるが、夏は熱射病対策を万全にする。

🚗 アクセス情報

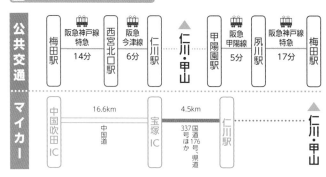

公共交通	梅田駅	阪急神戸線特急 14分	西宮北口駅	阪急今津線 6分	仁川駅	▲仁川・甲山	甲陽園駅	阪急甲陽線 5分	夙川駅	阪急神戸線特急 17分	梅田駅
マイカー	中国吹田IC	16.6km 中国道			宝塚IC	4.5km 337号・国道176号ほか・県道	仁川駅				▲仁川・甲山

アクセスのヒント

　子ども連れなら、神呪寺下の甲山大師バス停から阪神バスで阪急夙川駅や阪神西宮駅などに出てもいい。マイカーの場合は仁川駅周辺のコインパーキングに車を停めて神呪寺まで紹介コースを歩き、甲山森林公園を経由して仁川駅に戻る（P26欄外情報参照）。甲山と神呪寺だけなら、甲山森林公園に駐車して周回するといい。

●マイカー利用の場合は下山地も仁川駅とする周回コースがおすすめ。神呪寺下のバス道を左に進み、甲山森林公園の入口へ。甲山森林公園（P29コラム参照）を散策し、地すべり資料館を経て紹介コースに合流する（神呪寺から1時間）。

登山データ

標　　高	309m
エリア	六甲・東播 兵庫県
レベル	入門
整備度	★★★
難易度	★☆☆
歩行時間	2時間35分
歩行距離	6.1km
標高差	登り271m 下り262m

問合せ先
西宮観光協会☎0798-35-3321
甲山自然学習館
☎0798-72-0037
阪神バス☎0798-23-3270

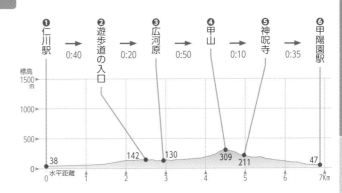

❶仁川駅 →0:40→ ❷遊歩道の入口 →0:20→ ❸広河原 →0:50→ ❹甲山 →0:10→ ❺神呪寺 →0:35→ ❻甲陽園駅

標高差: 38 / 142 / 130 / 309 / 211 / 47

シーズンカレンダー　登山適期　通年

登山適期
桜
ツツジ
新緑
紅葉

川沿いをたどり広大な山頂に立ち「お大師さま」にお参りして下山

❶仁川駅を降りて、仁川沿いの道を上流に歩いていく。行く手の丘の上にこんもりと盛り上がっているのが目指す甲山だ。行き止まりまで行くと先に進めなくなるので、右手の電柱につけられた「この先車行止まり」の看板のところで、右の住宅地に上がっていく道を選ぶ。坂道を

▲広々とした甲山山頂

カーブしながら登っていくが、特に案内のようなものはないので、左の渓谷に近い道を選んで歩くようにする。仁川古墳公園を過ぎると、「五ヶ池ピクニックロード」の表示があり、民家がなくなる。

▲砂地が広がる開放的な広河原

しばらく歩くと、左手に仁川緑地の案内図が立っていて、❷遊歩道の入口がある。広河原へはそのまま車道（五ヶ池ピクニックロード）を歩いてもいいが、せっかくなので、遊歩道に入っていこう。途中に分岐があり少し道がわかりにくいが、ここを右に取ると、仁川源流の❸広河原に出る。名の通り広い河原で、気持ちがいい場所だ。

その先で再び車道に出て、甲山橋を渡る。

●時間があれば神呪寺下のバス道を右に向かい、北山貯水池まで足を延ばしていこう（往復20分）。途中には桜やミツバツツジが植栽され、4〜5月にかけてお花見ハイクが楽しめる。また、11月の紅葉もすばらしい。貯水池越しにドーム状の甲山が望める（P26の写真）。

▲甲山山頂へ階段の道を登っていく

▲鐘を打つ家族の姿がほほえましい神呪寺

▲仁川沿いの道をたどり仁川緑地へ。左奥にドーム状の甲山が頭を覗かせる

そのまま車道をたどるとヘアピンカーブの先に関学道バス停があり、さらに5分ほど行くと甲山自然の家入口に着く。園内に入るとほどなく甲山周辺の自然が学べる甲山自然学習館があり、その前が甲山の登山口だ。

雨でえぐられた道を登っていくとやがて五輪塔が現れ、そこからは階段道となる。登り着いた❹甲山の山頂は気持ちの良い芝生の広場になっていて、休日にはたくさんのファミリーが弁当を広げている。

下山は広場の真南に続く階段を下っていく。10分も下れば、❺神呪寺の境内に入る。高台にあるだけに、展望台からは大阪平野が一望できる。

階段をまっすぐ下り、バス道路を横切って神呪寺の山門をくぐり、なおも直進する。ミニ八十八ヶ所のある森を抜けたところに大師道の石標が立っている。ここを左に進み、渓谷沿いに下っていこう。

やがて道は大きく右にカーブし、住宅地になると左の急カーブに。もう一度左の急カーブのところで階段があり、下っていくと郵便局の前に出る。市街地はかなりわかりにくいので、迷ったなら駅までの道のりを地元の人に聞くといいだろう。その先の大通りを行くと❻甲陽園駅に着く。

▲甲山山頂から西宮市街地方面を望む

▲神呪寺西方の北山貯水池。桜の名所で知られる

●甲陽園駅手前に人気の洋菓子店の「ケーキハウスツマガリ」（☎0120-221-071）と、マイルドで味わい深いバターブレンドコーヒーが人気の喫茶店「カブトヤマ」（☎0798-71-2334）がある。カブトヤマではツマガリの生ケーキが味わえる。

立ち寄りポイント

甲山森林公園

　小さな子ども連れには長い車道歩きは退屈かもしれない。阪神西宮駅から阪神バスに乗り甲山森林公園前、または大師下で下車し、「兵庫森林浴50選」のひとつ甲山森林公園に寄ってみよう。甲山と合わせて子どもを自然に親しませるのにぴったりだ。園内には自然観察池やハイキングコースなどがあり、展望台からは大阪平野のパノラマが楽しめる。☎0798-73-4600（甲山森林公園管理事務所）

神呪寺

　甲山を背に立つ831（天長8）年創建の古刹で、「お大師さん」と親しまれている。本尊の木造如意輪観音坐像をはじめ、多くの国指定重要文化財がある。ちなみに「呪」とは「呪い」ではなく、甲山を神の山とする信仰があり、この寺を神の寺（かんのじ）としたことによるもの。また、境内の下方には茶店（桜茶屋・営業は不定休）があるので、一服していこう。☎0798-72-1172（神呪寺）

仁川・甲山

1:25,000
0　250　500m
1cm=250m
等高線は10mごと

宝塚駅　宝塚IC

宝塚市

宝塚GC

塔の町
大成町
大吹町

甲山自然学習館

五ヶ池ピクニックロード
広河原

五ヶ池
甲山橋
③仁川甲山地
②遊歩道の入口
0:20
植仁
物川
園物
前園

仁川台
阪神競馬場
鹿塩
阪急今津線

階段の道
甲山自然の家
0:50
0:40
関学道
甲山橋
仁川
仁川町
仁川古墳公園
仁川百合野橋

仁川小

弁天池
仁川月見ガ丘

甲山町④甲山309
自然の家入口
レストハウス
展望台

「この先車行止まり」の看板
仁川百合野橋
仁川高台

①仁川駅

山貯水池
神呪寺⑤卍
0:10
0:15
甲山森林公園
みくるま池
地すべり資料館
仁川百合野町

0:35
0:40
仁川町
蓬莱橋

周囲は桜並木
甲山大師
桜茶屋
ミニ八十八ヶ所

大工大師下
甲山森林公園前
上ヶ原浄水場

甲陽園目神山町
大師道の石柱

大師道

渓谷沿いに下る

マイカーを仁川駅周辺に駐車した場合はこのコースを下る

関西学院大

甲陵中
上甲東園

県西宮高
甲東園駅

階段を下る
甲陽園東山町

大師道の石柱。ここを左へ

上ケ原山田町
上ケ原一番町

山陽新幹線
六甲トンネル

神呪寺

甲陽配水場
0:45
0:35
甲陽園山王町
甲陽園西山町
丁目神山
新甲陽町

上ケ原六番町
上ケ原五番町
上ケ原九番町

西宮市

関西学院大

甲陽園本庄町
ケーキハウスツマガリ
⑥甲陽園駅

岡田山
神戸女学院
神戸女学院大
上ヶ原中
門戸東町
門戸岡田町

門戸厄神駅

阪急甲陽線

神園町

大池

東川

一ヶ谷町
市西宮高
愛宕山
西宮北口駅
野間町

甲陽園駅
凧川
神川
夙川駅

171

▲大きな石が点在する剣尾山山頂。360度の展望が楽しめる

7 剣尾山・横尾山
けんびさん よこおさん

アセビの花。
花期は4月

⛰️ 巨岩の行場と360度の展望の山頂を持つ能勢を代表する名山

　堂々とした山容と山頂からの抜群の眺望から、ハイカーに絶大な人気を誇る剣尾山。「剣」の名に反してコース中に危険箇所は少なく、初心者でも登りやすい。周辺には温泉やアウトドア施設がたくさんあり、自然を堪能できるのも多くの人に愛されるゆえんだろう。登山は新緑とツツジの5月、雑木林が色づく11月ごろがベスト。笹が茂る山道はぬかるむと滑りやすいだけに、梅雨の時期は登山に適さない。日陰のない尾根が多いので真夏も避ける。ひと冬に数回雪化粧することがあるが、根雪になることはほとんどない。

🚗 アクセス情報

公共交通	梅田駅	→阪急宝塚本線急行 21分→	川西能勢口駅	→能勢電鉄妙見線 16分→	山下駅	→阪急バス 33分→	行者口バス停	▲剣尾山・横尾山	能勢の郷バス停	→阪急バス 43分→	山下駅	往路を戻る	梅田駅

マイカー	中国吹田IC	9.4km 中国道	中国豊中IC	3.2km（大阪中央環状線ほか	神田IC	2.4km 府道2号池田線	池田木部第2IC	19km 国道173号ほか 高速1号	登山口	▲剣尾山・横尾山

アクセスのヒント

　バスは1日2本につき（P31欄外参照）、間に合うように行動する。人数がまとまれば、タクシー利用を考慮したい（約4000円）。その際は玉泉寺の先まで入ってもらうといい。能勢温泉の送迎バスは宿泊または食事利用者のみ。マイカーは登山口の公衆トイレ手前の有料駐車場か能勢温泉の無料駐車場（9時〜16時30分）を利用する。

登山データ

標 高	784m（剣尾山） 785m（横尾山）
エリア	北摂 大阪府・京都府
レベル	初級
整備度	★★☆
難易度	★★☆
歩行時間	3時間50分
歩行距離	7.6km
標高差	登り544m 下り485m

問合せ先
能勢町役場☎072-734-0001
能勢町観光案内所☎072-731-3737
阪急バス猪名川営業所
☎072-766-3912

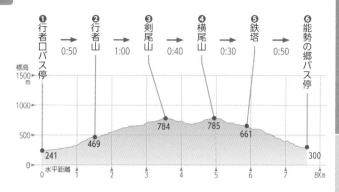

❶行者口バス停 → 0:50 → ❷行者山 → 1:00 → ❸剣尾山 → 0:40 → ❹横尾山 → 0:30 → ❺鉄塔 → 0:50 → ❻能勢の郷バス停

標高1500m / 1000 / 500 / 0 水平距離 / 241 / 469 / 784 / 785 / 661 / 300 / 0 1 2 3 4 5 6 7 8Km

シーズンカレンダー　登山適期　1月～5月、9月～12月

1月	2月	3月	4月	5月	6月	7月	8月	9月	10月	11月	12月
← 登山適期 →								← 登山適期 →			
		桜									
	アセビ										
	コブシ										
		新緑							紅葉		

見どころいっぱいのコースを歩いたあとは麓の温泉でのんびりしたい

　能勢電鉄山下駅から能勢の郷行きの阪急バスに乗り、❶行者口バス停で下車。横断歩道を渡り、農道をまっすぐ進むと玉泉寺に突き当たる。右折して寺を回り込むように、田園風景の中の舗装道路を歩く。

▲高度感のある行者山からの眺め

　左手にキャンプ場、向かいに公衆トイレが見えるとほどなく登山口に出る。道標に従い右の登山道に入る。薄暗い植林につけられた木の階段を上がっていくと、突然巨石が現れる。行者堂横の覆いかぶさってきそうな岩や、衝立のような岩壁の迫力に圧倒される。なお、行者堂手前の大日岩

▲暗い植林の階段を登ると突然巨石が現れる

から左の踏み跡をたどると、1時間弱で胎内くぐり、西の覗き、廻り岩など行場巡りができる。一部ロープが張られた悪場があるだけに中級者以上向けのコースではあるが、巨石群からの眺めはすばらしく、「摂津大峯」と呼ばれる、行者山の魅力が味わえる。

　行場から東の覗きを経て、❷行者山の標識地点に着く。雰囲気は一変し、クヌギやコナラの明るい雑木林を緩やかに登る。炭焼窯跡

●登山口の行者口バス停、下山口の能勢の郷バス停ともにバスは土・日曜・祝日のみの運行で1日2本と少ないので、体力に余裕があれば、若干バスの本数が多い、南方の森上バス停を起終点としてもいい。森上から行者口へ徒歩1時間、能勢の里から森上へ1時間20分。

▲丹波・摂津の国界の標石

▲登路の東の覗きから雄大な青空とのどかな山村を眺める

▲鉄塔下の岩尾根を下る

を過ぎればアカマツ林となり、六地蔵に着く。このあたり一帯は大阪府指定史跡の月峯寺跡だ。多くの石仏や建造物跡があり、往時をしのばせる。広く平坦な場所と日陰があるので、夏はここで弁当を広げるのがいい。最後の急登をしのげば、❸剣尾山の山頂だ。三角点はないが、大きな岩がいくつも横たわり、ほぼ360度の大パノラマが広がる。東は旧キャンプ場の山村池が蒼く光り、半国山が広がる。北に深山、遠くには多紀アルプスが見える。

北へ続く道をたどり、摂丹国境標石の辻を左に進む。右にアカマツ混じりの林、左にヒノキの若木帯を見ながら下りる。鞍部から登

り返し、反射板を右に見てふたつ目の国境標石を過ぎれば、❹横尾山の三角点。北の深山方面が間近に望める。周辺にはアセビが多く、春にびっしりと小さな白い花を咲かせる。

南に進路を取り、鹿除けの柵に沿って下ると、やがてアルペン的な雰囲気の岩尾根となる。この辺の岩峰群を総称してトンビカラと呼ぶ。❺鉄塔の下でススキ越しに見る展望もいい。鉄塔を過ぎ、雑木林の尾根をえんえんと下っていく。能勢の郷の敷地「21世紀の森」に入り、小鳥のテラスやひとやすみ峠を経由して能勢温泉の下に出る。舗装道を渡ったところがゴールの❻能勢の郷バス停だ。

🏯 立ち寄りポイント

能勢温泉

能勢の郷バス停手前にある自家源泉の宿。リーズナブルな宿泊・日帰り食事プランもあり、人気が高い。立ち寄り入浴もできるので、下山後に汗を流していこう。10時30分～21時（GW・お盆・年末年始・混雑時は～15時の場合あり）。
☎072-734-0041

🍡 味覚・おみやげ

上政

能勢町へのバスが発着する、能勢電鉄山下駅前の老舗和菓子屋。「美女丸」や「菊炭もなか」など、能勢の伝説や名産品にちなんだ名の菓子や、地元の栗やイチジクを使ったわらびもち、ようかんが並び、土産物選びに目移りしてしまう。9時～18時。水曜休。☎072-794-0013

●帰りに途中にある汐の湯温泉前バス停で下車し、汐の湯温泉に立ち寄るのもいい（11時～18時・水曜は14時～）。いにしえのたたずまいを残す温泉旅館で、四季の懐石料理（要予約）を楽しめる。予約なしでも、敷地内にあるレストランで食事できる。☎072-734-0021

剣尾山・横尾山

1:25,000
0　250　500m
1cm=250m
等高線は10mごと

N

京都府
亀岡市

反射板がある

横尾山 **4**

アセビ

ふたつ目の国境標石

785

鞍部 0:40

笠山 719

分岐注意

鹿除けフェンス

国境標石

宿野

668

冒険の森inのせ

山村池

鹿除けの
フェンス

0:45
0:30

702

「横尾山」の道標

トンビカラの岩峰群

ほぼ360度の展望

剣尾山 **3**
784

急登

月峯寺跡

ネイチャー
センター

鉄塔 **5**

トンビカラからは
急斜面の下りが続く

1:15
0:50

廃道

六地蔵

推古朝（600年代）に日羅上人
が開創したと伝えられる。のち
に戦乱により焼失し、現在は剣
尾山南麓に立っている

684.0

炭焼窯跡

637

おにゃんまの道

小鳥の
テラス

ひとやすみの道

能勢の郷

岩谷池
409

胎内くぐり
大日岩

打場巡りコース

中級者以上向け

風の峠

1:00
0:40

六地蔵手前の炭焼窯跡

509

峠

登山口

能勢温泉

登山口

東の覗き
行者堂

毛無岩

行者山 **2**
469

497

423

能勢の郷バス停 **6**

能勢温泉キャンプ場

P（有料）

大阪府
能勢町

宝塚
ユースホステル玉泉寺
玉泉寺

0:50
0:40

山辺

城山 433

428

行者口バス停 **1**

行者口

173

298.7

玉泉寺

1664（寛文4）年に
剣尾山山頂から移設

月峯寺

亀岡

浮峠

334

山辺川

能勢街道

森上バス停～行者口
バス停間徒歩1時間

336.4

観光センターくるす

322.2

浄るりシアター

能勢
町役場

今西

岐尼神社

バスの本数
が増える

大里

大路次川

垂水

汐の湯温泉前バス停・山下駅

森上

池田市街・池田木部第2IC

▲勝尾寺の山門の向こうに広がる最勝ヶ峰

8 箕面・最勝ヶ峰
みのお　さいしょうがみね

コース中に咲くモチツツジ

箕面山の二大スポット・勝尾寺と箕面大滝を巡る観光ハイク

　四季折々の花や紅葉で彩られる勝尾寺。その勝尾寺の背後を借景のごとく、東西に続く尾根をなだらかに伸ばして鎮座する最勝ヶ峰。大阪府唯一の日本の滝百選・箕面大滝。3つの名ポイントを結ぶ人気のコースをたどる。紹介するコースは急坂も少なく、のどかな里山風景の中、快適なハイキングを楽しめる。四季を通じて歩けるが、特におすすめなのは勝尾寺と箕面大滝のカエデが紅葉する11月。コース中に難所はないが、政の茶屋園地から箕面大滝までは車道を歩くので、車には注意しよう。冬場は降雪直後を避けること。

アクセス情報

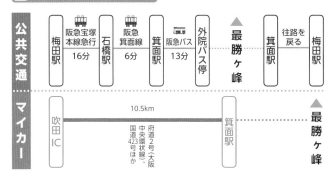

公共交通	梅田駅	🚃 阪急宝塚本線急行 16分	石橋駅	🚃 阪急箕面線 6分	箕面駅	🚌 阪急バス 13分	外院バス停	▲ 最勝ヶ峰	箕面駅	往路を戻る	梅田駅

マイカー	吹田IC	10.5km　府道2号（大阪中央環状線、国道423号ほか	箕面駅	▲ 最勝ヶ峰

アクセスのヒント

　外院へは北大阪急行電鉄千里中央駅からもバスが利用できる（阪急バス・所要15〜25分）。登山口と下山口が異なるので基本的にマイカーでのアプローチは向かない。マイカーの場合、箕面駅周辺のコインパーキングを利用してバスで外院に向かう。紅葉シーズンには箕面大滝近辺の駐車場はすぐ満車となるので要注意。

●最勝ヶ峰南西の東海自然歩道西起点（政の茶屋園地）に、箕面の自然を紹介する箕面ビジターセンターがある。公園内の地形や地質、動植物、歴史などを、模型、写真、図表などを用いて解説している。入館無料。9時30分〜17時（平日と冬季短縮）。火曜（祝日の場合翌日）・年末年始休。☎072-723-0649

登山データ

標　　高	530m
エ リ ア	北摂 大阪府
レ ベ ル	初級
整 備 度	★★☆
難 易 度	★★☆
歩行時間	4時間20分
歩行距離	11.2km
標 高 差	登り429m 下り458m

問合せ先
箕面市役所☎072-723-2121
箕面ビジターセンター
☎072-723-0649
阪急バス豊能営業所☎072-739-2002

❶外院バス停 0:05 ❷帝釈寺北交差点 1:20 ❸勝尾寺入口 1:00 ❹最勝ヶ峰 0:40 ❺政の茶屋園地 0:30 ❻箕面大滝 0:45 ❼箕面駅

標高1500m / 1000 / 500

111 / 111 水平距離 / 359 / 530 / 284 / 208 / 82

0　1　2　3　4　5　6　7　8　9　10　11　12Km

シーズンカレンダー　登山適期　1月〜7月、10月〜12月

	1月	2月	3月	4月	5月	6月	7月	8月	9月	10月	11月	12月
	◀――――――登山適期――――――▶									◀― 登山適期 ―▶		
桜												
モチツツジ												
シャクナゲ												
新緑										紅葉		

名刹と名瀑を訪ねるコースを行く
下山後は温泉とお土産探しを満喫

　❶外院(げいん)バス停で下車し、❷帝釈寺北交差点(たいしゃくじきたこうさてん)を左折する。細い舗装道がV字に分かれ、勝尾寺への参道を示す石標に従い、左に進むと両側にのどかな畑が続く。獣除けの柵を通り抜けて樹林帯に入り、貯水池の脇を進む。落ち葉が積もる道が心地いい。外院尾根からの稜線に上がると、最初の休憩ベンチから粟生団地が眼下に望める。この先、道は古参道と旧参道に分かれるが、20分ほどで合流する。松林の中、トレイルランニングを楽しむ人々も多く見かけるが、たまにマウンテンバイクが駆け抜け

▲勝尾寺で見られる勝ち運ダルマ

▲貯水池のあたりから本格的な山道となる

るので衝突に気をつけよう。

　丁石を見送ると、大きな看板がある三叉路に至る。左に5分ほどの場所に、赤いよだれかけが目立つ身長2mは優に超える「しらみ地蔵(あお)」が立っている。元の道に戻って右の急坂を登り、途中に八天勝示石蔵(はちてんぼうじいしくら)を経れば、ほどなく❸勝尾寺(かつおうじ)入口(いりぐち)に着く。勝尾寺は西国第23番札所で、「勝ち運」の寺として知られている。時間があれば立ち寄ってみよう。勝運祈願の

●ゴールとなる箕面駅の手前に日帰り入浴施設の箕面温泉スパーガーデンがある。多彩な浴槽があり、週替わりでお湯が変わる薬湯湯が楽しい。10時〜22時。無休。☎0570-041266

▲雑木林の中をたどる。緩やかな登り坂が勝尾寺まで続く

▲人波が絶えない、観光名所の箕面大滝

小さなダルマが至る所に並べられている。境内は、3000本の桜、2500株のシャクナゲ、8万坪の境内に満遍なく植えられたカエデなどが目を楽しませてくれる。

寺の山門前から車道をわずかに東進して勝尾寺園地へ。ウイングハウス前を抜け、自然研究路8号を登って東海自然歩道に出る。左へ折れてしばらく行くと❹**最勝ヶ峰**山頂だ。

頂上部は宮内庁の管轄。桓武天皇の兄・開成皇子の墓所である。砂利が敷かれ、柵から中には立入禁止だ。墓の北側を巻いて西に進めば、山頂を示す私製の標識がかけられている。残念ながら樹木に囲まれて展望はないが、

そのまま植林の道を少し進むと、ブロンズ製の円形の方位盤があり、樹の幹越しにわずかに景色が開けている。やがてアカマツ林の中、道幅も広がり歩きやすい山道になる。道標も充実しており、初心者でも安心だ。ロックフィル構造が立派な箕面川ダムを右手に見ながら歩道橋を渡って府道4号を越えると、すぐに東海自然歩道の西の終端、❺**政の茶屋園地**に着く。公衆トイレもある休憩適地だ。

ここからは箕面川に沿った舗装道を歩き、❻**箕面大滝**を経て箕面公園内の歩行者専用の遊歩道・通称「滝道」を使い、土産物屋街を抜けて❼**箕面駅**に至る。

🍁 味覚・おみやげ

箕面の土産物街

箕面の土産物街の名物は「もみじの天ぷら」(写真)。塩漬けもみじの葉に小麦粉に白ゴマ、砂糖を加えた衣を付けて揚げたもので、ほんのり甘い衣が美味。土産物街の酒屋では地ビール(箕面ビール)も人気で、ピルスナー、スタウトなど何種類もの味が楽しめる。

📷 立ち寄りポイント

箕面公園と箕面大滝

「日本の滝百選」に名を連ねる箕面大滝は、北摂エリア屈指の落差33mを誇る。周辺は面積83.8haの箕面公園で、「森林浴の森100選」に選ばれている。箕面公園は天然記念物に指定されているニホンザルの生息地としても知られるが、観光客とのトラブルも多かったことから最近は山奥に帰す取り組みがなされ、姿を見かける機会が減った。なお、サルにエサをやることは条例で禁止されている。

●勝尾寺は727(神亀4)年創建とされる古刹。受験や商売繁盛にご利益があるとされる勝ちダルマの寺として知られるが、花の寺でもあり、ソメイヨシノや八重桜などの桜やシャクナゲ、ヤマブキなどが境内を彩る。拝観有料。8時〜17時(土・日曜・祝日は延長) ☎072-721-7010

箕面・最勝ヶ峰

1:25,000
0 250 500m
1cm=250m
等高線は10mごと

N

豊能町

茨木市

高山口バス停

東海自然歩道

599.8

北摂霊園

箕面トンネル

新名神高速道路

366

開成皇子墓

山頂にある開成皇子の墓所

柵の中への立入禁止

最勝ヶ峰 4 530

円形方位盤

スイングハウス

勝尾寺園地

勝尾寺

一階堂
花の茶屋

みのお記念の森

清水谷園地

0:50
-1:00

0:50
-0:40

東海自然歩道

自然
研究路4

箕面隧道

ロックフィル式の箕面川ダム

天上ヶ岳 499

箕面川ダム

380

箕面川

勝尾寺
入口 3
430

自然研究路5

分岐から往復10分

八天石蔵

急坂

しらみ地蔵

歩道橋を渡る

勝尾寺南山
407

三叉路
しらみ地蔵

勝尾寺旧境内
傍示八天石蔵
および町石

車に注意して歩く

0:35
-0:30

東海自然歩道西起点
箕面ビジターセンター

政の茶屋園地 5

大阪府
箕面市

375

古参道

旧参道

1:00
-1:20

外院尾根

杉の茶屋

箕面大滝 6

箕面山 355

展望台

雲隣

こもれびの森

参道分岐

登山道に入る

谷山尾根

302

箕面有料道路トンネル

清水池

箕面
グリーンロード

箕面
美谷

唐人戻岩

0:55
-0:45

天狗岩

勝業の古場休憩所

野口英世像

瀧安寺

箕面
温泉スパーガーデン

昆虫館

233

温泉町

箕面大滝からは「滝道」
と呼ばれる車道歩き

267

五藤池

313

五藤池

参道分岐

外院 石標

外院バス停 1

0:05

帝釈寺北交差点 2
帝釈寺
粟生外院

新薩摩池

薩摩池

箕面駅手前の土産物店街

土産物店が並んでいる

箕面

アサンプション国際中・高

423

坊島

箕面駅 7

阪急箕面線

石橋阪大前駅

西宿

千里中央

今宮

171

石丸

茨木IC

如意谷

白島

▲コースの最初は岩場の急斜面。スリップに注意しながら登っていこう

9 中山連山
なかやまれんざん

道の真ん中に
仲よく並ぶ夫婦岩

花、紅葉、滝、岩場…小山ながらも登山の魅力が凝縮された宝塚の名峰

　西園24番礼所・中山寺北方にある中山連山は、中山最高峰と縦走路を総称する呼び名である。登山・下山口ともに駅から近く、ハイカーが絶えないコースだ。稜線では展望に加えて、春にはミツバツツジの回廊歩きが楽しめる。麓の中山寺は、花の時期には観音公園の梅林が花見客で賑わう。積雪することはまれで、盛夏を除き、四季を通じて楽しめる。全体的に歩きやすいコースだが、最明寺滝から上の一枚岩の斜面は、ロッククライミングのようなスリルがある。岩の上に砂利が乗っている箇所は滑りやすいので注意しよう。

🚗 アクセス情報

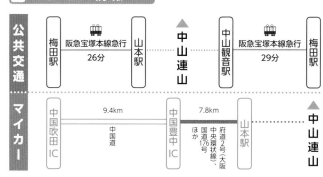

アクセスのヒント

　起点の山本駅、終点の中山観音駅ともに全列車が停車する。マイカー利用の場合、山本駅、中山観音駅、JR福知山線中山寺駅周辺のコインパーキングに駐車して、鉄道で移動することになる（中山寺駅から中山観音駅へ徒歩約10分）。中山寺に専用駐車場はない。中山観音駅から登ることもできるが、万願寺西山からの岩場の下りは要注意。

●奥之院から阪急宝塚線清荒神駅に下るコースも楽しい。コース途中には砂地に低い松が生え、自然の庭園のような米谷高原や、火の神・かまどの神で日本三大荒神のひとつ荒神神（清澄寺）などの見どころがある。奥之院から清荒神駅へ徒歩1時間10分。

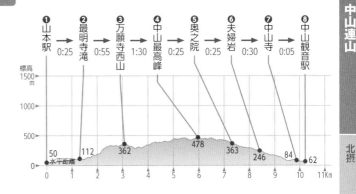

登山データ

標　高	478m（中山最高峰）
エリア	北摂　兵庫県
レベル	初級
整備度	★★☆
難易度	★★☆
歩行時間	4時間15分
歩行距離	10.2km
標高差	登り428m　下り416m

問合せ先
宝塚市役所・宝塚市国際観光協会
☎0797-77-2012

❶山本駅 → ❷最明寺滝 → ❸万願寺西山 → ❹中山最高峰 → ❺奥之院 → ❻夫婦岩 → ❼中山寺 → ❽中山観音駅
0:25　0:55　1:30　0:25　0:25　0:30　0:05

標高 1500m / 1000 / 500 / 0
水平距離
50　112　362　478　363　246　84　62
0 1 2 3 4 5 6 7 8 9 10 11Km

シーズンカレンダー　登山適期　1月～6月、9月～12月

	1月	2月	3月	4月	5月	6月	7月	8月	9月	10月	11月	12月
	←	登山適期	→						←	登山適期	→	
梅												
桜												
ツツジ												
新緑												
紅葉												

修験の名瀑、露岩の急坂、稜線の登降 最後は梅の香る名刹に至る贅沢コース

阪急宝塚線❶山本駅を下車。線路沿いを東に歩いて、広場のある角を北に曲がる。住宅街を抜け、赤い橋と地蔵を過ぎて渓流沿いに進む。石造りで大陸風なデザインの最明寺山門をくぐり、橋を渡って右折すると、数分で❷最明寺滝に出る。三方を岩の壁に囲まれた幽境に、落差10m程度の滝が一条の軌跡を描いている。岩の隙間に設けられた祠からは冷気が漂う。

▲ツツジのトンネルを行く

橋に戻り、今度は直進する。堰堤につけられた階段を登り、満願寺分岐を左へ。住宅地

▲最明寺滝。雑木林を歩いていて突然現れる奇景に驚かされる

がすぐそばに見える分岐から、一枚岩の急斜面を這うように登る。ときどき立ち上がり絶景を楽しもう。南に神戸空港や明石大橋、西に五月山方面が望める。ひとつ目の鉄塔のあたりで岩場は終了。稜線にはミツバツツジやモチツツジが群生し、花期に花のトンネルができる様は見事だ。3つ目の紅白の鉄塔を過ぎ、さらに登ると❸万願寺西山の山頂だ。三角点は縦走路からやや西に入った草むらの中

●中山寺観音公園の梅林では毎年3月第1日曜日に梅まつりが開催される。法要が行われるほか、信徒会館前でフリーマーケットが開かれる。☎0797-87-0024（中山寺）

▲昼食を取るハイカーで賑わう中山最高峰

▲麓の町を見渡す夫婦岩公園のあずまや

▲参拝客で賑わう中山寺山門

にある。右にゴルフ場を見下ろす稜線は、やがて両側にフェンスが迫る。だらだらしたアップダウンをいくつかしのぐと**❹中山最高峰**。ちょっとした広場になっている山頂は、いつも昼時にはハイカーでいっぱいだ。

　奥之院参道を経由して下山しよう。細かい分岐がたくさんあるが、道標が多いので間違う心配はない。大半が雑木の樹林帯で直射日光もなく、春は新緑が美しい。中山寺の**❺奥之院**の本堂脇にある白鳥石の下から湧き出る大悲水（白鳥石の水）は昔「飲して薬効あり」とされていたが、現在は「生水で飲用は不可」の立札がある。舗装道を下り、トイレのある分岐から幅の広い山道に入る。途中に石仏や丁石、宇多天皇が彫ったという天神などが次々と現れ飽きさせない。突然、道の真ん中に巨大な岩が現れる。**❻夫婦岩**だ。周辺は夫婦岩園地として整備され、あちらこちらにベンチやあずまやがありゆっくり休憩できる。

　さらに参道を下ると西国24番札所の**❼中山寺**に出る。子授けや安産祈願の寺として名高く、多くの人が腹帯を授かりに訪れる。お年寄りや妊婦を気遣って、境内の階段の横にはエスカレーターが設置されている。立派な山門をくぐり、参道の土産物店をのぞきながら**❽中山観音駅**へ向かう。

🍴 味覚・おみやげ

お休み処　梵天

　中山寺の境内にあるお休み処。名物の蓮ごはんは、レンコンやギンナン、クコの実、油揚げ、雪菜の漬物を混ぜ込んだもち米を、蓮の葉に包んで蒸した、医食同源の発想で生まれた新しい精進料理。持ち帰りもできる。9時〜17時。平日の仏滅休。☎0797-83-0711

🍴 味覚・おみやげ

寶菓匠　菅屋　山本店

　阪急山本駅から南にやや離れた場所にある、地元で人気の和洋菓子店。代表商品の「金覆輪」は、大粒の丹波栗が入ったずっしり大きな和菓子。「ＴＨＥワラモー」（春夏限定品）という、わらび餅とプリンアラモードの和洋折衷を楽しむ菓子など、遊び心あふれる菓子が並ぶ。登山の前に購入して、山頂で味わうのも楽しい。9時〜19時。月曜休（祝日の場合は翌日）。☎0797-89-0980

●下山地の中山観音駅から徒歩約15分のところに、立ち寄り入浴施設の「名湯 宝乃湯」がある（無料送迎バスあり）。地下800mから自噴する天然温泉で、浴槽の種類も豊富。9時〜25時。無休。☎0797-82-1126

中山連山

1:35,000
0 250 500m
1cm=350m
等高線は20mごと
N

川西市

大宝塚GC

・418
・221
若宮
・297

長尾山
302
422.2
展望
けやきヒルCC
愛宕山
335
・164

北面の展望
中山連山縦走路
1:20
1:30
中山最高峰 **4** △478
展望台
・375
あずまや
461
展望よい
0:30
0:25
362
万願寺西山 **3**
岩場の迂回路
川西市飛地

宝塚高原GC
兵庫県
宝塚市
中山五月台
△225.8
ロープのある岩場
満願寺分岐
満願寺
太聖不動明王
231.8
最明寺滝 **2**
落差10m

・338
奥之院 **5**
聖徳太子修行の地
313
△285.4
0:45
0:55
最明寺の山門
普徳寺

やすらぎ広場
米谷高原
上自衛隊演習場
0:25
0:30
△173.4
山手台西
△132.2
0:25
八坂神社
平井

奥之院～
清荒神駅間
1時間10分
清荒神コース
ベンチ
229
夫婦岩 **6**
お休み処梵天
（有料）
中山寺 **7**
0:05
山本駅 **1**
山本東

清澄寺
境内に鉄斎
美術館がある
中山梅林
古部左近墓
山門
0:30
0:35
0:05
中山観音駅 **8**
名湯 宝乃湯
妙玄寺

△122.3
売布自由市場
売布神社
売布神社駅
中山荘園古墳
中山寺駅
長尾台
JR福知山（宝塚）線
中山寺駅
大阪芸短大

清荒神駅
清荒神
中山
売布東の町
宝塚IC
△49.6
荒牧
中国池田IC
最明寺山門

宝塚大劇場
手塚治虫記念館
武庫川
宝塚新大橋
総合体育館
宝塚市役所
東洋町
中国自動車道
伊丹市

宝塚南口駅
逆瀬川駅

▲山頂にある観音岩からは360度の展望が広がる。高度感もありスリリングだ

10 交野山
こう の さん

八ッ橋の湿原で見られる
ラクウショウの呼吸根

渓谷、滝、展望と見どころたくさんの人気コース

　交野市北東部にある交野山は、古くから信仰の山とされるだけに、山頂には特徴的な巨岩が鎮座する。コース中には渓谷美や展望などの魅力に加え、公園施設が多いことから人気が高い。交野市は地元の伝説や史跡を「交野八景」に定めており、ここではそのうち3つをたどる。沢沿いを歩くことが多いため、低山ながら真夏でも意外と快適だ。冬季にも積雪はめったにないのでアイゼンは不要。いくつものハイキングコースが存在し、分岐がたくさんあるので、地図とガイドブックをよく読み込んで迷わないようにしたい。

アクセス情報

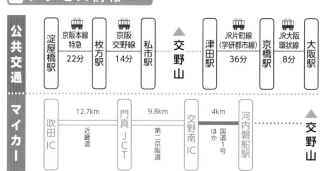

公共交通	淀屋橋駅	京阪本線特急 22分	枚方駅	京阪交野線 14分	私市駅	▲交野山	津田駅	JR片町線（学研都市線） 36分	京橋駅	JR大阪環状線 8分	大阪駅

マイカー	吹田IC	12.7km 近畿道	門真JCT	9.8km 第二京阪道	交野南IC	4km ほか 国道1号	河内磐船駅				▲交野山

アクセスのヒント

　起点を快速が停車するJR片町線の河内磐船駅にしてもいいが（私市駅まで徒歩25分）道がわかりづらいので、地図を確認しておこう。マイカーの場合、先述の河内磐船駅周辺にあるコインパーキングに駐車して紹介コースを歩いて津田駅から電車で戻るか、交野山から石仏の道や傍示の里コースを下って河内磐船駅へ戻ることもできる。

●本コースの傍示峠～交野山間は右の車道（迂回路）を下る新ルートに変更され、旧ルートより20分ほど多く時間がかかるようになった。現地の案内に従って歩こう。

登山データ

標　　高	341m
エリア	北摂 大阪府
レベル	初級
整備度	★★☆
難易度	★☆☆
歩行時間	4時間20分
歩行距離	10.3km
標高差	登り291m 下り286m

問合せ先
　交野市役所
　☎072-892-0121
　くろんど園地
　☎072-891-4488

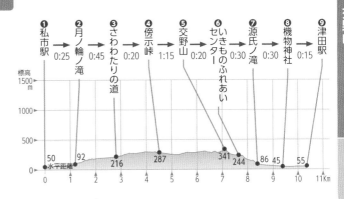

❶私市駅 →0:25 ❷月ノ輪ノ滝 →0:45 ❸さわわたりの道 →0:20 ❹傍示峠 →1:15 ❺交野山 →0:20 ❻いきものふれあいセンター →0:30 ❼源氏ノ滝 →0:30 ❽機物神社 →0:15 ❾津田駅

標高1500m / 1000 / 500 / 0

水平距離　50　92　216　287　341　244　86　45　55

0　1　2　3　4　5　6　7　8　9　10　11Km

シーズンカレンダー　登山適期　1月〜5月、10月〜12月

1月	2月	3月	4月	5月	6月	7月	8月	9月	10月	11月	12月

◀──── 登山適期 ────▶　　　◀── 登山適期 ──▶

桜
山野草
紅葉
新緑

自然公園の敷地を抜けて山頂へ
登りも下りも沢沿いの涼しいコース

　京阪電鉄交野線❶私市駅で下車。駅前広場を抜けて左折する。静かな住宅地の車道は尺治川沿いの山道へと続く。交野八景の「尺治の翠影」に目を奪われつつ進むと、ほどなく

❷月ノ輪ノ滝だ。ハイキング道からは見えないので、橋を渡って細い道を登る。滝の水が足元の岩間に吸い込

▲交野山山頂手前の岩場を登る

まれる様は不思議な感じだ。巨岩が横たわる渓流を何度か渡り、くろんど園地へ。すいれん池を過ぎ、休憩所でひと息つこう。

　川沿いの太い砂利道から、右の橋を渡ってくろんど池ハイキングコースに入る。沢が合

▲木陰にベンチがあるくろんど園地休憩所

流するところで、左の❸さわわたりの道を取る。八ツ橋という湿地帯には北米原産の落葉高木ラクウショウが群生し、地面のところどころから膝状の呼吸根が出ているのが面白い。駐車場を過ぎた園地の出入口が❹傍示峠。以前は左の車道を下っていたが、2019年からは右の車道を下っていく。県道7号に出たら左に取り、県道をたどる。やがて以前の道を左から合わせ100mほど進むと交野山

●JR片町線（学研都市線）河内磐船駅の北東側にある大門酒造では酒蔵見学ができる（夏季を除く土・日曜に酒蔵内にある食事処・無垢根亭の席の予約とセットで見学可）。☎072-891-0353

43

登山口で、右手の山道に入る。いったん下りてまた登り、左の鳥居をくぐって、ハシゴもある急坂を登り⑤交野山（こうのさん）山頂に出る。

　山頂の大岩では360度の大パノラマが待っている。京都、大阪の平野を見下ろすと、300m級の低山であることを忘れてしまう。元日の朝には交野八景の「交野のご来光」目当ての人が続々と押し寄せる名所だ。

　下山は反対側に下り、右に白旗池を見ながら⑥いきものふれあいセンターへ。車道に出て左折し、橋を渡ってすぐのガードレールを乗り越え山道に入る。小滝が連続する沢沿いの道を進み、六角不動堂の石段を下ると、高さ18mの⑦源氏ノ滝（げんじたき）が左奥に見える。最後の交野八景「源氏ノ滝の清涼」を堪能したら車道を直進して、七夕伝説のある⑧機物神社（はたものじんじゃ）へ、さらに倉治の交差点で右折し、⑨津田駅（つだえき）に向かう。

▲周辺の岩がコンクリートで補強された源氏ノ滝

🏠 立ち寄りポイント

いきものふれあいセンター

　野鳥、昆虫、植物、小動物などの剥製や標本が展示してあり、自然観察会などの行事も催される。予約なしでも館内の望遠鏡で白旗池（写真）の水鳥や野鳥を観察できるので、ぜひ立ち寄りたい。9時〜16時30分。月曜（祝日の場合翌日）・年末年始休。☎072-893-6520

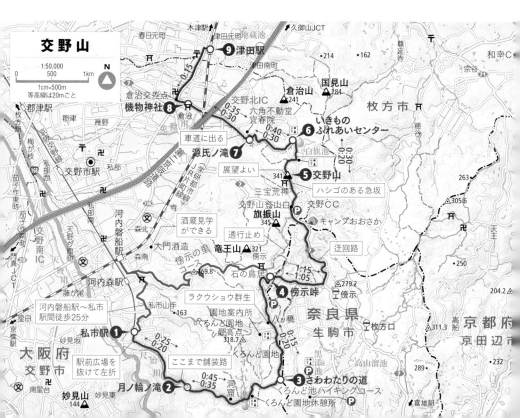

▲登山道脇に立てられた合戦絵図のパネルで天王山の歴史を知ろう

11 天王山・十方山
てんのうざん　じっぽうやま

サントリー山崎蒸溜所の
蒸溜タンク

🏔 天下分け目の戦いの舞台を歩き、名水の恵みを味わう

　天王山は羽柴秀吉と明智光秀が戦った古戦場として有名。鉄道でのアクセスがよく、手軽に登れる山として人気が高い。麓は名水の里として知られており、昔は千利休が茶を点て、今はサントリーが造るウイスキーに使用される。この両山をたどるコースを紹介する。幼稚園児や小学生が遠足にやってくる初心者コースで、危険な箇所はない。ただし十方山からの下山路は粘土質で雨後は滑りやすい。また、途中に台風による倒木帯がある。標高が低いので、梅雨時から夏場にかけては熱中症対策が必要だ。

🚗 アクセス情報

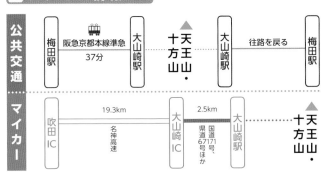

公共交通	梅田駅	阪急京都本線準急 37分	大山崎駅	▲天王山・十方山	大山崎駅 — 往路を戻る — 梅田駅
マイカー	吹田IC	19.3km 名神高速	大山崎IC	2.5km 国道67171号、県道ほか	大山崎駅 ▲天王山・十方山

アクセスのヒント

　JR利用の場合は東海道本線（京都線）で山崎駅まで30分。こちらのほうがわずかだが歩行時間が短縮できる。マイカー利用の場合、JR山崎駅や阪急大山崎駅周辺のコインパーキングを利用する。大山崎山荘美術館に専用駐車場はなく、サントリー山崎蒸溜所の駐車場は団体バスと障害者専用であり、バイクや自転車も駐車できない。

標　　高	270m（天王山） 304m（十方山）
エ リ ア	北摂 京都府・大阪府
レ ベ ル	入門
整備度	★☆☆
難易度	★☆☆
歩行時間	2時間20分
歩行距離	6.9km
標 高 差	登り291m 下り291m

問合せ先
　大山崎町役場
　☎075-956-2101
　山城広域振興局
　☎0774-21-2103

❶大山崎駅 → 0:15 → ❷宝積寺 → 0:25 → ❸天王山 → 0:30 → ❹十方山 → 0:40 → ❺水無瀬滝 → 0:20 → ❻サントリー山崎蒸溜所 → 0:10 → ❶大山崎駅

標高1500m / 1000 / 500 — 水平距離 0 1 2 3 4 5 6 7Km
13　84　270　304　60　26　13

シーズンカレンダー　登山適期　1月〜5月、10月〜12月

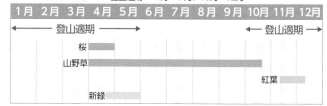

	1月	2月	3月	4月	5月	6月	7月	8月	9月	10月	11月	12月
	◀──── 登山適期 ────▶									◀── 登山適期 ──▶		
桜												
山野草												
紅葉												
新緑												

城址からの展望を楽しみ
ウイスキー職人が認めた名水の里へ

　❶大山崎駅から北へと進み、「山崎聖天参道近道」の看板を見て小道に入る。大きな案内図に当たり、JRの線路沿いに東進する。踏切を渡るとすぐ、天王山登山口の石碑と観光案内図が並んでいる。この参道を直進すると、ひと登りで❷宝積寺だ。行基が建立したとされ、山崎の合戦では秀吉の本陣が置かれた場所である。本堂右手から山道に入る。

▲落差20mの水無瀬滝

　フェンス越しにアサヒビール大山崎山荘美術館の魅力ある建物や美しい庭を見ながら、

▲城址でもある天王山山頂広場

緑の濃い坂道を登っていく。視界が開け、旗立松展望台から淀川の雄大な流れや名神高速大山崎ジャンクションが眼下に望める。

　鳥居をくぐると、山崎の戦いを描いた絵図と解説が書かれた大きなパネルがある。さらに進むと幕末維新の史跡、十七烈士の墓があり、さまざまな時代においてこの山が重要な位置にあったことがわかる。酒解神社を過ぎたら❸天王山まではすぐだ。城跡だけあって

●別名「宝寺」と呼ばれ、金運アップのパワースポットとして知られるコース途中の宝積寺では、悪い鬼を煙でいぶし出して災厄を払う追儺（ついな）式である「鬼くすべ」という行事が毎年4月第3土曜に行われている。儀式のあとには餅まきがあり、多くの参拝者で賑わう。☎075-956-0047

山頂は広場になっており、ゆっくり休憩するのに絶好の場所だ。元の道に戻り、山頂北面の平坦な道を進むと小倉神社分岐に出る。ここを左へ20分ほどで❹十方山（じっぽうやま）に達するが、木々に囲まれ、残念ながら展望はない。

南に延びる道を下る。途中に大きな岩が点在するのが印象的だ。周囲が竹林に変わってくると間もなく、高速道路を見下ろす舗装道に出る。天王山トンネル脇の小道をたどれば❺水無瀬滝（みなせのたき）が現れる。そばを走る車の騒音が残念だが、夏でも気持ちのいい場所だ。

高速道路をくぐり、住宅街を抜けるとJRの線路に突き当たる。左折して線路沿いに進み❻サントリー山崎蒸溜所（やまざきじょうりゅうじょ）を目指す。時間があれば山崎ウイスキー館を見学するのもいい。

サントリー山崎蒸溜所から線路沿いの道をさらに進むとJR山崎駅。踏切を渡ると起点の❶大山崎駅（おおやまざきえき）に戻ってくる。

▲半国山尾根の下部まで下ると、周囲は竹林になってくる

立ち寄りポイント

サントリー山崎蒸溜所

サントリー山崎蒸溜所では、案内係とともにウイスキー製造工程をめぐり、最後に「山崎」を試飲できるガイドツアーがある（有料・要予約）。事前予約制だが、敷地内の山崎ウイスキー館は無料で見学できる。希少なウイスキーのテイスティングは有料。☎075-962-1423

天王山・十方山

1:25,000
1cm=250m
等高線は10mごと

柳谷観音
小倉神社
長岡天神駅
円明寺
京都駅
阪急京都線

小倉神社分岐
305

京都府
大山崎町

展望はない

奥の山展望広場

十方山❹
304

アップダウンをくり返す

大山崎JCT
IC

大山崎町役場

分岐に道標がある

酒解神社

淀川の流れを見下ろす

大山崎町南IC

倒木あり

半国山尾根

シゲ池

天王山❸
270

岩が目立つ十方山山頂

254

山頂はかつての山城跡で、礎石や空堀、土塁などが残っている

0:25
0:30

0:20

十七烈士の墓

旗立松展望台

旗立松展望台

観音寺（山崎聖天）

大山崎瓦窯跡

大阪府
島本町

0:40
1:00

水無瀬滝

尾根道をひたすら下る

椎尾神社

青木葉谷展望広場

天王山トンネル

141

落差20m

水無瀬川

竹林

❺

春日神社

サントリー
山崎蒸溜所❻

踏切

宝積寺❷

アサヒビール大山崎山荘美術館

国の有形文化財

山崎駅

0:15

0:20
0:25

阪神高速道路

若山台

0:10
山崎

妙喜庵

JR東海道本線（JR京都線）

離宮八幡宮

踏切

❶大山崎駅

淀川河川公園

吹田IC

大阪駅

水無瀬神宮

高槻市駅

東大寺

大阪染工場

八幡市

淀

▲見晴らしのいいポンポン山の山頂

12 ポンポン山 <ruby>山<rt>やま</rt></ruby>

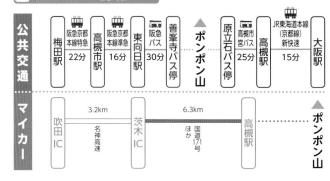

ポンポン山の頂に咲く
カマツカの花

特に紅葉シーズンに行きたい北摂ナンバーワン人気の山

　大阪・京都の境にある山で、コース中に難所がなく、道標も充実しているだけに、四季を通じ多くのハイカーが足を運ぶ。コース中には<ruby>善峯寺<rt>よしみねてら</rt></ruby>、<ruby>神峯山寺<rt>かぶさんじ</rt></ruby>、本山寺の３つの寺があり、いずれも、秋の美しい紅葉が最大の見どころだ（善峯寺は桜もおすすめ）。本山寺から先は舗装道を歩きが続くので、盛夏は避けたい。冬は何度かうっすらと雪化粧し、稀だが多いときは山頂付近で20cm近い積雪もあるので、降雪直後の登山は避ける。冬場に主要コースを外れて踏み跡に分け入ると、ハンターに会うこともあるので注意しよう。

🚗 アクセス情報

| 公共交通 | 梅田駅 | 阪急京都本線特急 22分 | 高槻市駅 | 阪急京都本線準急 16分 | 東向日駅 | 阪急バス 善峯寺バス 30分 | 善峯寺バス停 | ▲ポンポン山 | 原立石バス停 | 高槻市営バス 25分 | 高槻駅 | JR東海道本線（京都線）新快速 15分 | 大阪駅 |

| マイカー | 吹田IC | 3.2km 名神高速 | 茨木IC | 6.3km ほか 国道171号 | 高槻駅 | ▲ポンポン山 |

アクセスのヒント

　善峯寺へのバスは1時間ごとの運行。1～2月は手前の小塩止まりなので、善峯寺まで30分ほど車道を歩く。下山口の原立石バス停から次の停留所である上の口まで出ればバスの本数が増えるが、車に注意して歩こう。駐車場の問題がありマイカーには不向きなコース。利用する場合は高槻駅周辺に駐車して、鉄道とバスで善峯寺へ。

登山データ

標　　高	679m
エリア	北摂 京都府・大阪府
レベル	初級
整備度	★★☆
難易度	★★☆
歩行時間	4時間5分
歩行距離	11km
標高差	登り415m 下り562m

問合せ先
高槻市役所☎072-674-7411
長岡京市役所☎075-955-9515
阪急バス向日出張所☎075-921-0160
高槻市営バス☎072-687-1500

❶善峯寺バス停 → 0:45 → ❷釈迦岳 → 0:30 → ❸ポンポン山 → 1:10 → ❹本山寺 → 1:10 → ❺神峯山寺 → 0:30 → ❻原立石バス停

標高 264 631 679 509 167 117（水平距離）

シーズンカレンダー 登山適期　3月〜6月、9月中旬〜12月

1月	2月	3月	4月	5月	6月	7月	8月	9月	10月	11月	12月
		←登山適期→						←登山適期→			

桜／山野草／紅葉／新緑

古刹を巡り、北摂の名峰2座に立つ 稜線からは京都・大阪方面を望む

　阪急電鉄東向日駅から、阪急バスで終点の❶善峯寺バス停へ。紅葉のシーズンには臨時便も出て、寺は多くの観光客で混雑する。時間が許せば、西国三十三所観音霊場の第20番札所でもある境内をひと巡りしてみよう。枝を水平方向に30m以上伸ばした天然記念物の遊龍の松は、一見の価値がある。

▲黄葉の善峯寺山門

　バス道に戻って少し坂を上がり、登山口の道標に従い、まず沢を渡って斜面につけられたトラバース道を、緩やかに登っていく。イロハカエデの葉を通し

▲大テーブルがある、釈迦岳の静かな山頂

て、谷を隔てた善峯寺の伽藍が一望できる。やや傾斜を強い道を登ると主稜線に出る。左への分岐をふたつ通過して尾根をたどると、島本町の最高峰❷釈迦岳に着く。地味な山頂だが、休憩を取るには最適だ。

　引き続き主稜線を忠実にたどり、ポンポン山を目指す。途中いくつか分岐はあるが、要所に道標があるので安心だ。陽の光を透かして輝くウリハダカエデなどの紅葉を愛でなが

●ポンポン山の山名の由来は、山頂で四股を踏むとポンポンと音がするといい伝えから。古くは加茂勢山と呼ばれたが、今ではこの名で広く親しまれている。山頂に着いたら音がするかチャレンジしてみよう。

▲山門をくぐって神峯山寺の境内へ

▲ポンポン山山頂から見た愛宕山と亀岡市の雲海

▲樹林帯の中にひときわ目立つ夫婦杉

ら歩くのは、たいへん楽しい。さほどの苦も
なく❸ポンポン山に到着する。晩秋から冬の
午前中であれば、山頂から愛宕山方面を眺め
ると、手前の亀岡市内に雲海が立ち込めるこ
とがあり、神秘的だ。目を転じれば大阪平野
も見渡せる。ここはゆっくり景色を楽しもう。

　山頂を後に、東海自然歩道をほぼ尾根づた
いに南西方向へと進む。雑木林だった風景は、
次第に植林へと変わっていく。しばらくはの
どかな山道が続く。夫婦杉を過ぎて、裏手か
ら回り込むように境内に入ると、❹本山寺の
本堂に着く。本山寺は京都の鞍馬寺、奈良の
朝護孫子寺とともに「日本三毘沙門天」とさ

れている。ここでは毎年1月3日に「初寅の
大祭」が催され、白装束の修験者がほら貝を
吹く中、護摩が焚かれる。

　昔むした参道を抜け、勧請掛を経て川久保
への分岐を過ぎる。舗装林道をひたすら下っ
ていくと、❺神峯山寺に着く。紅葉のシーズ
ンは、拝観料を支払い境内に入る。境内には
イロハカエデやオオカエデなど約300本が
適切に配置され、見事としかいいようがない。

　元の舗装林道に戻り、竹林沿いに歩いてい
く。神峯山寺の駐車場を経て牛地蔵の鳥居を
くぐると、間もなく木桶型の待合所が珍しい
❻原立石バス停に着く。

🍴 味覚・おみやげ

手打ち蕎麦処「秀」とどぶろく

　高槻市北部の原地区や樫田地区は「高槻・とかい
なか創生特区」（通称「どぶろく」特区）に指定され、
神峰山口バス停付近の手打ち蕎麦処「秀」では人気
のどぶろく「原いっぱい」
が作られている。生産量
が限られており、入手に
は予約をしておきたい。
☎072-647-8258

🏯 立ち寄りポイント

祥風苑

　マイカーで神峯山寺側からアクセスした場合、下
山後、車に戻って約8kmのところにある日帰り温
泉。1999年に大阪で初めてのアルカリ性純重曹泉
として地下1350mから自噴。重曹の含有量は温泉
法基準の2.5倍以上。療養温泉規格にも合格した泉
質を誇り、美人の湯と呼ばれる。食事処もある。
JR高槻駅から送迎バスあり。10時〜24時。無休（臨
時休業あり）。☎072-689-6700

●起点の善峯寺の門前にある「よしみね乃里」では、自家製の京野菜の漬物や、タケノコ、丹波栗や柿などの旬の
味覚が購入できる。ザックが重くなり過ぎないよう、買い過ぎに注意。食事処もある。10時〜17時。火曜休（4・
5・10・11・12月無休）。☎075-331-5521

ポンポン山

1:50,000

0　500　1km

1cm=500m
等高線は20mごと

N

京都府
京都市
西京区

小塩山
642

大原野IC

勝持寺（花の寺）

大原野神社

金蔵寺

大原野

大原野小

石作町

低廉遊具自動車道

大蔵神社　上羽町

明治池

日正寺

尸陀寺跡

出灰町

善峯寺バス停
覚快法親王墓
三鈷寺①

遊龍の松
善峯寺
よしみね乃里
西山キャンプ場

小塩町
十輪寺

小塩

ゴルフ練習場

東向日駅

森林観光センター
樫田温泉（休業中）

樫田能川

出灰

ポンポン山への最短コース

東海自然歩道

道標

せせらぎの里

出灰不動尊

急な登り

道標あり

善峯寺分岐

0:25
0:30

善峯寺分岐

0:35
0:45

1月と2月はバスは小塩止まり（善峯寺まで徒歩30分）

龍泉寺

ポンポン山③
679

広い山頂。展望よし

東海自然歩道

釈迦岳②
631

主稜線に出る

おおさか環状自然歩道

西山古道

長岡京市

大山崎JCT

京青の森

ベニーCC♪

大沢

尾根道をたどる

大阪府
高槻市

639 夫婦杉

1:20
1:10

向谷山
478.2

柳谷観音

浄土谷

急坂

本山寺④
519.6

勧請掛
行者衣掛之松

急坂

展望よし

本山寺駐車場 P
川久保への分岐

参拝者専用の駐車場

本山寺

川久保

島本町

神峰山の森自然園

神峯山寺⑤

いこいの広場

1:20
1:10

分岐を直進

近畿自然歩道

水無瀬川

尻代

新名神高速道路

縄に樒（しきみ）を結びつけたもので、聖地との境界を意味する

勧請掛 P

神峰山寺の駐車場（参拝者用）に出る

新大阪GC

若山台

神峰山口 ✕

手打ち蕎麦処「秀」
牛地蔵

0:30
0:35

島本町役場

桜井台

水無瀬駅

島本駅

徒歩10分

原立石バス停⑥

安岡寺町上の口

京都駅

東海道本線

清水台

高見台

バスの本数が多くなる

芥川

檜尾川

近畿自然歩道

神峰山寺の勧請掛

高槻IC

高槻JCT

高槻駅・茨木IC

茨木IC

高槻駅

松が丘

侍谷町

日吉台

神内

新大阪神高速道路

JR東海道本線

ポンポン山山頂

▲能勢妙見山の山門はちょうど大阪府と兵庫県の境にある。手前が兵庫県、門の奥が大阪府

13 妙見山
みょうけんさん

妙見の森ケーブルは
20分ごとの運行

天然記念物・野間の大ケヤキからブナ原生林が広がる山頂を目指す

大阪府と兵庫県の境にあり、「能勢の妙見さん」として親しまれている。かつての参詣道はほとんどがハイキングコースとなり、参拝者だけでなくハイカーも絶え間なく訪れる。能勢電鉄の終点である妙見口駅起点の周回コースが一般的だが、ここでは北西にある樹齢1000年の野間の大ケヤキと妙見山をセットにしたコースを紹介する。本来は歩きやすいハイキングコースだが、近年の台風や豪雨によって登山道が大きくえぐられている箇所が多く、浮き石に足を乗せたり、路肩を踏み抜いたりしないよう注意したい。

🚗 アクセス情報

公共交通								
梅田駅	阪急宝塚本線急行 21分	川西能勢口駅	能勢電鉄妙見線 26分	妙見口駅	阪急バス 10分	本滝口バス停	▲妙見山	
						往路を戻る	妙見口駅	梅田駅

マイカー							
中国吹田IC	9.4km 中国道	中国豊中IC	3.2km 府道2号〈大阪中央環状線〉ほか	神田IC	2.4km 池田線	池田木部第2IC	9.5km 国道173・477号
						妙見口駅	▲妙見山

アクセスのヒント

本滝口行きのバスは本数が少ないので、あらかじめダイヤを確認し、乗り遅れないようにしたい。登山口と下山口が異なるのでマイカー向きではないが、利用する場合は妙見口駅前の食堂兼土産物店「かめたに」の有料駐車場に車を停め、バスで本滝口へ向かう。駐車場の満車時は野間の町立けやき資料館に駐車し、山頂を往復する。

●妙見口駅前の豊能町観光案内所では、妙見山のタイムリーなコース状況が入手できる。バスの待ち時間に立ち寄っていこう。能勢町特産のヤーコンなど地場産物も販売。9時〜12時（4〜11月の土・日・祝日は〜15時）。☎ 072-734-6758

登山データ

標　　高	660m
エ リ ア	北摂 大阪府・兵庫県
レ ベ ル	初級
整備度	★★☆
難易度	★★☆
歩行時間	3時間10分
歩行距離	10km
標高差	登り423m 下り471m

問合せ先
　川西市役所☎072-740-1161
　能勢町役場☎072-734-0001
　阪急バス豊能営業所
　☎072-739-2002

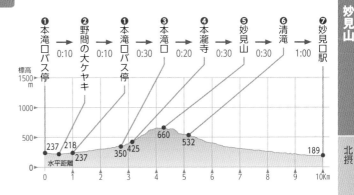

❶本滝口バス停 → 0:10 → ❷野間の大ケヤキ → 0:10 → ❶本滝口バス停 → 0:30 → ❸本滝口 → 0:20 → ❹本瀧寺 → 0:30 → ❺妙見山 → 0:30 → ❻清滝 → 1:00 → ❼妙見口駅

標高
1500
m

1000

500

水平距離

237　218
237
350　425
660
532
189

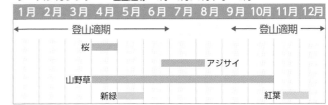

シーズンカレンダー　登山適期　1月～6月、9月中旬～12月

1月	2月	3月	4月	5月	6月	7月	8月	9月	10月	11月	12月
←──── 登山適期 ────→								←── 登山適期			
桜											
					アジサイ						
山野草											
新緑								紅葉			

山道を登り参拝客で賑わう山頂の寺へ
夏でも涼しい渓谷沿いの道を下りる

　能勢電鉄妙見口駅から阪急バス奥田橋行きまたは能勢町宿野行きに乗り**❶本滝口バス停**で下車。まずは西に10分歩き**❷野間の大ケヤキ**を見ていこう。**❶本滝口バス停**まで戻り、

▲S字カーブのミラー脇で細道へ

車道を東へ。無人野菜販売所には地元の農産物が並ぶ。秋には大きさと甘さで有名な「銀寄せ」と呼ばれる栗が売られ、これを目当てに能勢を訪れる人もいる。妙見奥ノ院・歌垣山への分岐に立つ鳥居を見送り、すみよし茶屋のあるS字カーブで、右の未舗装道に入る。うっそうとした林の中を進むと、長い石段が現れる。こ

▲妙見山山頂手前のブナ林は大阪府の天然記念物

が**❸本滝口**だ。幅の狭い石段は踏み外さないよう注意。さらに登って鳥居をくぐる。コンクリートの石段を上がれば**❹本瀧寺**だ。紅葉の時期にはカエデが境内を赤く染める。

　古びた祠や茶店跡などを見ながら登り続けると、ブナの灰色の幹が目につくようになってくる。ブナは一般的に標高1000m以上の場所に分布するが、妙見山のブナ林は標高約600mの比較的低所にあるため珍しく、大

●入門者や時間に余裕がない人は、下山に妙見の森ケーブル（所要5分）とリフト（所要10分）を利用してもいい。山頂から10分も下ればリフト駅があるが、おすすめはリフトに乗らず、ケーブルカーの山上駅まで30分ほど歩いて下るコース。☎072-738-2392（能勢電鉄）

▲山頂から南西方向の眺め。奥の山は六甲山

▲初谷コースは川沿いだけに夏でも涼しい

▲古い建物がいい雰囲気を醸している山頂部の参道

阪府の天然記念物に指定されている。薄暗い森林を抜けると石畳の参道に出る。入口脇にある小さな馬の石像が愛らしい。

迎賓館「祥雲閣」や古い旅館の立ち並ぶ参道には食堂もあり、暑い日には冷やし飴、冬はおでんでひと息入れるのもよい。開運殿（本殿）は、お百度参りのように合掌して周りを歩く人が絶えない。浄水堂は4代目中村歌右衛門が寄進したもので、この水を使うと役者のように美しくなるといわれる。階段を上がって山門をくぐるとユニークな形の信徒会館「星嶺」に着く。展望台からは遠く大阪湾が望める。裏手の高台に彰忠碑が立ち、そば

に❺妙見山（みょうけんさん）の四等三角点が埋設されている。

駐車場に向かう石段の参道は、鳥居をくぐらずに石段手前で左に延びる未舗装道を取る。カエデの大木が立つ分岐で右折し、初谷（はつたに）コースに入る。一度車道を横切り、山道をまっすぐ下る。再び車道に出たら右折して道路沿いに歩く。❻清滝（きよたき）で道が二手に分かれる。右手の道標から山道に入る。何度も沢を渡るので、濡れた石に足を滑らせないよう注意が必要だ。一帯は「大阪みどりの百選」に指定され、渓谷沿いに貴重な桜の野生種であるエドヒガンが見られる。農村に出ると、ほどなく❼妙見口駅（みょうけんぐちえき）に到着する。

🏠 立ち寄りポイント

野間の大ケヤキとありなし珈琲

樹齢1000年以上の野間の大ケヤキは国指定の天然記念物。運がよければアオバズクやフクロウが観察できる。隣接する町立けやき資料館にはトイレもあり、土・日・祝日のみだがおしゃれなカフェ「ありなし珈琲」の屋台も出る。☎050-3545-3668（ありなし珈琲）

🍴 味覚・おみやげ

四季料理 かめたに

妙見口駅前にある食堂で、人気メニューはしし鍋味噌煮込みうどん（写真）。冬季限定のぼたん鍋は要予約。店先には地元の野菜をはじめ、特産品の黒豆や栗を使った加工品が並んでいる。9時（8時〜の日あり）〜18時（冬季〜17時）。月曜休。☎072-738-1122

●紹介コースの本滝口バス停〜本滝口間は車道歩きで日陰がないので、夏は西面の上杉尾根や新滝道（2020年4月現在通行止め）、大堂越経由のコースなどを登りに利用する方法もある（コースタイムはP55地図を参照のこと）

↑亀岡　　↑奥の院バス停

・能勢けやきの里
237.1△

町立けやき資料館
ありなし珈琲

樹齢約1000年の巨樹で国の天然記念物に指定

① 本滝口バス停　←0:10→

無人販売所がある

野間の大ケヤキ②　P

野間川

野間中

野間稲地

0:30
0:25

車に注意して歩く

・399

奥ノ院鳥居

すみよし茶屋

本滝口の長い石段

・616

野間の大ケヤキ

大樋峠

野間城跡

大阪府 能勢町

66.2

・450

△364.9　野間大原

・383

③ 本滝口

カーブミラーあり。右の未舗装路へ

0:15
0:20

・573

野間峠

余野・池田駅

妙見荘

妙瀧寺卍

急な石段

本瀧寺 ④

御供水所

・521　大杉大善神

0:25
0:30

大阪府の天然記念物のブナ林

妙見山頂の浄水堂

△547.3

大堂越

妙見山
卍
⑤　660

能勢妙見山
山門

法華経寺卍

星嶺

妙見の水

ケーブル山上駅

広場前駅

足湯あり

黒川駅〜妙見山間登り1時間30分

黒川

黒川駅
P

妙見の森ケーブル

ケーブル前駅　P

上杉池

妙見の森
水

524・

バーベキューテラス

妙見の森リフト

妙見山門

道標あり

0:30
0:35

⑥ 清滝

・572

スリップ注意

杉林

左の未舗装路へ

鳥居

妙見山駅（有料）P

余野〜妙見山上間のバスは2019年に廃止された

新滝道は2020年4月現在通行止め

新滝道

雄滝行場

白滝稲荷神社

上杉尾根

534・

初谷コースは沢を何度も渡る

天台山
・640

山ベース・ハナビ

吉川小

△444.0

八町茶屋跡

初谷コース

1:20
1:00

初谷川

・480

妙見口駅〜妙見山間登り2時間

稜線コース登山口

妙見口駅 **⑦**

四季料理かめたに

豊能町観光案内所（有料）P

人材センター

豊能町シルバー

奥橋

・349

・480

能勢電鉄

池田↓

箕面市

妙見山

1:25,000
0　250　500m

1cm=250m
等高線は10mごと

N

▲愛宕神社本殿への石段。少しきついが頑張って上がろう

14 愛宕山
（あたごやま）

愛宕神社で販売されている
火伏せの札

🏔 「愛宕さんへは月参り」で知られる京都市民の信仰の山

愛宕山は、京都市街から西を向けばどこからでも見ることができる。山頂には全国約900ある愛宕社の総社である愛宕神社が立っていて、古くから京都市民の信仰に厚い。清滝から表参道を登るのがもっともポピュラーだが、ここでは保津峡から愛宕山と密接な関係があった水尾の里を経由して山頂に立ち、月輪寺経由で清滝へ下る道を紹介する。いずれも参道なのでコースそのものは歩きやすいが、どの道を選んでも標高差のある急な登り（下り）。年間通じて登られる山で、冬季はスノーハイクで人気があるが、アイゼンが必要。

🚗 アクセス情報

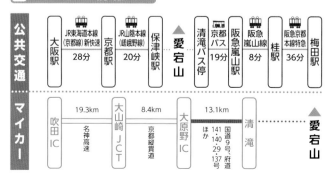

公共交通	大阪駅	→JR東海道本線（京都線）新快速 28分→	京都駅	→JR山陰本線（嵯峨野線）20分→	保津峡駅	▲愛宕山	清滝バス停	→京都バス 19分→	京都駅	阪急嵐山駅	→阪急嵐山線 8分→	桂駅	→阪急京都本線特急 36分→	梅田駅
マイカー	吹田IC	→名神高速 19.3km→	大山崎JCT	→京都縦貫道 8.4km→	大原野IC	→国道9号・府道141・140・29・137号ほか 13.1km→	清滝	▲愛宕山

アクセスのヒント

歩行時間が15分ほど延びるが、起点を保津峡駅手前のトロッコ保津峡駅にしてもいい（P56欄外参照）。清滝からは京都駅や三条京阪への京都バスがあるが、登山には使えない。マイカーの場合は清滝に駐車して金鈴峡経由で水尾に向かうか（2時間）、表参道を登る周回コース（清滝から水尾分かれへ2時間10分・P57欄外参照）になる。

● トロッコ嵯峨駅（JR山陰本線嵯峨嵐山駅から徒歩20分）から嵯峨野観光鉄道のトロッコ列車に乗車し、トロッコ保津峡駅を起点にしてもいい。トロッコ列車は人気が高いので、GWや夏休み、紅葉の頃は早めの予約が必要（1ヶ月前から予約できる。予約は主なJR西日本の駅のみどりの窓口かJTBなど全国の旅行会社へ）。

🥾 登山データ

標　　高	924m
エ リ ア	京都周辺 京都府
レ ベ ル	中級
整備度	★★☆
難易度	★★★
歩行時間	5時間35分
歩行距離	12.3km
標高差	登り850m 下り818m

問合せ先
　京都市右京区役所☎075-861-1101
　京都バス☎075-871-7521
　水尾自治会バス
　☎080-9748-2090

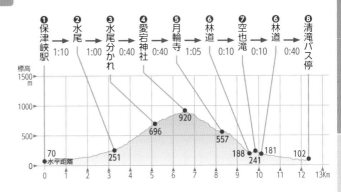

❶保津峡駅 → ❷水尾 1:10 → ❸水尾分かれ 1:00 → ❹愛宕神社 0:40 → ❺月輪寺 0:40 → ❻林道 1:05 → ❼空也滝 0:10 → ❻林道 0:10 → ❽清滝バス停 0:40

標高 1500m 1000 500 0

70 水平距離　251　696　920　557　188　241　181　102

0 1 2 3 4 5 6 7 8 9 10 11 12 13Km

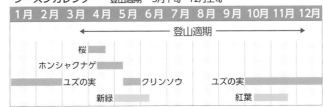

シーズンカレンダー　登山適期　3月下旬〜12月上旬

1月	2月	3月	4月	5月	6月	7月	8月	9月	10月	11月	12月
		◀────────		登山適期						────────▶	
			桜								
	ホンシャクナゲ										
		ユズの実			クリンソウ			ユズの実			
		新緑						紅葉			

渓谷歩きと素朴な山里を巡り
火伏せの神を祀る神社が立つ山頂へ

　スタート地点になる❶**保津峡駅**は、保津川の上に設けられた駅だ。水尾までは自治会が運営するバスもあるが、本数や運行日が限られるので、歩くことを前提にしよう。

▲ユズ風呂が名物の水尾集落

　保津峡橋を渡り左折、車に注意しながら川沿いの道を1時間ほど歩くと、ユズの里として知られる❷**水尾**集落（P58コラム参照）へ入る。古くは愛宕山参道で売られていた樒（仏前や墓前に供えられるモクレン科の植物）を、水尾の女性が運んで上がっていたという。水尾小学校の前を通る道に入り登っていくと登山口がある。

▲保津峡駅は駅自体が橋になっている

　よく整備された道をゆったりと登り始めるが、ところによってはかなりの急坂となるのであなどれない。ひと踏ん張りすると、前方から愛宕山の表参道が合流する❸**水尾分かれ**にたどり着く。ここにはあずまやもある。

　ここからまで来れば、あとは広くて緩やかな道をたどるだけだ。途中には樒を売った花売り場跡がある。明治時代の神仏分離令までは愛宕山を管理していた白雲寺の門だった黒

●愛宕山に登るルートでもっとも利用されているのが清滝からの表参道。急斜面の登りの沿道には町石や地蔵が続き、火燧（ひうち）権現や大杉神社跡など、愛宕山が信仰の山であり、多くの人が昔から登っていたことを実感できる道だ（初級コース・清滝バス停から山頂まで2時間50分）。

▲愛宕神社本殿。全国の愛宕神社の本社だ

▲京都を代表する景観地の嵐山・渡月橋。その背後にそびえるのが愛宕山だ

▲下山路に立つ月輪寺への道標

門をくぐると、やがて多くの登山者が休憩している愛宕神社社務所前の広場に出る。ようやくここで木の間越しに京都市街が望まれる。

❹愛宕神社の本殿へは、ここから階段を上がっていく。7月31日の夜から8月1日の朝にかけて行われる千日参りは、その日に参ると1000日分のご利益があるといわれ、夏の京都ではよく知られた行事のひとつ。「3歳までに登るとその子は一生火難に遭わない」といわれるだけに、子ども連れの姿も多い。山頂の三角点は少し北方にあるので、時間があれば立ち寄ってこよう。

下山は、本殿への階段右手の道を進む。案内表示に従い月輪寺方面へ。こちらの道は表参道とは違いいわゆる登山道で、岩が露出して歩きづらい箇所がある。下り着いた❺月輪寺は8世紀創建と伝わる古寺で、空也上人や法然上人ゆかりの寺だ。ここでようやくひと息つけるが、まだまだ中腹。やがて尾根通しの急坂となって下り続けると、清滝川（堂承川）に沿う❻林道に降り立つ。右に10分ほど行くと、平安時代の僧・空也上人が修行したという❼空也滝があるので往復してこよう。

しばらく林道歩きを我慢すると表参道の登山口である清滝にたどり着き、渡猿橋を渡って坂を登れば❽清滝バス停がある。

🏠 立ち寄りポイント

嵐山温泉

京都でもよく知られた観光地の嵐山だが、実は温泉がある。以前は数軒の旅館が引いていただけだが、阪急嵐山駅前にある「風風（ふふ）の湯（12時〜21時30分。無休。☎075-863-1126）や、京福電鉄嵐山駅構内の足湯（有料）で手軽に入浴できる。

🍴 味覚・おみやげ

ユズの里・水尾

コース途中の水尾は、古くから愛宕山と密接な関係がある集落。近年ではユズの里として知られ、秋から冬にかけて数軒の民家でユズ風呂や鶏なべを提供している（予約制）。ケーキやお茶などの加工品も購入できる。☎075-861-2376（水尾保勝会）

愛宕山

1:25,000

0　250　500m
1cm=250m
等高線は10mごと

N

愛宕山の三角点

愛宕山の三等三角点

南丹市

首無地蔵・朝日峯

月輪寺のホンシャクナゲ

境内のホンシャクナゲは
京都市の天然記念物に指定

愛宕神社 **4**

924△
愛宕山

石段

社務所

黒門

月輪寺への
道標

分岐あり

5 月輪寺

0:50
0:40

尾根道に入る

京都市街を望む

岩が飛び出て
歩きにくい

0:40
0:30

水尾の里を眼下に望む

急坂

1:00
0:45

大きな杉の木が
何本も立っている

花売り場跡
(樒小屋)

1:25
1:05

急坂

「是より月輪寺四丁」
の標石

空也滝 **7**

6 林道

0:10

空也滝

あずまやあり

3 水尾分かれ

京都市街を望む

京都市
右京区

七合目

五合目

大杉神社跡

三合目

0:40
0:45

道標あり

お助け水

ケーブル跡
清滝川
ゲンジボタル
生息地

錦雲渓
高雄

清滝川

嵯峨嵐山駅・京都駅

京阪急嵐山駅・京都市街地方面

水尾 **2**

参道の石標

登山口
清和神社

水尾小

水尾

JA
嵯峨水尾

ゆずの里歩道

愛宕山へのメインコース。
清滝バス停〜水尾分かれ間
登り2時間10分、
下り1時間30分

水尾分かれの休憩舎

荒神峠

急坂

二の鳥居

清滝

渡猿橋

保津峡駅〜嵯峨水尾間
水尾自治会バス運行(18分)、
月・水・土曜運転。ただしお盆
と年末年始は運休

ツツジ尾根

清滝バス停 **8**

金鈴峡

清滝バス停〜水尾間
徒歩2時間

金鈴橋

嵯峨野陵

六丁峠

愛宕
念仏寺

嵐山高雄パークウェイ

京都府
亀岡市

狭い車道を歩く。
車の往来に注意

1:00
1:10

京都日出新聞三千号

保津峡を行くトロッコ列車

落合橋

書物岩

保津峡

嵯峨野観光鉄道
(トロッコ列車)

小倉山
296△

嵯峨嵐山駅・京都駅

清滝トンネル

トロッコ保津峡駅

ここを起点にしてもいい。
水尾まで徒歩1時間25分

小倉トンネル

保津川

JR山陰本線
(嵯峨野線)

保津峡橋

第二保津トンネル

屏風岩

1 保津峡駅

壁岩

第一保津トンネル

京都市
西京区

トロッコ亀岡駅

トロッコ嵯峨駅

▲ 「大」の字の交点にあたる金尾（かなわ）。眼下に京都市街が広がる

秋の哲学の道を彩る紅葉

15 大文字山
（だいもんじやま）

五山送り火の火床として知られる人気のハイキングコース

　手軽なハイキングコースとして地元のハイカーに人気が高い山。毎年の盆には、五山送り火の東山「大文字」火床ともなる。火床と頂上からの展望はすばらしく、京都の街並みや高雄、北山方面の眺めが大きく広がる。観光客であふれかえる銀閣寺の背後にそびえる山だが、コースは自然林に包まれ、心地いい山歩きが楽しめることだろう。ただし、ところどころに滑りやすい箇所があるので注意する。下山後に歩く「哲学の道」には、紅葉で知られる法然院、しだれ桜の大豊神社、世界遺産・銀閣寺があり、見どころに事欠かない。

🚗 アクセス情報

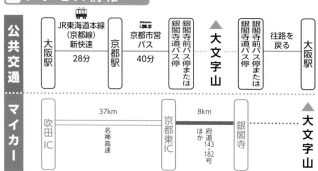

公共交通	大阪駅	JR東海道本線（京都線）新快速 28分	京都駅	京都市営バス 40分	銀閣寺前バス停または銀閣寺道バス停	▲ 大文字山	銀閣寺前バス停または銀閣寺道バス停	往路を戻る	大阪駅
マイカー	吹田IC	37km 名神高速	京都東IC	8km ほか府道143・182号	銀閣寺	▲ 大文字山			

アクセスのヒント

　銀閣寺前バス停より銀閣寺道バス停のほうが本数が多い。両停留所間は徒歩4～5分。京都の路線バスは系統が多く複雑なので、観光案内所などで確認するといい。鉄道の場合は京阪・出町柳駅が最寄りとなり、銀閣寺まで徒歩約30分。マイカーの場合、銀閣寺の至近の駐車場は混雑する。やや離れた駐車場の利用をおすすめしたい。

登山データ

標　　高	465m
エリア	京都周辺 京都府
レベル	初級
整備度	★★☆
難易度	★★☆
歩行時間	3時間15分
歩行距離	7.2km
標高差	登り390m 下り390m

問合せ先
　京都総合観光案内所
　☎075-343-0548
　京都府観光課☎075-414-4837
　京都市営バス☎075-863-5200

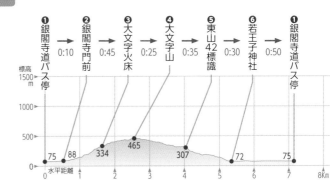

❶銀閣寺道バス停 →0:10 ❷銀閣寺門前 →0:45 ❸大文字火床 →0:25 ❹大文字山 →0:35 ❺東山42標識 →0:30 ❻若王子神社 →0:50 ❶銀閣寺道バス停

標高1500m / 1000 / 500 / 0
水平距離 0　1　2　3　4　5　6　7　8Km
75　88　334　465　307　72　75

シーズンカレンダー　登山適期　3月〜7月上旬　9月〜12月

1月	2月	3月	4月	5月	6月	7月	8月	9月	10月	11月	12月
		←─── 登山適期 ───→						←─── 登山適期 ───→			

桜
スミレ
新緑　　　　　　　　　　　　　　　　紅葉

大文字の火床と頂上からの大展望
下山後は哲学の道散策を楽しむ

　❶銀閣寺道バス停から、まずは銀閣寺をめざす。小さな銀閣寺橋を渡り、土産店の並ぶ参道を抜ければ❷銀閣寺門前で、ここを左折。続いて正面に見える八神社前を右折し、次の分岐は右手を行く。小さな流れに沿って緩やかに登ると林野庁の大きな看板が現れるので、ここを右に折れて橋を渡る。道はしっかり踏まれた登山道となり、古い木段や石段の道を登る。とりたてて注意する箇所はないが、地面がやや滑りやすいので、雨後はスリップに注意したい。

▲火床への長い階段の登り

▲千人塚。写真左手に火床への直登コースが続いている

　木々の間から京都市街が見えるようになると、ほどなく千人塚。供養塔が祀られ、広々としたこの場所から道は左へ大きくUターンする。この千人塚からは、火床へと直接登る道も延びているが、かなりの急登が続く。

　Uターンした道は少し先で右にカーブし、その先から長い階段を登っていく。息が切れるところだが、少しの我慢で展望が大きく開ける❸大文字火床に到着する。ここは「大」

●下山口の若王子神社からは、南へと永観堂、南禅寺を参観しながら地下鉄東西線の蹴上駅へと向かってもいい（徒歩30分）。南禅寺の門前には湯豆腐の専門店が何軒もあり、ちょっとぜいたくに一杯というのも楽しい。

▲ハイカーたちが集う大文字山の頂上

▲京都一周トレイル「東山45」の標識

▲東山42標識への下り道

の字の交点の部分で、京都市街や高雄、北山方面が一望のもと。足下には大の字の「はね」を形づくる火床が延びている。

火床からは、その最上部まで急な登りをこなし、再び自然林の道をたどっていく。途中、なだらかなピークを3つ越えれば❹**大文字山**(だいもんじやま)の頂上だ。火床ほどではないものの、ここからも大きな眺めが広がっている。

下りは南東へと広い尾根を下る。数分下ると道は右に折れ、下り切ったところが京都一周トレイル「東山45」標識の立つ変則十字路だ。ここは、正面に続く道へとまっすぐ進む。なお、下山コース途中には京都一周トレ

イルの案内標識が何度か現れるが、この標識は当コースを示しているものではないので、くれぐれも間違えないよう注意したい。

しばらく下ると❺**東山42標識**のある分岐で、ここは広い道をまっすぐ行かず、右の細い道へ。急斜面の岩場の下りが何箇所かあるのでスリップに気をつけたい。途中、墓地への踏み跡を右に分け、その先、南禅寺からの道との合流点は右に行く。新島襄・八重が眠る同志社墓地を経てしばらく下ると、永観堂の守護神でもある❻**若王子神社**(にゃくおうじじんじゃ)。ここからは、大豊神社、法然院などに立ち寄りながら、哲学の道を❶**銀閣寺道バス停**(ぎんかくじみち)(てい)へと戻る。

▲同志社大の創立者・新島襄と妻の八重の墓

▲紅葉に彩られる哲学の道

●京都府山岳連盟では京都一周トレイル(全長約80km)を毎年、春、秋、冬の3回に分けて踏破するイベント「ぐるっと京都トレイル」を開催。申し込み制で、健脚向き。詳細は京都府山岳連盟☎090-2355-2551へ。

五山送り火

盆の終わりにお精霊を見送る、京都の夏の風物詩。市内の５つの山（大文字山、西山および東山、船山、左大文字山、曼陀羅山）に、大文字をはじめ左大文字、妙法、舟形、鳥居形の火床が置かれ、いずれも８月16日の20時過ぎから５分ごとに点火される。ちなみに大文字山の火床は75ヶ所もあり、「大」の字の一画目は80m（45間・19床）、最も長い二画目は160m（88間・29床）、そして三画目は120m（68間・27床）ある。

哲学の道

銀閣寺（慈照寺）から若王子神社まで、琵琶湖疏水の分線沿いに延びる約2kmの散歩道で、「日本の道百選」のひとつとなっている。明治の頃は「文人の道」と呼ばれ、京都学派の哲学者•西田幾太郎が散策した道としても知られる。道沿いにはカフェや食事処も点在し、4月上旬の桜や11月中旬〜12月上旬の紅葉の時期がおすすめだ。
☎075-343-0548（京都総合観光案内所）

▲京都市街を望む音羽山山頂。左の石積みは三等三角点

16 音羽山
おとわやま

追分駅のホームには
大津絵が掲げられている

京都・滋賀府県境に横たわる展望の山

　音羽山は京都山科と滋賀大津との境に位置する。東海自然歩道が通り、山頂からは京都市街や琵琶湖の展望が楽しめる。整備も行き届いていて多くのハイカーが訪れる人気の山だけに登山コースは数多いが、ここでは京都側の追分駅を起点に牛尾観音経由で山頂に立ち、東海自然歩道を北上して滋賀県側の大谷駅に下るコースを紹介する。基本的にはハイキングコースだけに危険箇所はほとんどないが、下山の後半は急斜面の下りが続くだけに、慎重に通過しよう。降雪がなければ冬季でも登れ、冠雪した遠方の山々が望める。

アクセス情報

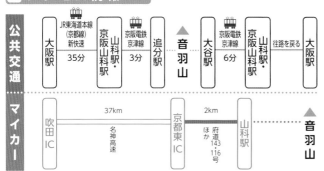

	大阪駅	JR東海道本線 (京都線) 新快速 35分	京阪山科駅・山科駅	京阪電鉄 京津線 3分	追分駅	▲音羽山	大谷駅	京阪電鉄 京津線 6分	京阪山科駅・山科駅	往路を戻る	大阪駅

公共交通……マイカー

	吹田IC	37km 名神高速	京都東IC	2km ほか 府道 143 116 号	山科駅	▲音羽山

アクセスのヒント

　JR山科駅と京阪山科駅は向かい合っており、乗り換えにはさほど時間がかからない。京阪電鉄京津線は京都市営地下鉄に乗り入れているので、三条京阪駅で京阪電鉄に乗り換える方法もある。マイカーの場合は縦走コースかつ登山に適した駐車場がないので、山科駅周辺のコインパーキングに車を停めて、鉄道で移動しよう。

●山頂から南東の石山寺コースを下ってもいい。ガイドコースの東海自然歩道分岐に戻り、パノラマ台、西山路傍休憩所を経て石山寺駅へ（山頂から1時間40分）。車道歩きが長いが、芭蕉ゆかりの幻住庵や、コースからはやや外れるが西国三十三所札所の石山寺などの見どころがある。

登山データ

標　　高	593m
エリア	京都周辺 京都府・滋賀県
レ ベ ル	初級
整備度	★★☆
難易度	★★☆
歩行時間	4時間10分
歩行距離	8.5km
標高差	登り488m 下り435m

問合せ先
京都市山科区役所
☎075-592-3050
大津市役所
☎077-528-2756

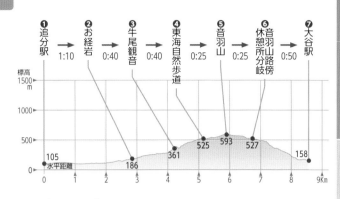

❶追分駅 → 1:10 → ❷お経岩 → 0:40 → ❸牛尾観音 → 0:40 → ❹東海自然歩道 → 0:25 → ❺音羽山 → 0:25 → ❻音羽山路分岐傍休憩所 → 0:50 → ❼大谷駅

標高
1500m / 1000 / 500 / 0

105 水平距離　186　361　525　593　527　158

0　1　2　3　4　5　6　7　8　9Km

シーズンカレンダー　登山適期　3月〜12月

1月	2月	3月	4月	5月	6月	7月	8月	9月	10月	11月	12月
		◀───────────				登山適期				──────────▶	
桜	■										
山野草		■■■■■■									
新緑	■■										
紅葉										■■■	

名所旧跡や滝の懸かる参道と 広葉樹林の稜線をたどり山頂へ

❶追分駅を出て、「牛尾観音ハイキングコース」の案内に従い、国道1号を東へ。右に交番を見て名神高速をくぐり右折して、高速道路沿いの緩やかな車道の坂を上下する。下り

▲稜線上の東海自然歩道分岐

きったところを左折し、小山集落に入る。道なりに進み、白石神社を過ぎると鎌研ぎ橋登山口に出る。

緩やかに高度を上げていく車道はせせらぎが聞こえ、気持ちがいい。道沿いには大師堂、❷お経岩、青龍の滝、音羽の滝など見どころや、その昔周辺を題材に詠まれた和歌を刻んだ石碑がある。広場になった桜の馬場で左前

▲紅葉の鎌研ぎ橋登山口。ここから参道へ

方への砂利道に入り、最後に思案辻からの階段道にひと汗かくと、清水寺の奥の院とされる❸牛尾観音にたどり着く。

音羽山への道は、牛尾観音の入口あたりにある。ここからは登山道になるが、道標はよく整備され、迷うことはないだろう。山腹から尾根に上がってまっすぐ登ると、パノラマ台を経由する道との分岐に出る。ここの道標だけ文字が消えていてわかりにくい。ここで

●登山途中の牛尾観音は通称で、正式名は牛尾山法厳寺。御本尊の十一面千手観音菩薩は、天智天皇の御親作仏として知られる。観音像の下には金生水と呼ばれる霊水が湧いているので、喉を潤していこう。☎075-595-3317

尾根道ではなく、左の山腹沿いにつけられた道を歩いていくと、音羽山に通じる尾根沿いの**❹東海自然歩道**に合流し、左へ進む。

東海自然歩道は広くて快適。まだ少し登りが残っているが、苦にならないだろう。広場になった三叉路を左に行くと、すぐに**❺音羽山**山頂に着く。山頂は北側の展望がよく、山科から京都市街、大津の街並み、琵琶湖からそそり立つ比叡山などが一望できる。

下山は山頂直下の分岐まで戻り、左へ進む。緩やかに下っていくと、20分ほどで**❻音羽山路傍休憩所分岐**に出る。右にわずかに進むと休憩所とトイレが立っている。分岐からは一転して急な下りが多くなり、無線中継塔を経てひたすら下ると、国道をまたぐ歩道橋に出る。これを渡って分岐を左方向に進み、山道を行くとまもなく蝉丸神社の拝殿で、石段を下って車道を右に進むと**❼大谷駅**がある。

▲国道1号をまたぐ歩道橋を渡れば大谷駅は近い

◀落ち葉を踏みしめ山頂へ

🏛 立ち寄りポイント

逢坂山関址

逢坂越は古くから交通の要所だった地で、百人一首「これやこのゆくもかえるもわかれては知るも知らぬも逢坂の関」という蝉丸の歌で知られる。大谷駅東約100mの「逢坂の関記念公園」内に、歌碑などが立っている。
☎077-528-2772（びわ湖大津観光協会）

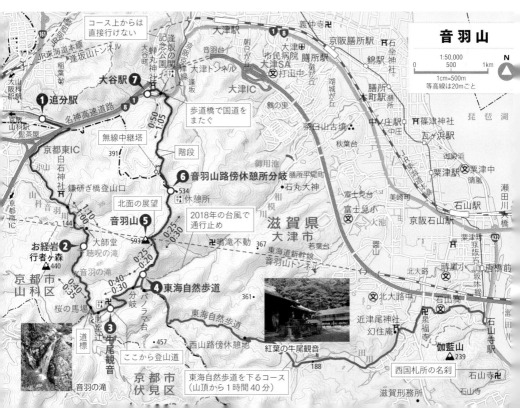

▲鳩ヶ峰山頂の開放的な眺め（眼下は加悦谷の町並み）

17 大江山
（おおえやま）

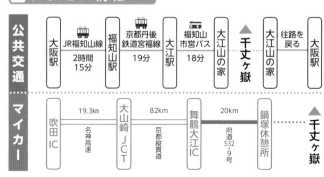

アクセス途中の林道にある
ユーモラスな鬼の人形

丹後と丹波の境にまたがる「鬼の伝説」で名高い名山

　源頼光（よりみつ）による酒呑童子（しゅてんどうじ）征伐の鬼伝説で知られる大江山。広義には、丹後と丹波の境である赤石ヶ岳、千丈ヶ嶽、鳩ヶ峰、鍋塚からなる大江山連峰の総称だ。最近はさらに普甲峠（ふこう）を経て東の赤岩山へ続く長大な「赤赤縦走路」が人気となっている。ここでは日帰りで歩ける範囲として、大江山連峰の最高峰、千丈ヶ嶽から鍋塚までのハイライトをたどる。ルートの途中にはブナやカエデの美林があり、草原状の稜線からは雄大な絶景が楽しめる。道中には危険な岩場や鎖場はなく、道標も完備。初級者にもやさしい山だ。

🚗 アクセス情報

公共交通	大阪駅	🚃 JR福知山線 2時間15分	福知山駅	🚃 京都丹後鉄道宮福線 19分	大江駅	🚌 福知山市営バス 18分	大江山の家	▲千丈ヶ嶽	大江山の家	往路を戻る	大阪駅

マイカー	吹田IC	19.3km 名神高速	大山崎JCT	82km 京都縦貫道	舞鶴大江IC	20km 府道532・9号	鍋塚休憩所	▲千丈ヶ嶽

アクセスのヒント

　公共交通機関でアクセスする場合、大江山の家バス停から鬼嶽稲荷神社まで5kmほど舗装林道を歩かねばならず、バス便も少ない。福知山駅か大江駅からタクシー利用も考慮する。マイカーの場合、鍋塚休憩所の無料駐車場（約10台）へ。鬼嶽稲荷神社には駐車場はなく、路肩に数台駐車できる程度だけに、なるべく避けたい。

●酒呑童子の鬼伝説　平安時代、鬼の頭領・酒呑童子と配下たちは都から姫君を次々とさらっていた。これを退治するため遣わされた源頼光、藤原保昌、坂田公時、渡辺綱、卜部季武、碓井貞光の6名が山伏姿で大江山に入り、鬼たちとの酒宴の席で、酒呑童子を討ち取ったという話。

67

標　高	832m（千丈ヶ嶽）
エリア	京都周辺 京都府
レベル	初級
整備度	★★☆
難易度	★★☆
歩行時間	4時間20分
歩行距離	9.9km
標高差	登り386m 下り386m

問合せ先
福知山観光協会 ☎0773-22-2228
酒呑童子の里 ☎0773-56-0095
福知山市営バス ☎0773-24-7084
日交タクシー ☎0773-22-4111

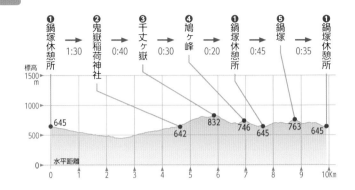

❶鍋塚休憩所 → 1:30 → ❷鬼嶽稲荷神社 → 0:40 → ❸千丈ヶ嶽 → 0:30 → ❹鳩ヶ峰 → 0:20 → ❶鍋塚休憩所 → 0:45 → ❺鍋塚 → 0:35 → ❶鍋塚休憩所

標高 1500m / 1000 / 500 / 0　水平距離

645　642　832　746　645　763　645

0　1　2　3　4　5　6　7　8　9　10Km

シーズンカレンダー　登山適期　3月〜12月

1月	2月	3月	4月	5月	6月	7月	8月	9月	10月	11月	12月
		←――――――――――登山適期――――――――――→									
			新緑								
									紅葉		
								雲海			

大江山連峰の3山をつなぐ
展望の尾根道歩き

大江山連峰は、高速道路網の発達で京阪神近郊からも日帰り登山の圏内となった。まずはマイカーで❶**鍋塚休憩所**の無料駐車場へ。身支度を整え、まずは舗装林道を下って、林道終点にある❷**鬼**

▲登山口である鬼嶽稲荷神社

嶽稲荷神社へと歩を進める。なお、鬼嶽稲荷神社の展望台からは、秋の午前中は雲海がみられ、空山、岩戸山が浮島のように幻想的に浮かび上がることもある。

公衆トイレの先が登山口だ。歩きやすい登山道を登る。ブナやカエデの樹林の美しさには、さすがは「森林浴の森」日本百選に選ば

▲千丈ヶ嶽への登路はカエデやブナなどの紅葉が美しい

れた山だと納得させられる。特に新緑や紅葉の頃はすばらしい。双峰（山河峠）、天座への標識が立つ分岐で右に進み、ひと登りすれば、❸**千丈ヶ嶽**の山頂に着く。広々とした平原状の山頂部は、小さな休憩舎やベンチなどがあり、赤石ヶ岳から西へ与謝野町方面への眺めが広がる。山の形をしたオブジェ風の標識があるが、続く鳩ヶ峰、鍋塚にも同じ意匠の標識がみられて面白い。

●鬼嶽稲荷神社から往復35分で、「鬼の洞窟」に立ち寄れる。鬼丸稲荷大神を経て、美しい樹林帯の急坂を標高差100mほど下る。やがて右へトラバースし、ロープが垂れ下がった急斜面を少し登り返すと、ミステリアスな鬼の岩屋に着く。

　北へ続く稜線には、幅の広い遊歩道が続く。千丈ヶ嶽の堂々たる山容を背に、ススキに囲まれた絶景の❹鳩ヶ峰のピークに着く。北西には与謝野町の市街地が見下ろせ、東には青葉山（若狭富士）が遠くに見える。さらに北東へは、これから歩く稜線が見渡せる。

　ミヤコザサが茂る中、鳩ヶ峰と鍋塚の間の鞍部である❶鍋塚休憩所に下る。公衆トイレの存在がありがたい。朝に駐車したマイカーを横目に、尾根道を先へ進む。隣山林道への分岐を見送り、開放的な尾根道を進めば❺鍋塚だ。こちらも絶景が広がり、尾根続きに航空管制所がある740m峰が見える。遠くに宮津湾が輝く。東は遥かに青葉山の双耳峰が見える。振り返ると千丈ヶ嶽がどっしりと構え、右手前に三角形の鳩ヶ峰が控える。

　十分に景色を楽しんだら、❶鍋塚休憩所へと引き返す。

▲鍋塚から見た最高点の千丈ヶ嶽(左奥)と鳩ヶ峰(右手前)

🅿 立ち寄りポイント

日本の鬼の交流博物館

　東面山麓にあり、大江山の鬼退治伝説（P67欄外参照）の紹介をはじめ、全国各地の鬼に関する歴史、文化に関する資料や、世界の鬼面などを展示。入館有料。9時〜17時（入館は〜16時30分）、月曜（祝日の場合は翌日）、年末年始休。

☎0773-56-1996

鳩ヶ峰の山頂に架かった虹の橋

大江山
1:40,000
0　250　500m
1cm=400m
等高線は20mごと

鍋塚休憩所
❶
360度の展望
鳩ヶ峰 ❹ ▲746
0:20 / 0:25
0:30 / 0:35
隣山林道への分岐
鍋塚林道
このピークも好展望
❺鍋塚 ▲763
0:45 / 0:35
大芝原避難小屋
鬼の岩屋・740m峰
宮津市
•616
•481
711
•607
普甲峠
大江山グリーンロッジ
▲521
日本の鬼の交流博物館
グリーンロッジ・竜宮荘
酒呑童子の里
287
263
二瀬川
分岐から大江山登山口の石柱
237
•256.9
•343
与謝野町
休憩舎、ベンチあり
千丈ヶ嶽 ❸ ▲832（大江山）
金時の逆さ杉
双峰への分岐
815
0:40 / 0:30
カエデ、ブナの美林
鬼嶽不動尊
1:30 / 2:00
鍋塚と鬼嶽稲荷神社への標柱
554
林道歩き
562
429
•大江町佛性寺
池
378
•626.3
美多良志荒神
鬼の足跡
鬼ヶ茶屋
大江山の家
大江山の家バス停〜鍋塚休憩所間 徒歩約2時間30分
600
•311
遠望台、休憩所
❷鬼嶽稲荷神社
鬼丸稲荷神社
鬼の洞窟神社
往復35分
648
•334
•316
石ヶ岳
•601
•内宮
天座
鬼嶽稲荷神社の展望台からの紅葉
465
•442
269
•365
京都府 福知山市
大江駅・舞鶴大江IC
158
•365

▲雲母坂の登り始めは掘り込まれて溝のようになった道だ

18 比叡山・雲母坂
（ひえいざん・きららざか）

比叡山の名を冠する花・
エイザンスミレ

 琵琶湖を見下ろす世界遺産の霊山へ

　比叡山は伝教大師・最澄が787年に開山した霊山で、延暦寺を中心に多くの堂宇が点在する、世界遺産の山だ。古くからの聖地だけに、登山道は四方八方から延びている。ここでは、京都側から延暦寺の千日回峰行の行者道・雲母坂（一部倒木あり）を登り、最澄がたどった表参道の本坂を下って延暦寺の僧の里坊が並ぶ坂本に向かう。古道とはいえ登山道なので、足元はトレッキングシューズで固めておこう。延暦寺ではハイカーに限り境内の通過を認めてくれているが、根本中堂などを拝観する場合は拝観料を支払おう。

🚗 アクセス情報

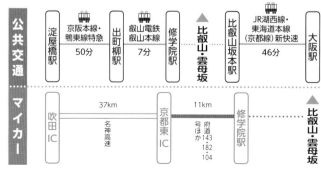

アクセスのヒント

　駅が起終点のコースだけに、公共交通利用の方が便利。マイカーの場合は修学院駅周辺のコインパーキングに停めての山頂部往復か（下山は叡山ケーブル利用でもいい）、下山地側の坂本に駐車して紹介コースの本道と無動坂道（P71欄外情報）の周回、あるいは三条京阪周辺に車を停め、鉄道利用で紹介コースを歩くことが考えられる。

●ガイドでは比叡山最高点の大比叡（848m）を経由しないが、登る場合は比叡山ロープウェイをくぐった先の分岐を右に取って車道をたどり、比叡山頂バス停を経て最後に山道を登ると樹林に囲まれた山頂に着く。山頂から東進し、阿弥陀堂を過ぎるとガイドコースに合流する（比叡駅～大比叡～根本中堂間1時間25分）。

登山データ

標　高	772m （コース最高点）
エリア	近江 京都府・滋賀県
レベル	初級
整備度	★★☆
難易度	★★☆
歩行時間	4時間10分
歩行距離	10.5km
標高差	登り691m 下り676m

問合せ先
京都市左京区役所
☎075-702-1000
大津市役所
☎077-528-2756

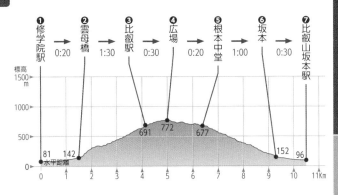

❶修学院駅 → ❷雲母橋 0:20 → ❸比叡駅 1:30 → ❹広場 0:30 → ❺根本中堂 0:20 → ❻坂本 1:00 → ❼比叡山坂本駅 0:30

標高 1500m / 1000 / 500

81　142　691　772　677　152　96
水平距離　0　1　2　3　4　5　6　7　8　9　10　11Km

シーズンカレンダー　登山適期　3月下旬〜12月上旬

1月	2月	3月	4月	5月	6月	7月	8月	9月	10月	11月	12月
		◀				登山適期					▶

桜
ツツジ
新緑
紅葉

比叡山の京都側の代表コースを登り下山は表参道にあたる古道をたどる

　叡山電鉄❶修学院駅を出て東へ向かう。白川通りを左折して音羽川にぶつかったら、右に延びる川沿いの道を東にさかのぼっていく。❷雲母橋を渡ったら、雲母坂の始まりとなる。雲母坂は平安時代から開かれていたといわれる比叡山では主要な登拝路のひとつで、登り始めてしばらくは、細くてえぐれた道が続く。

▲音羽川沿いの車道を行く

　傾斜が緩むと道も広くなり、快適に歩くことができるようになる。水飲対陣跡碑まで来たところで、京都一周トレイルと合流する。ここからしばらくは京都一周トレイルの道標

▲白川通りから目指す比叡山を望む

を目印に歩くとよいだろう。水飲対陣跡から少し登ったところでようやく展望が得られる。植林帯を登っていくと、途中で道が二手に分かれる。右は南北朝時代に活躍した武将・千種忠顕の顕彰碑を経由する道だ。いずれの道をたどっても叡山ロープウェイの❸比叡駅の前に導かれる。

　比叡駅の前に出たら、そこから東に延びる広い道を歩いていこう。ロープウェイの下を

●根本中堂からは本道の南側につけられた無動寺坂を下るコースもある（坂本へ1時間30分）。危険箇所の少ない、歩きやすい下りが続く。途中には回峰行の祖、相応和尚が刻んだという不動明王を祀る明王堂が立っている。

▲比叡駅の先にある広場からは京都北山の景観が堪能できる

▲本坂は幅の広い道が続く

▲山野草が咲く石段を下ると坂本は近い

くぐった先で比叡山の主峰である大比叡への分岐があるが（大比叡へのコースはP70欄外参照）、ここを直進する。スキー場跡を過ぎてしばらくで、京都北山を見渡す❹広場に出る。なおも山腹の道をたどり、左に最澄廟の浄土院への道を見てさらに進むと、やがて左に❺根本中堂への階段が出てくる。延暦寺は東塔や西塔、横川など三塔十六谷の総称で、根本中堂は延暦寺の総本堂となる。

　下山はそのまま直進して、宿泊施設である延暦寺会館横のコンクリート道を下る。亀堂と呼ばれる小さなお堂のあるところからは土の道になる。この道は本坂と呼ばれる道で、1927年の比叡山坂本ケーブル開業まで比叡

比叡山・雲母坂

1:31,000
0　250　500m
1cm=310m
等高線は20mごと

京都府
京都市
左京区

横川中堂
釈迦堂
法華堂
西塔

559

414

京都北山などの展望

比叡山
広場 ❹　0:20
0:30

つつじが丘

838 四明岳
ミュージアム比叡
比叡山頂
比叡山頂駅

0:30
0:20

八瀬

野瀬町

比園町

三宅八幡宮

八幡前駅

三宅八幡駅

上高野小

宝ヶ池駅

赤山禅院

修学院
修学院離宮

修学院小

林丘寺

鷺森神社

曼殊院書院庭園

叡山電鉄鞍馬線

叡山ケーブル

ケーブル八瀬駅

八瀬比叡山口駅

所要9分

どちらの道でもよい

ロープ比叡駅
ケーブル比叡駅

比叡駅 ❸

叡山ロープウェイ

所要3分

山頂は樹林の中

千種忠顕碑

527

620

水飲対陣跡付近から

雲母坂コース

1:30
1:10

水飲対陣跡

「修学院山」標識

細いえぐれた道を登る

大比叡山頂

ホテルデルプリオ比叡

東山
186

大鷺町

竹内町

叡山電鉄叡山本線

高野川

音羽川

白川通り

0:20

雲母橋 ❷

修学院駅 ❶

出町柳駅→

大文字山方面↓

211

京都南IC

山のメインルートだった。その名残を感じる道をひたすら下っていくと、五大堂の上に出る。石段を下り、一度林道に合流して、再び石段を下っていくと、❻坂本の町に着く。

坂本は、穴太衆積みと呼ばれる石垣が続く街として知られる。時間が許すなら、全国の山王社の総本社である日吉大社を見学していきたい。国宝の西本宮、東本宮はもとより、磐座を祀った原始信仰の色濃い八王子山（往復1時間10分）に登ってみるのも興味深い。周辺には、ほかにも聖徳太子ゆかりの西教寺や日光東照宮の雛形となった日吉東照宮、滋賀院門跡庭園など見どころが多い。

大通りを直進していくと、やがて右手に坂本比叡山口駅、一の鳥居をくぐってさらに進むと、❼比叡山坂本駅にたどり着く。

🌐 味覚・おみやげ

比叡山のそば

坂本ではそばを食べさせる店がいくつかある。その昔、断食修行をした僧侶にお腹に優しいものをと供したのがはじまりという。享保年間から続く本家鶴喜そば（☎077-578-0002）がよく知られ、江戸時代築の建物で食べるそばは格別だ。

🌐 味覚・おみやげ

三九良

古い鎧や着物が並べられた和室で、庭園を見ながら蓬餅が食べられる。蓬餅は滋賀県産のヨモギを用い、杵と臼でつきあげ甘さ控えめ。もちろん持ち帰りもOK。10時〜17時。月曜・第2火曜休（祝日の場合は翌日）。☎077-578-1720

比叡山坂本ケーブル

19 三上山
（み かみ やま）

湖東平野の ランドマークに登る

　滋賀県野洲市のシンボル・三上山は、昔は中山道や東海道からもよく眺められたので、この山が見えると京が近づいたと旅人は安堵したという。目立つ山だが標高が低いので、麓から山頂までは1時間とかからない。三上山を御神体とする御上神社を起点に表・裏両登山道をたどる2時間ほどの周回コースを歩く。物足りない人は北側に妙光寺山への縦走路があるので、組み合わせて歩いてみよう（P75欄外参照）。登り下りとも一部に露岩の道があるので、濡れている際はスリップに注意。靴はトレッキングシューズにしよう。

しめ縄で結界を示す
山頂の磐座

▲悠紀斎田記念田と三上山。均整の取れた姿から「近江富士」と呼ばれている

🚗 アクセス情報

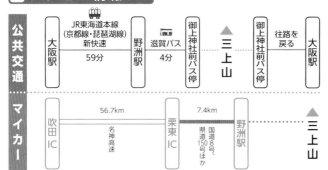

公共交通	大阪駅	JR東海道本線 （京都線・琵琶湖線） 新快速 59分	野洲駅	滋賀バス 4分	御上神社前バス停	三上山	御上神社前バス停	往路を戻る	大阪駅
マイカー	吹田IC	名神高速 56.7km	栗東IC	国道8号、県道150号ほか 7.4km	野洲駅	三上山			

アクセスのヒント

　新快速は1時間に3〜4本の運行。御上神社前バス停へのバスはほぼ1時間ごとの運行だが、曜日によりダイヤが変わる。バスの待ち時間が長ければ、野洲駅から御上神社前バス停まで歩いてもいい（40分）。マイカーの場合は裏登山道登山口手前に駐車スペースがあるが、台数が少なく、野洲駅周辺のコインパーキングに停めるほうが確実。

●三上山は毎年9月23日〜11月3日の間は松茸山となるので、入山の際は御上神社で初穂料500円を支払うこと。☎077-587-0383（御上神社）。なお、東面の近江富士花緑公園から山頂へは通年無料で登ることができる（50分）。花緑公園へは野洲駅から近江バスが運行（17分）。

🥾 登山データ

標　　高	432m（雄山）
エ リ ア	近江 滋賀県
レ ベ ル	初級
整備度	★★☆
難易度	★★☆
歩行時間	1時間55分
歩行距離	3.3km
標 高 差	登り332m 下り332m

問合せ先
野洲市観光物産協会
☎077-587-3710
滋賀バス甲西営業所
☎0748-72-5611

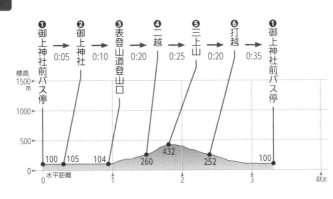

❶御上神社前バス停 → 0:05 → ❷御上神社 → 0:10 → ❸表登山道登山口 → 0:20 → ❹二越 → 0:25 → ❺三上山 → 0:20 → ❻打越 → 0:35 → ❶御上神社前バス停

標高1500m / 1000 / 500

100　105　104　　　260　432　　252　　　100
水平距離　0　　　1　　　2　　　3　　4Km

シーズンカレンダー　登山適期　3月下旬〜6月、9月〜12月中旬

1月	2月	3月	4月	5月	6月	7月	8月	9月	10月	11月	12月
	←登山適期→							←登山適期→			

桜
新緑
紅葉
山野草

ショートコースながらも
古社や岩場、展望など魅力満載

❶御上神社前バス停から車道を南下して、❷御上神社の境内に入る。御上神社は延喜式にも記載されている古社で、本殿は国宝、楼門は重要文化財に指定されている。御神体は三上山であり、この山とは切っても切れない関係にある。神社に参拝したあとは御上神社前交差点で国道を

▲山出集落内の表登山道登山口

渡り、左に進んで国道を北上すると昭和天皇即位の新嘗祭に供える米を収穫した悠紀斎田記念田があるので、見学していこう。

三上山麓の住宅地に入り、登山道の道標を見逃さないように路地に入っていくと、獣避けのゲートがある。そこが❸表登山道登山口だ。登山道に入るとすぐに魚釣岩があり、さらに登って妙見堂跡への石段へ。燈籠や手水鉢の残る妙見堂跡を過ぎて急坂を登る。

ひと登りしたところで、右に派生する踏み跡に入っていこう。展望のよい❹二越の岩場がある。

▲挟まった割石の間を通過する

二越から登っていくと、今度はザックを背負ったままでは進みにくいほど狭い割岩を通過する。やがてステップが切られた岩場を登

●三上山から東面の近江富士花緑公園側に下って北面の妙光寺山へ縦走し、野洲駅に戻るコースもある（三上山から2時間40分）。妙光寺山の北面には花崗岩に刻まれた鎌倉時代の磨崖仏がある。ただし妙光寺山は松茸山のため、9月下旬〜11月中旬の間は入山できない。

るようになったら山頂は近い。急坂を登ると右側に展望所があるので寄っていこう。**❺三上山**（雄山）の山頂には磐座が祀られ、御上神社の奥宮が立っている。

　下山は裏登山道を利用する。奥宮の祠の前から東へ。鞍部の苔ヶ谷を経て東竜王のピークへ。そのまま尾根づたいに進むが、やがて手すりをつたって斜面を横切るように下っていく。女山との鞍部である**❻打越**からは谷沿いの道になり、道は少し荒れ気味になる。下り切ると、表登山道と同じようにゲートがある。ここが裏登山道の登山口だ。

　ゲートを出ると、すぐに江戸時代に一揆で犠牲になった農民を顕彰する天保義民碑が立っている。あとは車道を歩いて起点の**❶御上神社前バス停**へと戻っていく。バスの待ち時間が長いようなら、そのまま野洲駅まで歩いてもいい（40分）。

▲二越の岩場から野洲川や守山の町並みを望む

🍴 立ち寄りポイント

近江富士花緑公園
　山頂から下ること40分、三上山の北東麓に整備されている自然公園で、宿泊ロッジやバーベキュー場、木工体験ができるウッディルームなどがある。カフェも併設。野洲駅へのバス便もある。9時〜17時。月曜（祝日の場合翌日）・年末年始休。
☎077-586-1930

三上山

1:25,000
0　　　　250　　　　500m
1cm=250m
等高線は10mごと

三上山から妙光寺山を縦走し、野洲駅に向かうコースもある。（2時間40分）。ただし、9月下旬〜11月中旬は入山禁止

燈籠が立つ妙見堂跡

野洲駅〜御上神社前バス停間
徒歩40分

分岐に案内板がある

裏登山道の露岩の道

登り50分、下り40分

▲広い石段の大手道を上がり天主跡へ。城のシンボル的な建造物を天守というが、ここ安土城では天主と表記している

20 安土山・繖山
あ づちやま　きぬがさやま

安土駅前に立つ
織田信長像

 織田信長の古城と西国札所の古寺歩き

　かの織田信長が1579年に築いた安土城。わずか6年で廃城になり、今は石垣が残るのみだが、戦国の覇者の栄華を偲ぶには十分な迫力だ。一方、東海道本線を挟んで対峙する繖山は中腹に古刹の観音正寺と桑実寺がある。さらに麓には安土城の理解が深められる資料館や博物館があり、歴史三昧の充実したハイキングが楽しめる。それだけに、見学時間をたっぷり取っておきたい。コース自体は要所に案内があることと、見通しが利くので次の目標が見つけやすく、歩きやすい。安土城跡と桑実寺の見学は有料なので注意しよう。

🚗 アクセス情報

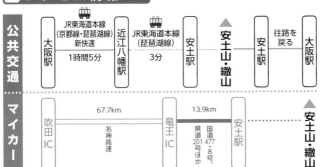

公共交通	大阪駅	JR東海道本線 （京都線・琵琶湖線） 新快速 1時間5分	近江八幡駅	JR東海道本線 （琵琶湖線） 3分	安土駅	▲安土山・繖山	安土駅	往路を戻る	大阪駅

マイカー	吹田IC	67.7km 名神高速	竜王IC	13.9km 国道477・8号、県道201号ほか	安土駅	▲安土山・繖山

アクセスのヒント

　新快速は安土駅に停車しない。マイカーの場合は安土山南麓の無料駐車場に車を停めて紹介コースを歩く。歩行時間を短縮したい場合は先述の安土山南麓か繖山西麓の文芸の郷に駐車し、安土山と繖山登山を組み合わせる。繖山だけなら文芸の郷に駐車して桑実寺経由で山頂へ、観音正寺から瓢箪山古墳経由で戻る周回コースがある。

●起点となる安土駅の北口に、旧安土町の名所やハイキングコースなどを紹介する安土駅観光案内所がある。登山前に立ち寄って、コースや観光情報を入手していこう。9時〜17時。年末年始休。☎0748-46-4234

登山データ

標 高	198m(安土山) 433m(繖山)
エリア	近江 滋賀県
レベル	初級
整備度	★★☆
難易度	★☆☆
歩行時間	4時間
歩行距離	10.2km
標高差	登り343m 下り343m

問合せ先
安土駅観光案内所
☎0748-46-4234

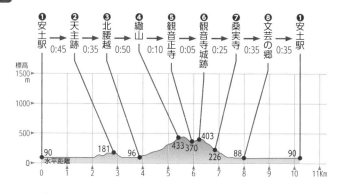

❶安土駅 → ❷天主跡 0:45 → ❸北腰越 0:35 → ❹繖山 0:50 → ❺観音正寺 0:10 → ❻観音寺城跡 0:05 → ❼桑実寺 0:25 → ❽文芸の郷 0:35 → ❶安土駅 0:35

標高 1500m / 1000 / 500 / 0

水平距離 90 / 181 / 96 / 433 / 370 / 403 / 226 / 88 / 90

0 1 2 3 4 5 6 7 8 9 10 11Km

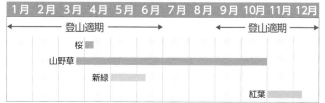

シーズンカレンダー 登山適期　1月～6月、9月～12月

1月	2月	3月	4月	5月	6月	7月	8月	9月	10月	11月	12月
←── 登山適期 ──→								←── 登山適期 ──→			
			桜 ▬								
	山野草 ▬▬▬▬▬▬▬▬▬▬▬▬▬▬▬▬▬										
			新緑 ▬▬▬▬								
									紅葉 ▬▬▬		

歴史を秘めた山々に登り
歴史を紐解く資料館を巡る

❶安土駅が出発点。最初に向かう安土城跡は駅の北側だが、先に南側にある城郭資料館に立ち寄り、安土城の復元模型や資料などを見ていこう。資料館からは駅に向かって左手の地下道で駅北側に出る。下豊浦交差点まで北上し、右折して安土城跡へ向かう。

受付で拝観料を払い、石垣に囲まれた広い石段の大手道を登る。前田利家や羽柴秀吉、徳川家康の屋敷が

▲安土城跡からの西の湖

あったと伝わる台地を見ながら歩き、天主への分岐へ。右に進んだ最高地点が❷天主跡だ。

▲繖山登山口の北腰越。大きな標石が目印だ

天主跡からは西の湖の展望がいい。下りは先ほどの分岐まで戻り右折、摠見寺本堂跡を経由して山裾を歩くと受付へと戻ってくる。

繖山の登山口は県道を東に向かった❸北腰越という峠にある。「近江風土記の丘」の大きな標石が立ち、その背後に「奉勧請西国三十三所」の石碑と「きぬがさ山」を示す道標がある。登っていくと石仏や石祠があり、雑木林の中を木段が続く。桑実寺への分岐か

●繖山西麓の文芸の郷は、スペイン・セビリア万博（1992年開催）の日本館メイン展示物として復元された安土城天主を展示する信長の館や、四季折々の味を生かしたレストランなどが揃う総合施設。☎0748-46-6507

らは展望が開け始め、安土山を背に登る。最後に樹林の中を登り詰めて**❹繖山**へ。

山頂からは南へ進む。電波塔の立つ小さなピークを越え、急斜面を下っていく。下り切るとT字路に出る。左は観音正寺、右は観音寺城跡へ向かう道だ。まずは左に進んで西国三十二番札所の**❺観音正寺**へ向かう。

観音正寺をあとにT字路に戻り、直進して観音寺城跡を目指す。暗くて狭い石段の道を登ると**❻観音寺城跡**がある。近江源氏佐々木六角の居城の跡だという。さらに石畳の残る道を**❼桑実寺**へ。本堂は南北朝時代の建立で、通り抜けるためには拝観料が必要だ。

桑実寺からも長い石段を下る。石橋を渡り山門をくぐって集落に出たら、右折して**❽文芸の郷**に向かう。ここには安土城考古博物館や安土城の天主を原寸大で展示する信長の館などがある。あとは車道を**❶安土駅**へ。

▲観音正寺は聖徳太子により605年に開創された

🏯 立ち寄りポイント

安土城の秘密を知る

　近江平野に大天守をそびえ立たせていた安土城。安土駅にある城郭資料館（☎0748-46-5616）では20分の1スケールの安土城の模型、信長の館（☎0748-46-6512）では原寸大の天主の内部を再現。出土品を見るなら安土城考古博物館（写真・☎0748-46-2424）がある。

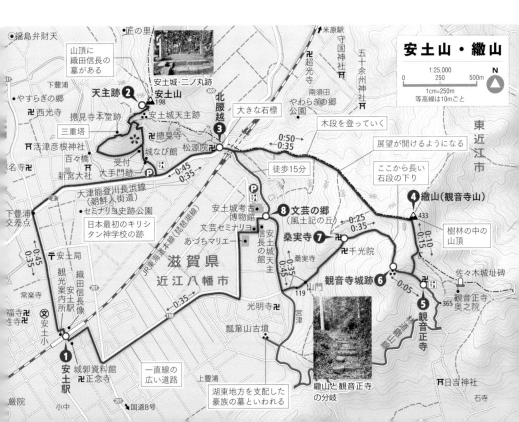

安土山・繖山

1:25,000
0　　250　　500m
1cm=250m
等高線は10mごと

N

- ◉福島弁財天
- 匠の里
- 米原駅
- 五十余州神社卍
- 下豊浦
- 山頂に織田信長の墓がある
- 安土城・二ノ丸跡
- 守山神社卍
- 超光寺卍
- 南須田卍
- **天主跡❷**
- **安土山** 198
- 北腰越
- 安土城天主跡
- やわらぎの郷公園
- ●やすらぎの郷
- ●西光寺卍
- 擬見寺本堂跡
- 三重塔
- 大きな石標
- 木段を登っていく
- 東近江市
- 卍活津彦根神社
- 卍擬見寺
- **❸**
- 松源院卍
- 0:50 / 0:35
- 展望が開けるようになる
- 百々橋
- 城なび館
- ここから長い石段の下り
- 卍新宮大社
- 受付 大手門跡 P
- 0:45 / 0:35
- 徒歩15分
- **❹繖山**（観音寺山）
- 大津能登川長浜線（朝鮮人街道）
- 安土城考古博物館
- △433
- 樹林の中の山頂
- ●セミナリヨ史跡公園
- P
- 0:25 / 0:35
- 0:10 / 0:15
- 佐々木城址碑
- ▽下豊浦交差点
- 日本最初のキリシタン神学校の跡
- 文芸セミナリヨ
- **❽文芸の郷**（風土記の丘）
- **桑実寺❼**
- 卍千光院
- 卍
- 観音正寺奥之院
- あづちマリエート
- 信長の館
- 卍桑実寺
- **観音寺城跡❻**
- 365
- ▽安土局
- 〒安土局
- 滋賀県近江八幡市
- 安土城天主
- 0:35
- 0:05
- 卍
- 0:45 / 0:35
- 織田信長像 観光案内所 安土駅
- 119
- 山門
- **❺観音正寺**
- 福寺卍
- 常楽寺
- 安土駅
- 光明寺卍
- 宮津
- 繖江三重塔本堂
- 生石寺卍
- **❶安土駅**
- 安土小
- 安土郭資料館 卍正念寺
- 瓢箪山古墳
- 繖山と観音正寺の分岐
- 卍日吉神社
- 厳院
- 小中
- 国道8号
- 上豊浦
- 湖東地方を支配した豪族の墓といわれる
- 一直線の広い道路
- 石寺

21 飯道山
はんどうさん

▲県道53号脇に立つ飯道神社の鳥居越しに望む飯道山

忍者の里・甲賀の地に横たわる霊山に登る

　飯道山は、焼き物の町で知られる信楽の北にそびえる山。昔は山頂近くに飯道寺があり、「近江の大峰」とも呼ばれた山岳霊場だった。今は神仏混淆の名残で、飯道神社だけが残っている。古代ロマンの地・紫香楽宮跡から飯道神社経由で山頂に立ち、かつての参詣道をたどって貴生川駅へと下るコースは、飯道山登山におけるポピュラーなものだ。スタート直後の紫香楽宮周辺の道のわかりづらさと、下山路の石がゴロゴロしたふたつの坂の通過にやや手こずるが、初心者でも十分歩けるコースだ。

飯道神社のシャクナゲ。
見ごろは5月上旬

🚗 アクセス情報

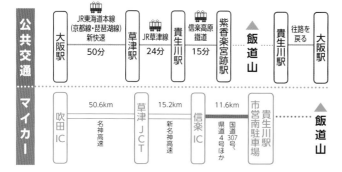

公共交通	大阪駅	JR東海道本線（京都線・琵琶湖線）新快速 50分	草津駅	JR草津線 24分	貴生川駅	信楽高原鐵道 15分	紫香楽宮跡駅	▲飯道山	貴生川駅	往路を戻る	大阪駅

マイカー	吹田IC	名神高速 50.6km	草津JCT	新名神高速 15.2km	信楽IC	国道307号、県道4号ほか 11.6km	貴生川駅 市営南駐車場	▲飯道山

アクセスのヒント

　信楽高原鐵道は1時間に1本の運行だけに、ダイヤは事前にチェックしておこう。マイカーの場合は貴生川駅南口の市営有料駐車場に車を停め、信楽高原鐵道で紫香楽宮跡駅へ行き紹介コースを歩く。飯道山の往復登山だけなら紫香楽宮跡駅前の無料駐車場に車を停める。その際は下山後に宮町遺跡展示館や紫香楽宮跡を見学していこう。

●信楽高原鐵道の終点、信楽はタヌキの置物で有名な焼き物の町。窯が並んだ街歩きが楽しい。信楽駅にレンタサイクルがあるので、山歩きと組み合わせるなら自転車で効率よく回るのがおすすめだ。☎0748-82-2345（信楽町観光協会）

登山データ

標　高	664m
エリア	近江 滋賀県
レベル	初級
整備度	★★☆
難易度	★★☆
歩行時間	4時間5分
歩行距離	11.3km
標高差	登り380m 下り501m

問合せ先
　信楽町観光協会
　☎0748-82-2345
　甲賀市役所
　☎0748-65-0650

❶紫香楽宮跡駅 →0:10→ ❷紫香楽宮跡 →0:40→ ❸鳥居 →0:15→ ❹飯道山登山口 →0:30→ ❺飯道神社本殿 →0:30→ ❻飯道山 →0:10→ ❼杖の権現休憩所 →1:05→ ❽大看板 →0:40→ ❾貴生川駅

標高　284　289　294　397　592　664　587　223　163

シーズンカレンダー　登山適期　3月下旬〜12月上旬

1月	2月	3月	4月	5月	6月	7月	8月	9月	10月	11月	12月

←――――――――――― 登山適期 ―――――――――――→

シャクナゲ

新緑

紅葉

離宮跡と近江の山岳信仰の寺跡
ふたつの歴史を体感する

　❶紫香楽宮跡駅から住宅街の中の道を国指定史跡の❷紫香楽宮跡に向かうが、道がわかりにくい。紫香楽宮跡の標識に従って進もう。紫香楽宮は平城宮に再遷都される前、天平時代に聖武天皇が築いた離宮で、礎石などが残っている遺跡は、現在は甲賀寺跡だったと考えられている。

▲飯道山山頂への登り

　紫香楽宮跡から北へ車道を進む。みずべ公園の先で新名神高速をくぐり、「飯道山登山口」の道標に従い広い道路から宮町の集落を経由する道に入る。左手の田畑一帯には宮町遺跡があるが、現在はそれが紫香楽宮跡と推

▲飯道神社本殿への分岐近くにそびえ立つ鏡の大岩

測されているらしい。正面に飯道山を見ながら宮町を抜けて再び広い道路に出て、飯道神社の❸鳥居の立つところから正面に飯道山を見ながらゴルフ場に沿って❹飯道山登山口へ。

　飯道山への登り始めは石段で、道はよく整備されている。すぐに木段の道になってたどっていくと、石垣が現れる。このあたりから旧飯道寺の境内になる。建物こそないものの、たくさんのお堂があったと想像できる平

●マイカー利用に限られるが、下山後に貴生川駅南方の塩野温泉（☎0748-86-2130）や宮乃温泉（☎0748-86-2212）で立ち寄り入浴ができる。ともにお湯、食事ともに定評のある宿なので、宿泊して登山の疲れを癒して帰るのもいいだろう。

地が点在する。唯一建物が残っている**❺飯道神社本殿**は江戸期の華やかな建物で、重要文化財に指定されている。

　神社からは案内標識に従いながら木喰応其上人入定窟を通り、一度林道に出る。「70m先」と道標にある通りに進んで、再び登山道に入る。尾根道を登っていくと**❻飯道山**の山頂にたどり着く。北に展望が開けていて、遠くには三上山が整った三角錐の姿を見せる。

　下山は、急坂をスリップに注意して**❼杖の権現休憩所**へ下る。左折すると、垢離坂、左羅坂と呼ばれる、標高差200mの参詣道の下りとなる。石がゴロゴロしてやや歩きづらい道が続く。林道に出てなおも直進し、岩壺不動尊を経由して、広域農道を歩道橋でまたぐと飯道山登山口の**❽大看板**に出る。その先で鳥居の立つ道へと左折し、日吉神社、そして現在の飯道寺を経て**❾貴生川駅**へ向かう。

▲石がゴロゴロした左羅坂

🚶 **立ち寄りポイント**

寿賀蔵

　貴生川駅近くにある、できたての地ビールが飲めるビアレストラン。飯道山に登り、窓から見える飯道山を眺めながら、飯道山の伏流水で仕込んだおいしいビールを味わう、飯道山づくしの1日を過ごそう。15時（土・日・祝日11時）〜22時。年末・元旦休。☎0748-63-2838

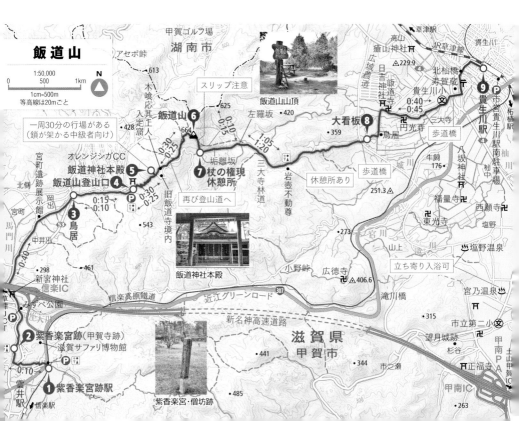

飯道山

1:50,000
0　　　　　　　　1km
1cm=500m
等高線は20mごと

スリップ注意

飯道山山頂

一周30分の行場がある
（鎖が架かる中級者向け）

木喰応其上人入定窟

飯道山 ❻
664

左羅坂

大看板 ❽
359

オレンジシガCC

飯道神社本殿 ❺
飯道山登山口 ❹
0:15
0:10
0:30
0:25

❼杖の権現休憩所

垢離坂

再び登山道へ

旧飯道寺境内

飯道神社本殿

鳥居 ❸

岩壺不動尊

三大寺林道

休憩所あり

歩道橋

立ち寄り入浴可

湖南市

甲賀ゴルフ場

癌山神社

北杣橋

日吉神社

飯道寺
0:40

貴生川小
0:40
0:45

貴生川駅 ❾

市立貴生川駅南駐車場

円光寺

歩道橋

牛飼

八坂神社

桶量寺

西願寺

東光寺

塩野温泉

宮乃温泉

市立第二小

望月城跡

正福寺

土山甲賀IC

甲南PA

甲南IC

滋賀県
甲賀市

信楽高原鐵道

近江グリーンロード

新名神高速道路

小野峠

広徳寺

滝川橋

宮町遺跡展示場

紫香楽宮跡（甲賀寺跡）❷
滋賀サファリ博物館

紫香楽宮跡駅 ❶

紫香楽宮・僧坊跡

信楽IC

新宮神社

みすべ公園

雲井駅

馬門川

中井田

甲南

▲天狗岩付近から花崗岩の岩山が連なる縦走路を望む

22 金勝アルプス
こん ぜ

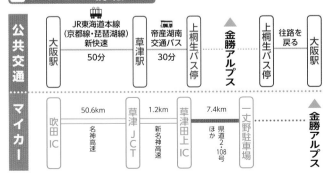

国指定の史跡となっている
狛坂磨崖仏
こまさか

巨岩が織り成す風景を楽しむ周回コース

　草津市街の南東にある金勝アルプスは、「アルプス」の名の通りに天狗岩を中心に風化した花崗岩が露出し、まるで岩の庭園のような山塊だ。中腹にある奈良時代の仏教文化を偲ぶ狛坂磨崖仏は、山の中にこれだけのものがあるのかと驚くほどの見事なものだ。岩山の割に全般に危険箇所は少ないが、一部岩盤を歩くところもあるので、足元には注意が必要だ（特に濡れているとき）。また、川沿いに歩くところも多く、雨天時の増水に気をつけよう。夏季の登山の際は、稜線上に樹木のない箇所があるので、熱射病対策は万全にしたい。

アクセス情報

公共交通	大阪駅	JR東海道本線 （京都線・琵琶湖線） 新快速 50分	草津駅	帝産湖南交通バス 30分	上桐生バス停	▲金勝アルプス	上桐生バス停	往路を戻る	大阪駅
マイカー	吹田IC	名神高速 50.6km	草津JCT	新名神高速 1.2km	草津田上IC	県道2・108号ほか 7.4km	一丈野駐車場		▲金勝アルプス

アクセスのヒント

　帝産湖南交通バスは1時間に1～2便の運行。タクシー利用の場合は草津駅よりひとつ手前の南草津駅の方が若干近い（約15分・約2500円）。マイカーは上桐生バス停先の一丈野駐車場に車を停め、紹介コースを歩く（駐車場は有料）。名神高速の渋滞時は草津JCT手前の瀬田西ICや、京滋バイパス瀬田東ICからもアクセス可。

●時間に余裕があれば、北峰縦走線出合から北面に延びる道をたどり鶏冠山を往復してみよう（50分）。展望はほとんどないが、登山者が少なく静かなひと時を過ごすことができる。ただし山頂へはきつい急斜面の登りが続く。（下山寺はスリップに注意）。なお、周辺は秋は松茸山のため、入山の際は現地の案内に従うこと。

🥾 登山データ

標　　高	605m（竜王山）
エリア	近江 滋賀県

レベル	中級
整備度	★★☆
難易度	★★☆

歩行時間	5時間15分
歩行距離	10.2km
標高差	登り437m 下り437m

問合せ先
大津市役所☎077-528-2756
栗東市観光物産協会☎077-551-0126
帝産湖南交通本社（バス）
　☎077-562-3020

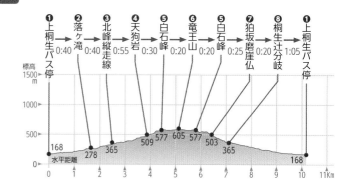

❶上桐生バス停 →0:40→ ❷落ヶ滝 →0:40→ ❸北峰縦走線 →0:55→ ❹天狗岩 →0:30→ ❺白石峰 →0:20→ ❻竜王山 →0:20→ ❺白石峰 →0:25→ ❼狛坂磨崖仏 →0:20→ ❽桐生辻分岐 →1:05→ ❶上桐生バス停

標高1500m　1000　500　0
168　278　365　509　577　605　577　503　365　168
水平距離 0 1 2 3 4 5 6 7 8 9 10 11Km

シーズンカレンダー　登山適期　3月下旬〜12月上旬

1月	2月	3月	4月	5月	6月	7月	8月	9月	10月	11月	12月
		◀──────── 登山適期 ────────▶									

ツツジ
山野草
新緑
紅葉

爽快な滝を眺めて花崗岩連なる稜線へ
琵琶湖の展望と史跡を堪能して下る

　起点の❶上桐生バス停（かみきりゅうてい）から車道を進むと有料駐車場がある。ここにはトイレもある。

　その奥から林道をたどるとすぐに落ヶ滝に向かう道が分岐するので、右へ。やがて登山道は渓谷沿いになり、15分ほどで舗装路の「たまみずきの道」を横断し、そのまま直進する。落ヶ滝へは右へいったんコースを外れる。❷落ヶ滝（おちたき）は小ぶりだが、岩盤の上を滑る姿のいい美しい滝だ。

▲落差約20mの落ヶ滝

　滝を見たら登山道に戻り、右へ登っていくと落滝上部に出る。ここから北峰縦走線までは、岩盤の上を小さな流れが走る、庭園の

▲ロープの張られた岩を登って北峰縦走線へ

ような趣がある場所を歩く。最後にロープの張られた岩をひと登りすると❸北峰縦走線（ほっぽうじゅうそうせん）に合流する。縦走線を左に行けば三等三角点のある鶏冠山（けいかんざん）だが、登り下りがきついので、体力に余裕があれば往復してみよう（50分）。

　縦走線を右に進み、樹林の中をしばらく登ると徐々に岩稜になり、前方に林立する岩々を従えた天狗岩がそびえる姿を望むようになる。岩の間を縫いながら歩き、東から回り込

●コース終点近くのオランダ堰堤は、オランダ人技師のヨハネス・デ・レーケの指導によって1889（明治22）年に完成した階段積み（鎧積みともいわれる）の砂防ダム。近くには彼の業績をたたえた胸像が立っている。

んで❹天狗岩へ。琵琶湖の展望を楽しんだら、そのまま南下し、耳岩を経て三叉路になった❺白石峰へ。左に進み、コース最高点の❻竜王山を往復しよう。山頂からは北面の岩尾根や、東面の金勝寺などが見える。

❺白石峰に戻り、道標に従い狛坂磨崖仏へと下る。途中には仏が刻まれた重岩や、好展望場の国見岩がある。行き着いた❼狛坂磨崖仏は高さ6m、幅3.6mの花崗岩に浮き彫りされている。中尊は阿弥陀如来、両脇持は観音と勢至の菩薩。成立年代は9世紀初めとされる国指定史跡で、周辺は寺院跡になっている。

狛坂磨崖仏から❽桐生辻分岐に出て右へ。上桐生バス停まで1時間ほど車道を歩いていく。新名神高速をくぐって進むと、さかさ観音や明治時代に技師デ・レーケが作ったという階段積みのオランダ堰堤などがある。ここまで来れば❶上桐生バス停はもうすぐだ。

▲桐生辻分岐へ岩の間の道を進む

🍴 味覚・おみやげ

東海道の名物・うばがもち

　上桐生行きのバスが発着する草津は、東海道と中山道が合流する宿場町。本陣跡などの見どころもあるが、江戸時代から名物として知られていたあんころ餅の「うばがもち」はお土産にぴったり。草津駅のコンコースでも購入できる。

▲登山客が集う賤ヶ岳山頂。余呉湖の奥に滋賀・福井県境の山々が並ぶ

23 賤ヶ岳・余呉湖
しず たけ・よ ご こ

賤ヶ岳山頂の
武将像

湖北にそびえる余呉湖と琵琶湖を望む戦国の山

　琵琶湖の北にゆったりと横たわる賤ヶ岳は、戦国時代、羽柴秀吉と柴田勝家が雌雄を決した「賤ヶ岳の戦い」の舞台として知られる山だ。今はその歴史も、登山道沿いの遺構や山頂にある傷ついた武将の像だけが往時を偲ばせるだけで、北に余呉湖、南に琵琶湖を望む展望は、あくまで風光明媚。山並みは余呉湖を馬蹄形に取り囲むように続いているが、ここでは余呉駅を起点にその東半分を歩き、琴の糸を作っていたという大音の里に下る道を紹介する。危険箇所がないだけに、ビギナーやファミリーハイクにぴったりのコース。

🚗 アクセス情報

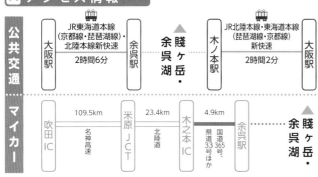

| 公共交通 | 大阪駅 →〔JR東海道本線（京都線・琵琶湖線）・北陸本線新快速 2時間6分〕→ 余呉駅 →▲賤ヶ岳・余呉湖← 木ノ本駅 ←〔JR北陸本線・東海道本線（琵琶湖線・京都線）新快速 2時間2分〕← 大阪駅 |
| マイカー | 吹田IC →〔109.5km 名神高速〕→ 米原JCT →〔23.4km 北陸道〕→ 木之本IC →〔4.9km 国道365号・県道33号ほか〕→ 余呉駅 ⋯▲賤ヶ岳・余呉湖 |

アクセスのヒント

　新快速はダイヤによっては米原駅で乗り換える必要がある。下山地近くの大音バス停からは木ノ本駅へのバスが運行されている（湖国バス・所要15分）。ただし本数が少ない。マイカー利用の場合は余呉駅前か余呉湖畔の余呉湖観光館の無料駐車場に車を停め、下山後に電車で戻るか、賤ヶ岳から余呉湖を経由して駐車場に戻る周回コースとなる。

●余呉湖を眺めながら歩きたい人は、余呉駅を起終点とする周回コースがおすすめ。賤ヶ岳先の分岐を右に進み下った先の飯浦分岐を右へ。10分ほど下ると余呉湖畔に出る。ここからは余呉湖の右岸回りと左岸回りのどちらでも余呉駅に行ける。

🥾 登山データ

標　　高	421m
エ リ ア	近江 滋賀県
レ ベ ル	入門
整備度	★★★
難易度	★☆☆
歩行時間	3時間5分
歩行距離	10.8km
標高差	登り284m 下り304m

問合せ先
長浜観光協会☎0749-65-6521
木ノ本観光案内所
☎0749-82-5135
湖国バス☎0749-62-3201

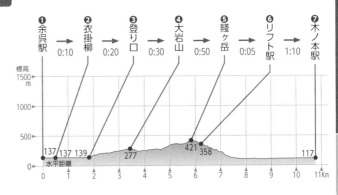

❶余呉駅 → 0:10 → ❷衣掛柳 → 0:20 → ❸登り口 → 0:30 → ❹大岩山 → 0:50 → ❺賤ヶ岳 → 0:05 → ❻リフト駅 → 1:10 → ❼木ノ本駅

標高1500m 1000m 500m
137 137 139　水平距離　277　421 358　117
0 1 2 3 4 5 6 7 8 9 10 11Km

シーズンカレンダー　　登山適期　4月〜11月

1月	2月	3月	4月	5月	6月	7月	8月	9月	10月	11月	12月
		◀──────── 登山適期 ────────▶									
		ツツジ									
			アジサイ								
	山野草										
	新緑								紅葉		

きらめく余呉湖を眺めながら
天下の覇権を賭けた頂を目指す

❶**余呉駅**を出たら南に向かい、まずは広い車道（県道33号）を右に進み、天女が羽衣を掛けたと伝わる❷**衣掛柳**を往復してこよう。各地に残る羽衣伝説の多くは松の木だが、ここは珍しく柳の木となっている。

▲余呉湖畔の衣掛柳

余呉駅からの道の分岐に戻り、そのまままっすぐ進むと羽衣橋があり、渡った先の江土集落内に賤ヶ岳の登り口がある。しかし、その前にせっかくなので羽衣橋東詰で右の道に入り、余呉湖畔に出て、水のきらめきを楽しんでいこう。途中には売店や喫茶店のある余呉湖観光館がある。

▲木漏れ日の射す樹林をたどり賤ヶ岳へ

余呉湖から余呉湖観光館の前を通り抜けてしばらくで、右手に江土集落の❸**登り口**がある。登り始めは急な感じがするが、すぐに緩やかな快適な道になる。岩崎山砦跡を過ぎて、岩崎山遊歩道入口からの道を右から合わせると、やがて林道に出る。少し林道を歩いてから再び登山道へ。また林道に出る手前には賤ヶ岳の合戦で討ち死にした武将・中川清秀の墓への道が左側に現れるので、立ち寄って

●ファミリーハイクなら、賤ヶ岳リフト（4月上旬〜12月上旬運行）で下山するのも楽しい。樹間に延びるリフトに乗り、約5分で山麓駅へ。ここでガイドコースに合流する。☎0749-82-3009

▲リフト山麓駅へと下っていく

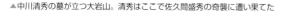
▲中川清秀の墓が立つ大岩山。清秀はここで佐久間盛秀の奇襲に遭い果てた

▲大音にある延喜式内大社の伊香具神社

いこう。ここが❹**大岩山**の山頂だ。

また林道に出るが、すぐに終点となって、その先に登山道が続く。緩やかに下り、中川清秀の首を洗ったという首洗いの池、秀吉が追撃線を指揮した猿ヶ馬場を経て進んでいくと、やがて急坂となる。登り切ったところにある分岐で南から西へ方向転換し、平坦な道をたどっていく。最後にひと登りすると、広々とした❺**賤ヶ岳**山頂に出る。山頂からの展望はどちらを向いてもすばらしいが、やはり絵になるのは北面の余呉湖とその向こうに広がる敦賀の山並み。ベンチも数多いので、ランチタイムなどのんびり過ごそう。

下山は南側のリフト駅方面へと向かう。リフト駅まで下る途中には賤ヶ岳の合戦で戦死したもののふたちの霊を弔う祠がある。❻**リフト駅**の左脇が下山口で、急坂をつづら折りに、リフト線と交差しながら下っていく。下り着いたところは大音集落の上端だ。左手の先には湖北随一の名社・伊香具神社が、その奥に糸とり資料保存館があるので、足を延ばしていこう。琴糸の村の風情を楽しみながら車道を行く。右手に進んだ国道上に木ノ本駅への湖国バスが運行している大音バス停があるが、本数が少ないので、そのまま車道を歩いて❼**木ノ本駅**へ向かおう。

🏠 **立ち寄りポイント**

ふれあいステーションおかん

ゴール地点の木ノ本駅構内にあり、地元のこだわりの特産品が売られている。湖魚の佃煮や地元で採れた野菜などの産品、観光パンフレットなどが手に入るので、電車の待ち時間にぜひのぞいていこう。9時〜17時。年末年始休。☎0749-82-5020

🌐 **味覚・おみやげ**

菊水飴

余呉の山中にある菅山寺の門前土産として知られる。砂糖を使用せず麦芽を加工した水飴で、箸に巻いて口に入れると、素朴で懐かしい味が口いっぱいに広がる。製造先の北國街道沿いにある菊水飴本舗（☎0749-86-2028）などで購入できる。

●下山口の大音地区に宿泊施設の想古亭源内があり、天然温泉ではないが入浴ができる（入浴のみの場合1575円）。料理が自慢の宿だけに、食事付きの入浴プランがおすすめ。3000円以上と値が張るが、近江牛や琵琶湖の幸などを堪能していこう。敷地内には糸とり資料保存館がある（入館有料・冬季休館）。☎0749-82-4127

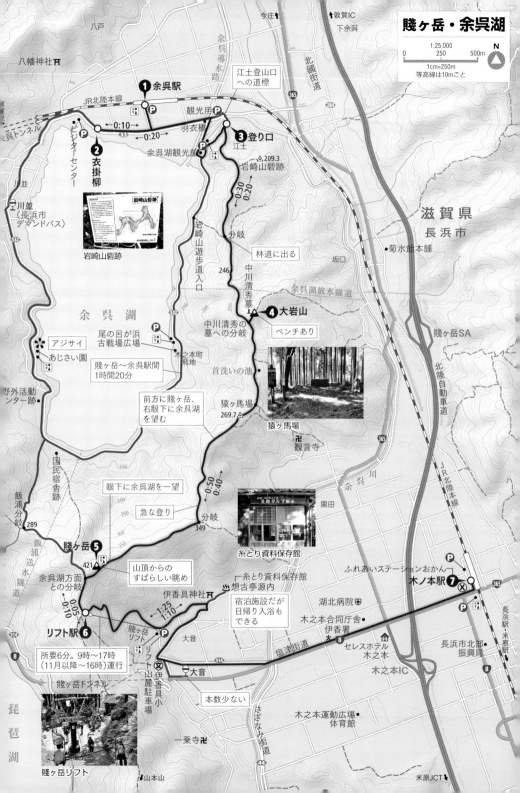

1:25,000
0　250　500m
1cm=250m
等高線は10mごと
N

八戸

八幡神社 ⛩

今庄

敦賀IC

下余呉

余呉導水路

北國街道

365

余呉トンネル

① 余呉駅
P

JR北陸本線

0:10
0:20

江土登山口
への道標

観光用 P
羽衣橋

③ 登り口
P
江土

△209.3
岩崎山砦跡

② 衣掛柳
P

ビジターセンター

余呉湖観光館

岩崎山砦跡

滋賀県
長浜市

菊水館本舗

川並
(長浜市
デマンドバス)

岩崎山遊歩道入口

0:30
0:20

分岐

林道に出る

246

中川清秀墓

余呉湖放水隧道

賤ヶ岳SA

北陸自動車道

余呉湖

アジサイ
あじさい園

尾の呂が浜
古戦場広場
P

木之本町
飛地

賤ヶ岳～余呉駅間
1時間20分

中川清秀の
墓への分岐

④ 大岩山
ベンチあり

坂口

野外活動
センター跡

290

前方に賤ヶ岳、
右眼下に余呉湖
を望む

首洗いの池

猿ヶ馬場
269.7△

猿ヶ馬場

観音寺 卍

国民宿舎跡

飯浦分岐

眼下に余呉湖を一望

急な登り

289

賤ヶ岳 ⑤

421

飯浦送水隧道

余呉湖方面
との分岐

0:50
0:40

分岐
349

余呉川

黒田

365

JR北陸本線

糸とり資料保存館

リフト駅 ⑥

0:05
0:10

山頂からの
すばらしい眺め

伊香具神社 ⛩

1:25
1:10

賤ヶ岳リフト
P

糸とり資料保存館
想古亭館内

宿泊施設だが
日帰り入浴も
できる

湖北病院 🏥

木之本合同庁舎
伊香署

ふれあいステーションおかん
P

木ノ本駅 ⑦

長浜駅、米原方面

長浜市北部
振興局

8

所要6分。9時～17時
(11月以降～16時)運行

リフト山麓駐車場

大音

塩津街道

セレスホテル
木之本

木之本IC

⑧

賤ヶ岳トンネル

伊香具
小

大音

本数少ない

みなみ街道

木之本運動広場
体育館

8

琵琶湖

賤ヶ岳リフト

一乗寺 卍

山本山

44

木ノ本IC

米原JCT

▲石灰岩の露岩の道を登り8合目へ。濡れている時は滑りやすいので注意

24 伊吹山

（いぶきやま）

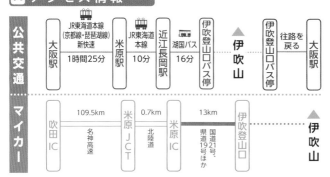

固有種のイブキジャコウソウ

山頂に一面のお花畑が広がる日本百名山

　伊吹山は植物の数が1300種ともいわれる花の名山。お花畑が広がる山頂へは山麓から車道が延びるが、山麓から1合目ずつ刻みながら、自分の足で登りたい。紹介コースは標高差が1200m近くあるうえ、2合目からは樹林がなく日差しが強いため、ややハード。それでも富士登山が似たような条件だけに、予行練習としてこのコースに登る人も多い。花の最盛期となる夏の登山の際は、帽子や水分補給など熱射病対策は万全にする。夜間登山で暑さを避けたり（P92コラム）、紅葉が美しい10月〜11月に登るのもおすすめ。

🚗 アクセス情報

公共交通	大阪駅	JR東海道本線（京都線・琵琶湖線）新快速 1時間25分	米原駅	JR東海道本線 10分	近江長岡駅	湖国バス 16分	伊吹登山口バス停	伊吹山 ▲	伊吹登山口バス停 → 往路を戻る → 大阪駅
マイカー	吹田IC	名神高速 109.5km	米原JCT	北陸道 0.7km	米原IC	国道21号、県道19号ほか 13km	伊吹登山口	伊吹山 ▲	

アクセスのヒント

　伊吹登山口へはJR北陸本線長浜駅、東海道本線米原駅からの湖国バスもある（後者は季節運行）。運行期間が限られるが、山頂の伊吹山バス停からJR東海道本線関ヶ原駅や大垣駅、名古屋駅への名阪近鉄バスもある。近江長岡駅から3合目までタクシーで入ることも可能（P90欄外情報参照）。マイカーの場合、登山口の駐車場は有料。

●以前は3合目までゴンドラが運行されていたが廃止された。その3合目へはJR東海道本線近江長岡駅からタクシー（約30分・約4500円）で入ることができ、標高差や歩行時間が軽減できる（レベルも中級に）。☎0749-62-3851（都タクシー）

登山データ

標 高	1377m
エリア	近江 滋賀県・岐阜県
レベル	上級
整備度	★★☆
難易度	★★★
歩行時間	7時間50分
歩行距離	13.3km
標高差	登り1161m 下り1161m

問合せ先
米原市役所伊吹庁舎
☎0749-58-2227
湖国バス☎0749-62-3201
名阪近鉄バス☎0584-81-3326

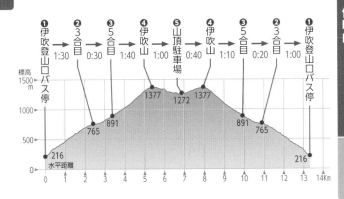

❶伊吹登山口バス停 →1:30→ ❷3合目 →0:30→ ❸5合目 →1:40→ ④伊吹山 →1:00→ ⑤山頂駐車場 →0:40→ ④伊吹山 →1:10→ ❸5合目 →0:20→ ❷3合目 →1:00→ ❶伊吹登山口バス停

標高 1500m / 1000 / 500 / 0
1377 / 1272 / 1377
765 / 891 / 891 / 765
216 / 216
水平距離 0 1 2 3 4 5 6 7 8 9 10 11 12 13 14Km

シーズンカレンダー　登山適期　4月〜11月

	1月	2月	3月	4月	5月	6月	7月	8月	9月	10月	11月	12月
				◀			登山適期				▶	
イブキシモツケ												
ユウスゲ												
紅葉												
イブキトラノオ												
新緑												
シモツケソウ												

山麓から標高差1200mを登り
高山植物が咲く山頂を一周

　登山のスタートは❶伊吹登山口バス停(いぶきとざんぐちていばすてい)から。三之宮神社やインフォメーションセンターの前を通り、旧ゴンドラ駅へ向かうとすぐ右手に登山口がある。しばらくは植林混じりの樹林帯を登っていく。民宿が立つ道路に出ると、トイレがある1合目だ。

▲登山届ポストのある伊吹登山口

　スキー場跡の草地の斜面をひと汗かいて登り切ると、道路を横切って樹林に入っていく。2合目を経て樹林を抜けると草原の道になるが、以降は山頂まで樹林帯がほとんどない。花が楽しめるようになるのはこのあたりからだ。タクシーの

▲3合目から目指す伊吹山を望む

入る❷3合目(ごうめ)には数年前までゴンドラの高原駅があったが撤去され、今は花の多い草原となっている。夏にはいっせいに花を開くユウスゲがよく知られている。

　3合目からは正面の伊吹山に向かって直進、しばらくは平坦だが、左手にトイレを見送ると、やがて登りになる。一瞬樹林に入るがすぐに抜け出し、小高い丘になった❸5合目(め)に着く。5合目からは、山頂に向かってせ

●山頂に3軒の山小屋があり、4月中旬〜11月中旬にかけて営業する。ご来光や山頂部の花めぐりの混雑を避ける
際に利用価値が高い。☎0749-58-2227（米原市役所伊吹庁舎）。登山口や1合目には民宿がある。

▲伊吹山山頂からの眺め。奥に琵琶湖が見える

▲シモツケソウが咲く山頂周遊道。近年お花畑内にシカ除けフェンスが設置された　▲山頂に立つヤマトタケルノミコト像

り上がる斜面を、ジグザグを切りながら登っていく。6月ならキバナハタザオが一面に咲く。振り返れば東海道本線を挟み、鈴鹿山脈北端の霊仙山（りょうぜんざん）がどっしりと横たわっている。

　避難小屋のある6合目、ついで7合目と過ぎて灌木が多くなると、濡れていると滑りやすい、石灰岩の露岩の道になる。ベンチと祠のある8合目に着いたらひと息入れていこう。ここから急坂を登り、9合目で山上の台地に出て、西遊歩道と合流する。

　色とりどりに咲く花を愛でながら緩やかに登っていくと、伊吹山寺の覚心堂や山小屋の集まる広場に出る。一帯は山頂駐車場からの観光客も多い。石造りのヤマトタケルノミコト像のある場所が一般に❹伊吹山（いぶきさん）の山頂とされ、三角点はその東、旧観測所跡の横にある。

　時間や体力に余裕があるなら、山頂周遊路を一周してみよう。東遊歩道に入ると、シモツケソウの群落がある。白山を遠くに望みながら下ると❺山頂駐車場（さんちょうちゅうしゃじょう）だ。駐車場の西端から西遊歩道に入る。緩やかな道で、東遊歩道同様花が多い。右から正面登山道が合流すると❹伊吹山（いぶきさん）に戻る。時間がなければ、駐車場から中央遊歩道をたどれば、西遊歩道の半分程度の時間で山頂に戻ることができる。

　下山は山頂から往路を引き返す。

🏔 山の雑学

夜間登山

　伊吹山はもっぱら草原で日陰のない山だけに夏は非常に暑い。そこで古くから行われているのが夜間登山。夕方からヘッドランプを頼りに登り、山頂の小屋で仮眠して御来光を山頂で迎えるもの。暑くなる前に下山できるメリットも。登山の際は防寒着と予備の電池を忘れずに。

🏛 立ち寄りポイント

いぶき薬草湯

　伊吹登山口の南にある伊吹薬草の里文化センター（ジョイいぶき）内の入浴施設。薬草風呂はヨモギを中心に7種の薬草が使われ、山帰りの疲労回復に最適。12時30分（夏季の週末は11時30分）〜19時30分、月曜と休日の翌日、冬季の平日休。
☎0749-58-0105

●伊吹山では2015（平成27）年から入山協力金（300円・通年）を導入している。徴収場所は伊吹山インフォメーションセンター、伊吹山ドライブウェイ駐車場、山頂トイレ前。詳細は米原市役所環境保全課☎0749-58-2230へ。

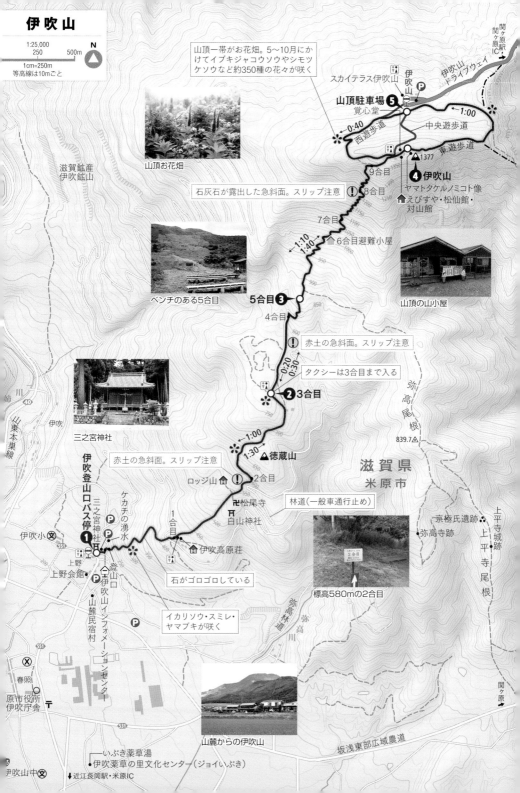

伊吹山

1:25,000
0　250　500m
1cm=250m
等高線は10mごと

N

山頂一帯がお花畑。5〜10月にかけてイブキジャコウソウやシモツケソウなど約350種の花々が咲く

山頂お花畑

スカイテラス伊吹山
伊吹山
伊吹山
山頂駐車場 ❺
覚心堂
西遊歩道　0:40
中央遊歩道　1:00
東遊歩道
9合目
8合目
❹ 伊吹山
1377
ヤマトタケルノミコト像
えびすや・松仙館・対山館

石灰石が露出した急斜面。スリップ注意

7合目

1:10
1:40
6合目避難小屋

山頂の山小屋

ベンチのある5合目

5合目 ❸
4合目

赤土の急斜面。スリップ注意

0:20
0:30
タクシーは3合目まで入る

三之宮神社

❷ 3合目

1:00
1:30
▲徳蔵山

滋賀県
米原市

弥高尾根

839.7△

赤土の急斜面。スリップ注意

ロッジ山
卍松尾寺
2合目
白山神社

林道（一般車通行止め）

京極氏遺跡
弥高寺跡
上平寺城跡
上平寺尾根

伊吹登山口バス停
❶
伊吹小
上野
上野会館
山麓民宿村

ケカチの湧水
三之宮神社
P
登山口
伊吹山インフォメーションセンター
1合目
伊吹高原荘

石がゴロゴロしている

弥高川
弥高林道

標高580mの2合目

イカリソウ・スミレ・ヤマブキが咲く

山東本巣線
姉川
伊吹

滋賀鉱産
伊吹鉱山

春照
原市役所
伊吹庁舎

いぶき薬草湯
伊吹薬草の里文化センター（ジョイいぶき）
近江長岡駅・米原IC

伊吹山中

山麓からの伊吹山

坂浅東部広域農道
関ヶ原

関ヶ原駅
関ヶ原IC
伊吹山ドライブウェイ

▲前方の武奈ヶ岳山頂目指して、明るく開けた西南稜を行く登山者

25 武奈ヶ岳
ぶ な たけ

西南稜の道脇に咲いていたリンドウ

琵琶湖を眼下に望む比良山系の最高峰

琵琶湖の西岸に南北25kmにわたって延びる比良山系。その最高峰で、日本二百名山にも選ばれているのが武奈ヶ岳だ。山名の「武奈」は、かつてブナの多い山だったことによるようだ。ここでは安曇川流域の大津市葛川坊村から御殿山コースで山頂に立ち、ブナの多いコヤマノ岳を経て往路を葛川坊村に下るコースを紹介する。登路の御殿山コースは登り始めから急坂だけに、ペース配分が重要だ。また山頂直下は日陰がない稜線だけに、夏場の登山の際は熱中症に注意したい。

🚙アクセス情報

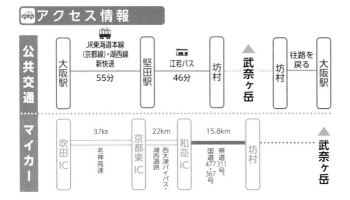

アクセスのヒント

坚田駅からの江若バスの午前便は、平日・土・日・祝日のいずれも8時50分発。一方、下山後の最終バスは15時46分発と早いうえ、平日は運休となる。山中の行動時間を考えると、タクシー（約35分・約6500円）かマイカーの利用が現実的。マイカー利用の場合は国道367号から安曇川に架かる曙橋を渡った先の坊村市民センターの駐車場を利用する。

👟登山データ

標　　高	1214m
エ リ ア	近江 滋賀県
レ ベ ル	中級
整備度	★★☆
難易度	★★☆
歩行時間	5時間20分
歩行距離	9.3km
標 高 差	登り910m 下り910m

問合せ先
　大津市役所☎077-528-2756
　江若バス☎077-572-0374
　近江タクシー☎077-572-0106

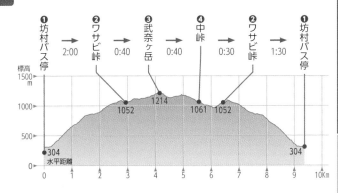

```
❶坊村バス停 →2:00→ ❷ワサビ峠 →0:40→ ❸武奈ヶ岳 →0:40→ ❹中峠 →0:30→ ❷ワサビ峠 →1:30→ ❶坊村バス停
```

標高 1500m / 1000 / 500 / 0

1052　1214　1061　1052

304 水平距離　　　　　　　　　304

0　1　2　3　4　5　6　7　8　9　10Km

シーズンカレンダー　登山適期　4月〜11月

1月	2月	3月	4月	5月	6月	7月	8月	9月	10月	11月	12月
			◀			登山適期				▶	

山野草
新緑
紅葉

急坂の御殿山コースを登り切り
比良最高峰からの眺めを満喫

　関西でも屈指の人気を誇る山だけに登山コースも多いが、ここでは西面の葛川坊村集落を起点に、山頂部を周回するコースを紹介する。急登が続くコースだが、危険箇所は少ない。

武奈ヶ岳山頂。背後に琵琶湖が見える

　❶坊村バス停が起点。坊村集落の奥、明王谷に架かる赤い橋を渡ると、比叡山の千日回峰行が行われる霊場・明王院がある。その奥にある登山口から御殿山コースに入る

▲明王院先の登山口

が、登り始めから急登を強いられる。

　ところどころに杉の巨木が残る植林内の道を登り続けると「レスキューポイント2」（レスキューポイントについてはP97コラム「山の雑学」参照）の標識が木につけられた平坦地に出る。ここから尾根左側の道を緩く登るとほどなく尾根に上がり、これを乗り越えて尾根の右側をたどって標高を上げていく。

　再び尾根に出ると、京都北山の展望の開けた場所があり、ひと登りで武奈ヶ岳を望む御殿山に着く。山頂を後にやや急な道を下ると、

●坊村へは、アクセス欄のJR湖西線堅田駅からのバスのほか、京阪電鉄鴨東線出町柳駅から京都バス（1時間56分・☎075-791-2181）が運行されている。ただし運行は3月中旬〜12月中旬の土・日・祝日のみとなっている。

▲釣瓶岳と琵琶湖を望む武奈ヶ岳山頂。開放的な場所で休憩していこう

▲コヤマノ岳周辺の美しいブナ林

右手に中峠からの道（下山時はこの道を通ってくる）が合流する❷ワサビ峠だ。

　ここから再び登りとなる。周囲が樹林から灌木帯となり、周囲の展望が開けてくる。背後には烏谷山から比良岳、比良山系第3の高峰（標高1174m）で日本三百名山の蓬莱山への山並みが見渡せる。

　傾斜が緩み、右手にこの後に登るコヤマノ岳を見て進んでいく。短い急登の先がコヤマノ岳への分岐で、ここからわずかに行くと待望の❸武奈ヶ岳山頂にたどり着く。比良山系の最高峰だけに展望はすばらしく、眼下の琵琶湖をはじめ琵琶湖周辺の山々、快晴なら遠く御嶽山や白山なども一望できる。

　展望を楽しんだら、山頂を後にコヤマノ岳の分岐まで戻り、左手の道に入る。急坂を下るとコヤマノ岳と八雲ヶ原への分岐があり、道標の「コヤマノ岳・中峠」方面に取る。この先、コヤマノ岳から❹中峠にかけては、美しいブナ林内の道をたどっていく。

　中峠で右の西南稜方面に進み、ロノ深谷へと下っていく。ここから沢を登っていくと往路の❷ワサビ峠に合流する。

　下山は往路を下るが、途中「レスキューポイント2」の地点では、往路と同じ道を戻るよう、周囲をよく確認すること。

▲比良三千坊の元締めとなる登山口の明王院

▲中峠。道標の「ワサビ峠」方面に進む

●時間に余裕があれば、東面の八雲ヶ原まで足を延ばしてみよう（武奈ヶ岳山頂から往復2時間30分）。八雲ヶ原は関西では貴重な高層湿原で、初夏から秋にかけてサギソウをはじめとする湿生植物が観察できる。湿原保護のため木道が敷かれており、散策の際はそこから外れないこと。

葛川坊村集落

　人口約350人の大津市葛川坊村集落は、武奈ヶ岳への西の登山口となる小集落。国常立命（くにとこたちのみこと）やこの地の地主神である思古淵明神が祀られた地主神社や比叡山回峰行の拠点・明王院、鮎やイノシシなど地産の食材が味わえる料理旅館の比良山荘（写真・☎077-599-2058）などがあるので、前泊して登山に臨むのもおすすめ。詳細は葛川観光協会☎077-599-2001へ。

レスキューポイント

　武奈ヶ岳をはじめとする比良山系の山中約140カ所には、写真のような標識がつけられている。こればレスキューポイントといって、滋賀県の防災ヘリコプターと連携している。遭難時に119番する際、標識に記載してあるルート名とポイント名を正確に伝えることにより事故の発生とその場所の特定ができ、スムーズな救助活動が展開できるようになっている。登山時はこのマークがある位置をチェックしながら行動しよう。

コース上部からの
京都北山方面の眺め

武奈ヶ岳

1:25,000
0　250　500m
1cm=250m
等高線は10mごと

細川バス停・朽木

細川越・釣瓶岳

北稜

武奈ヶ岳 ❸ 1214

360度の
大展望

八雲ヶ原

西南稜

コヤマノ分岐

ブナ林

コヤマノ岳
1181

0.40
0.30

0.40
1.00

ワサビ峠 ❷

展望よい

御殿山
1097

0.30

4 中峠

シャクシコバの頭 1121

トラバース道

レスキュー
ポイント3

2:00
1:30

御殿山コース

レスキューポイント2

846

下山時コース注意

急斜面続く

レスキューポイント1

葛川梅ノ木町

石楠花山荘

安曇川

鯖街道

357

522

観音寺 卍

△301.0

里山倉庫・
町居神社

葛川町居町

もくもく

滋賀県
大津市

坊村バス停 ❶

卍 明王院

地主神社

比良山荘

305.3

明王谷林道

明王谷

三の滝

小川新道

金糞峠

931

大橋

北山
695

伊藤新道

白滝谷

443

牛コバ

奥ノ深谷

白滝山

蓬莱山

南比良峠

▲アルペンムードが漂う稜線上のシンボル・明王ノ禿。見た目に反して難なく通過できる

26 赤坂山
あかさかやま

オオバキスミレ。
花期は4～5月

滋賀・福井県境にそびえる展望と花の名山

　赤坂山は野坂山地の南方にあり、展望と花の山として人気が高い。登山道の一部はかつて若狭と近江、京を結んだ街道だっただけに、現在もところどころに石畳などが残っている。この山を代表する花であるキンコウカの最盛期は6月下旬～7月上旬にかけて。マキノ高原と起点とする周回コースがよく歩かれるが、歩行時間がやや長いので、ファミリー連れの場合は山麓の民宿やペンションに前泊すると余裕が持てる。粟柄越～赤坂山～黒河峠間の稜線はエスケープルートがないので、天候が悪くなってきた際は、往路を引き返そう。

🚗 アクセス情報

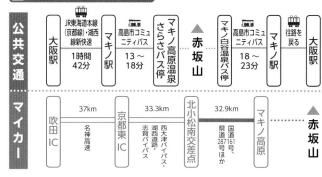

公共交通	大阪駅	JR東海道本線（京都線）・湖西線新快速 1時間42分 → マキノ駅	高島市コミュニティバス 13～18分 → マキノ高原温泉さらさバス停	▲赤坂山	マキノ白谷温泉バス停	高島市コミュニティバス 18～23分 → マキノ駅	往路を戻る → 大阪駅
マイカー	吹田IC	名神高速 37km → 京都東IC	西大津バイパス・湖西道路・志賀バイパス 33.3km → 北小松南交差点	国道161号、県道287号ほか 32.9km → マキノ高原	▲赤坂山		

アクセスのヒント

　大阪方面からマキノ駅への新快速は本数が少ないので、あらかじめダイヤを調べておきたい。7時台と8時台のバスは起点となるマキノ高原温泉さらさまで入らないので、ひとつ手前のマキノ高原民宿村で下車し(所要15分)、さらさバス停まで15分ほど歩くことになる。マイカーの場合は、マキノ高原に登山者用の無料駐車場がある。

登山データ

標　高	824m
エリア	近江 滋賀県・福井県
レベル	中級
整備度	★★☆
難易度	★★☆
歩行時間	6時間30分
歩行距離	13km
標高差	登り717m 下り723m

問合せ先
　びわ湖高島観光協会
　☎0740-33-7101
　高島市コミュニティバス（湖国バス）
　☎0749-62-3201

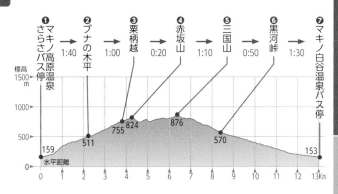

❶マキノ高原温泉さらさバス停 → （1:40）→ ❷ブナの木平 → （1:00）→ ❸粟柄越 → （0:20）→ ❹赤坂山 → （1:10）→ ❺三国山 → （0:50）→ ❻黒河峠 → （1:30）→ ❼マキノ白谷温泉バス停

標高 1500m / 1000 / 500 / 0
159・511・755・824・876・570・153
水平距離 0 1 2 3 4 5 6 7 8 9 10 11 12 13Km

シーズンカレンダー　登山適期　4月下旬〜11月

1月	2月	3月	4月	5月	6月	7月	8月	9月	10月	11月	12月
						←　登山適期　→					
バイカオウレン											
				キンコウカ							
				オカトラノオ							
			新緑					紅葉			

キンコウカなどの花が咲く
高島トレイルの稜線をたどる

　マキノ駅からのバスを❶**マキノ高原温泉さ**（こうげんおんせん）**らさバス停**（てい）で下車するが、時間があれば手前のピックランドバス停で下車し、約500本ものメタセコイア並木を歩いてマキノ高原さらさバス停へ向かってもいい（ピックランドバス停から徒歩約30分）。さらさバス停そばに売店のさらさ庵があるので、行動食となるオリジナルチョコレートなどのお菓子や飲み物を購入したり、コース情報を聞いておこう。

　バス停から車道を進み、冬にはスキー場の

▲ブナの木平先のブナ林

▲明王ノ禿の通過。眼下はマキノ高原

ゲレンデの末端部となる草原を抜けると登山口がある。ここを右に進み、赤坂山自然遊歩道に入る。尾根につけられた登山道を登っていくと高原展望台に出る。ここまでやや急な登りだったので、ひと休みして眼下に広がるマキノ高原の眺めを楽しもう。展望台からは緩やかな登りになり、483.4m三角点を過ぎるとあずまやのある❷**ブナの木平**（きだいら）に出る。

　尾根道からやがて沢沿いの道となり、砂防

●登山拠点の高島市マキノ地区には琵琶湖を望む桜の名所として知られる海津大崎や、「新・日本街路樹百景」に選ばれたメタセコイア並木など見どころが多い。☎0740-28-1188（マキノ駅観光案内所）

▲粟柄越から目指す赤坂山を望む

▲三国山湿原の周辺は木道がつけられている

▲コース最高点の三国山山頂

堰堤の先で沢から離れて山腹をたどっていく。ところどころでジグザグになる道を登っていくと稜線上の❸粟柄越（あわがらごえ）に着く。ここはかつての交易路上の峠として賑わった場所だ。

赤坂山へは右手に延びる縦走路（高島トレイル・P100コラム参照）をたどる。不動明王を右に見て、斜面を登り切ると❹赤坂山（あかさかやま）にたどり着く。7月にはオカトラノオが咲く山頂からは、琵琶湖や若狭湾、伊吹山など360度の大パノラマが広がっている。

赤坂山をあとに、明王ノ禿（めいおうはげ）へと下る。花崗岩の岩塔が連なる明王ノ禿は、カタクリやオオバキスミレなど花の多い場所だ。明王ノ禿から山腹道を進むと分岐に出て、左に進むとコース最高点の❺三国山（みくにやま）だが展望はない。

分岐に戻って左に進み、小さな沢を渡ると三国山湿原で、初夏には赤坂山を代表する花のひとつ・キンコウカの黄色い可憐な花が一面を彩っている。湿原を過ぎると急斜面の下りとなり、アザラシ岩へ。さらに下ると林道に出て、すぐに右の登山道に入ると❻黒河峠（くろことうげ）に出る。

ここで縦走路から離れ、右の林道黒河マキノ線を下る。やがて県道に出て、さらに下ると❼マキノ白谷温泉バス停（しらたにおんせんてい）がある。マイカーの場合、マキノ高原へはさらに30分ほど歩く。

🏔 山の雑学

高島トレイル

本コースの粟柄越〜赤坂山〜黒河峠間は、高島トレイルの一部となっている。高島トレイルは高島市朽木の三国岳から高島市マキノの愛発越（あらちごえ）までの約80kmを結ぶ。分水嶺となる尾根上につけられているので、コースの随所から若狭湾や琵琶湖が眺められる。ただし距離が距離だけに1日では歩き通せないので、数度に分けて歩くことになる。
☎0740-20-7450（NPO法人高島トレイルクラブ）

🏨 立ち寄りポイント

下山後の温泉

立ち寄り湯のマキノ高原温泉さらさ（10時〜21時。第2・4水曜・ただし冬季は毎週水曜休、祝日の場合翌日休。☎0740-27-8126）と、白谷地区に宿泊施設のマキノ白谷温泉八王子荘（写真・10時〜21時。木曜休、祝日の場合翌日休。☎0740-27-0085）がある。

赤坂山

1:25,000
1cm=250m
等高線は10mごと

・665

福井県
敦賀市

美浜町

コース最高点だが
展望は利かない

三国山 **5**
876

キンコウカ
三国山湿原

登山口

黒河峠 **6**
・620
・650
高島トレイル
愛発越
・651.5

分岐

0:50
1:00

アザラシ岩

林道から離れて
右の山道へ

林道に出て
左へ

黒河峠
・435

急斜面の下り

814

キンコウカ

・569

明王ノ禿

イワウチワや
カタクリなど

林道黒河下ノ線

赤坂山山頂から

346・

黒河峠～マキノ白谷温泉
バス停間は長い車道歩き

粟柄越の不動明王

赤坂山自然歩道

1:05
1:10

赤坂山 **4**
824

オカトラノオ

360度の展望が広がる

粟柄越 **3**

1:20
1:15

石畳の道

1:30
1:50

八王子川

高島トレイル

岩をくり抜いた中に
不動明王の像がある

阿弥陀頭
・794

0:50
1:00

・620

砂防堰堤

明王ノ禿の岩峰が
見える。あずまやあり

ブナの木平 **2**
483.4

赤坂山自然遊歩道

調子ケ滝

・417

高原展望台

1:40
1:10

滋賀県
高島市

牧野遊歩道

・562

自然観察路
分岐

急斜面を登る

登山口

自然遊歩道

ブナの木平

マキノ町白谷
マキノ白谷温泉

マキノ白谷温泉バス停 **7**
マキノ白谷温泉

マキノ白谷温泉～マキノ高原
温泉さらさ間は徒歩30分

マキノスキー場
マキノ高原キャンプ場
マキノ高原温泉さらさ

トレッキングセンター

マキノ高原温泉
さらさバス停 **1**

施設利用者用

さらさ庵売店

登山者用

西山林道

368.8

キャンプ場付近から

登山者用

マキノ高原民宿村

白谷荘
民俗博物館

白谷

・143

マキノ
駅

マキノ高原温泉さらさに
立ち寄らない便の場合は
ここで下車し、さらさまで
歩く（15分）

マキノ町牧野

↓ピックランドバス停・マキノ駅・国道161号

388.3

▲柿本人麻呂の歌碑のあたりの道を行くハイカー

27 山辺の道・三輪山
やまのべ　みち　みわやま

桧原神社付近に咲く
キツネノカミソリ

大和国原を見はるかす、万葉のロマンあふれる散策路を行く

　桜井から天理へと続く青垣山麓の古道・山辺（山の辺）の道。その南コースは日本最古の道と伝えられ、前方後円墳の陵墓など数々の史跡、文化遺産が随所にある。そして神宿る山・三輪山。このふたつを歩くコースを紹介する。三輪山の登降以外はアップダウンの少ない、歩きやすい道が続く。歩行時間が長いが、左（西）方向に行けばJR桜井線の駅に出られるので、体力や時間に応じてプランを決めよう。通年歩けるが、ベストは春の桜や6月のアジサイ、11月の紅葉の頃。逆に標高が低く盆地で蒸し暑いので、盛夏は避けたい。

アクセス情報

公共交通	大阪上本町駅	近鉄大阪線快速急行 43分 →	桜井駅	▲山辺の道・三輪山	近鉄天理線・橿原線 20分 →	天理駅	大和西大寺駅	近鉄奈良・難波線快速急行 33分 →	大阪難波駅	
マイカー	吹田IC	27.5km 近畿道	松原JCT	4.6km 阪和道	美原JCT	16.9km 南阪奈道路	新庄IC	12.1km 大和高田バイパス、国道165号ほか	桜井駅	▲山辺の道・三輪山

アクセスのヒント

　大神神社に近いJR桜井線三輪駅や、国道169号上の三輪明神参道口バス停（桜井駅から奈良交通バス6分）から歩けば20分ほど歩行時間が短縮できるが、ともに本数が少ない。マイカーの場合は桜井駅周辺の有料駐車場（北口と南口に市営有料駐車場などがある）に車を停め、JR桜井線か奈良交通バスを利用して駐車場に戻ってくる。

登山データ

標　高	467m（三輪山）
エリア	大和・吉野 奈良県
レベル	初級
整備度	★★★
難易度	★★☆
歩行時間	5時間50分
歩行距離	20.1km
標高差	登り389m 下り403m

問合せ先
天理市トレイルセンター
☎0743-67-3810
奈良交通バス
☎0742-20-3100

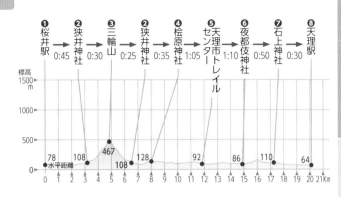

❶桜井駅 0:45 ❷狭井神社 0:30 ❸三輪山 0:25 ❷狭井神社 0:35 ❹桧原神社 1:05 ❺天理市トレイルセンター 1:10 ❻夜都伎神社 0:50 ❼石上神社 0:30 ❽天理駅

標高 1500m / 1000 / 500 / 0　水平距離
78 108 467 108 128 92 86 110 64
0 1 2 3 4 5 6 7 8 9 10 11 12 13 14 15 16 17 18 19 20 21Km

シーズンカレンダー　登山適期　1月～6月、9月～12月

	1月	2月	3月	4月	5月	6月	7月	8月	9月	10月	11月	12月
	◄	登山適期				►			◄ 登山適期 ►			
	椿・サザンカ									椿・サザンカ		
			桜・菜の花									
			アジサイ・ササユリ							紅葉		
						キツネノカミソリ						

古代祭祀の霊山に詣でたあとは
卑弥呼伝説・邪馬台国の地を歩く

❶桜井駅の北口を出て、まっすぐ進み3つ目の信号を右折、JR桜井線を横断してスーパー「オークワ」前の信号を左折、県道105号（中和幹線）の高架をくぐって、大和川の橋を渡る。橋のたもとを右へ進み、万葉歌碑を左へ行く。海柘榴市観音、金屋の石仏など巡って三輪神社（大神神社）へ入る。

▲静かな佇まいの玄賓庵

三輪神社に参拝したら、北側に隣接する❷狭井神社へ向かう。ここで入山許可の白襷を頂いたら「入山規則」（P104コラム参照）を読み、御神体の山で

▲大美和の杜展望台で休憩を取る

ある事を心に刻み入山しよう。山道の右側は保存原始林になっていて、神域の霊気を感じながら小沢沿いを登ると三光の滝・行場に出る。さらに右上へと登っていくと、奥の院の祠がある❸三輪山の山頂に着く。

山頂からは来た道を戻り、❷狭井神社に白襷を返して、小池の先で右の道に入る。少し進んで左の階段道を登ると大美和の杜展望台に出る。さっき登った三輪山や大和三山、金

●コース途中にある天理市トレイルセンターでは、山辺の道をはじめとする観光情報を配信するほか、黒塚古墳の石室模型を展示している。休憩所やレストラン、シャワー施設などもあるので、休憩を兼ねて見学していこう。入館無料。8時30分～17時。第1月曜休。☎0743-67-3810

▲卑弥呼の墓といわれる箸墓(右)と三輪山

▲標高114mの大美和の杜展望台からは大和三山が浮島のようだ

▲憩いの場の天理市トレイルセンター

剛・葛城山脈を展望したら西へ下り、北東に進路を変え緩く登っていく。謡曲「三輪」の舞台として知られる玄賓庵（げんぴんあん）を経て❹桧原神社（ひばらじんじゃ）の境内へ入る。二上山（にじょうさん）に夕日が落ちる季節が絶景の神社をあとに、車谷を見下しながら東に進む。広域農道に合流したら左に進み、集落の間を抜ける。ここから穴師の急な切通しを上がっていくが、振り返ると三輪山や大和盆地の眺めがすばらしい。

左に景行天皇陵を見ながら進んであずまやを過ぎ、崇神天皇陵の堀端を通って、人家の横から石畳道に出る。道標に従って進み、美しい庭園の長岳寺横にある❺天理市トレイ（てんりし）ルセンターに立ち寄って行こう。近くには三角縁神獣鏡（かくぶちしんじゅうきょう）の大量発掘により、邪馬台国・卑弥呼の畿内説を勢いづけた黒塚古墳もある。

ここから柿本人麻呂歌碑、中山廃寺、萱生町・竹之内の環濠集落を経て、❻夜都伎神（やなぎじん）社（じゃ）、内山永久寺跡へと進む。かつて「西の日光」といわれた永久寺も、廃仏毀釈によって本堂池に芭蕉の句碑を残すのみである。寺跡を離れ国道25号のガードをくぐり、国宝の七支刀で知られ、日本建国に尽くした八百万の神を祀る❼石上神宮（いそのかみじんぐう）の神域に入っていく。

❽天理駅（てんりえき）へは参道を出て右折し、天理教本部から商店街アーケードを西へ行けば着く。

🍜 味覚・おみやげ

そうめん處 森正（もりしょう）

三輪といえばそうめん。大神神社の二ノ鳥居向かいの左角にある。奈良麻のれんが目印で、にうめんや夏の冷やしそうめんなどがおすすめ。和風の庭を眺めるテーブル席の風情も好評。10時〜17時（変動あり）。月・火曜休（1日と祝日の場合営業）。
☎0744-43-7411

📖 山の雑学

三輪山の入山規制

三輪山はご神体だけに、登るにはさまざまな規制がある。主だったところとして、❶狭井神社の社務所で氏名・住所・電話番号を記入して300円を納め、参拝証の白い襷を着用する（行動中は襷を外してはならない）。❷3時間以内に下山する。❸山中では飲食（水分の補給は可）、喫煙、写真撮影の一切の禁止など。16時までに下山する必要があるので、逆コースの場合、14時前には登山にかかりたい。

●ガイドで紹介したコースは山辺の道の南半分で、道は石上神社からさらに北の円照寺前バス停（奈良市）まで続いている。約11km・約2時間30分の道のりだが、体力に余裕があれば歩き通すとより達成感がある。

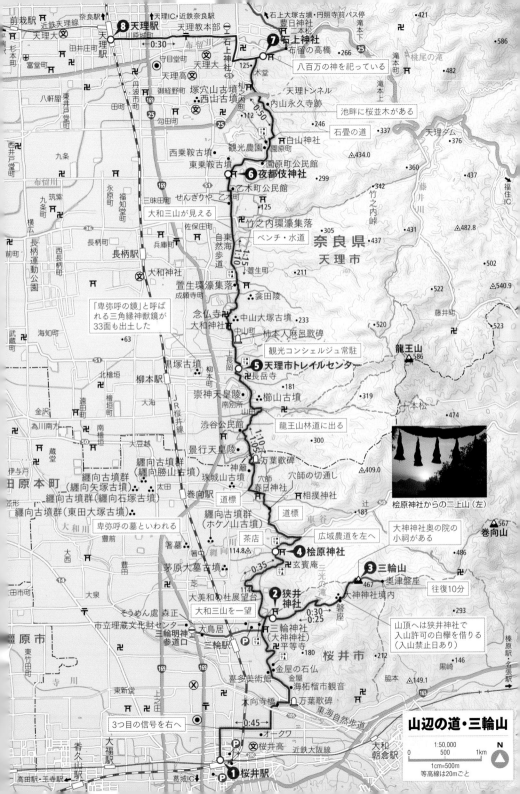

山辺の道・三輪山

近鉄天理線
天理大
天理駅
8 天理駅
天理教本部
石上大塚古墳・円照寺前バス停
豊日神社
二本松
滝本下
0:30
石上神社
天理教本部
7 石上神社
布留の高橋
八百万の神を祀っている
桃尾の滝
天理大
天理高
塚穴山古墳
西山古墳
天理トンネル
内山永久寺跡
池畔に桜並木がある
石畳の道
天理ダム
御経野町
白山神社
杣之内町
0:50
246
337
天理市
西乗鞍古墳
観光農園
杣原町
東乗鞍古墳
西乗鞍古墳
6 夜都伎神社
園原町公民館
299
奈良県
大和三山が見える
乙木町公民館
乙木
天理市
竹之内環濠集落
竹之内峠
佐保庄町
自東
然海
歩自
道然
ベンチ・水道
萱生環濠集落
「卑弥呼の鏡」と呼ばれる三角縁神獣鏡が33面も出土した
念仏寺
大和神社
中山大塚古墳
柿本人麻呂歌碑
観光コンシェルジュ常駐
5 天理市トレイルセンター
崇神天皇陵
南別所
櫛山古墳
龍王山
586
黒塚古墳
柳本駅
長岳寺
319
JR桜井線
景行天皇陵
纒向古墳群
(纒向勝山古墳)
神籬
万葉歌碑
穴師
龍王山林道に出る
卑弥呼の墓といわれる
纒向古墳群
(纒向矢塚古墳)
珠城山古墳
穴師春日神社
穴師の切通し
纒向古墳群
(纒向石塚古墳)
纒向古墳群
(東田大塚古墳)
纒向古墳群
(ホケノ山古墳)
道標
道標
相撲神社
辻
409.0
桧原神社からの二上山（左）
大和三山を一望
箸墓
茶店
4 桧原神社
広域農道を左へ
大神神社奥の院の小祠がある
巻向山
茅原大墓古墳
玄賓庵
二光の滝
3 三輪山
467
奥津磐座
往復10分
市立埋蔵文化財センター
三輪明神
参道口
大美和の杜展望台
大和三山を一望
2 狭井神社
磐座
大神神社境内
0:30
0:25
山頂へは狭井神社で入山許可の白襷を借りる（入山禁止日あり）
桜井市
大鳥居
三輪神社
(大神神社)
平等寺
三輪駅
金屋の石仏
金屋
喜多美術館
海柘榴市観音
万葉歌碑
東海自然歩道
3つ目の信号を右へ
0:45
オークワ
1 桜井駅
近鉄大阪線
大和朝倉駅

1:50,000
0 500 1km
1cm=500m
等高線は20mごと
N

▲国見台展望デッキからの若草山・奈良市街方面の眺め

28 矢田丘陵・松尾山
やた きゅうりょう まつおさん

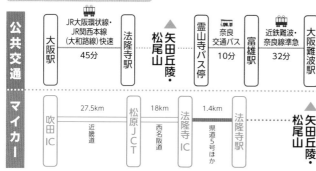

矢田寺のアジサイ

のんびりハイクが楽しめる「虚空みつ大和」発祥の地

矢田丘陵は、生駒山脈の東側を流れる竜田川と富雄川に挟まれた南北に連なる丘陵だ。ハイキングコースは数多く、いずれもしっかりした道で道標も整備されている。ここでは法隆寺駅を起点に矢田丘陵の南半分を縦走するコースを紹介する。途中には法隆寺や松尾寺、霊山寺など名刹が揃う、歴史探訪の道だ。コース中に危険箇所はないが、ビギナーや天候急変時は、コースの途中からアジサイで知られる矢田寺に下るショートプランにしてもいい。標高が低い山だけに、盛夏と降雪直後の登山は避けたい。

アクセス情報

公共交通	大阪駅	JR大阪環状線・JR関西本線（大和路線）快速 45分	法隆寺駅	▲矢田丘陵・松尾山	霊山寺バス停	奈良交通バス 10分	富雄駅	近鉄難波・奈良線準急 32分	大阪難波駅
マイカー	吹田IC	27.5km 近畿道	松原JCT	18km 西名阪道	法隆寺IC	1.4km 県道5号ほか	法隆寺駅	▲矢田丘陵・松尾山	

アクセスのヒント

ゴール地点の霊山寺バス停から富雄駅へのバスは1時間に1本程度なので、そのまま車道を富雄駅まで歩いてもいい（徒歩30分）。マイカーの場合は法隆寺駅近くのコインパーキングなどに車を停めて紹介コースを歩く。ただし下山地は霊山寺バス停ではなく、小笹辻から近鉄生駒線の南生駒駅に出て、鉄道で法隆寺駅へ戻る方がいいだろう。

登山データ

標　高	315m（松尾山） 340m（矢田山）
エリア	大和・吉野 奈良県
レベル	入門
整備度	★★★
難易度	★☆☆
歩行時間	3時間20分
歩行距離	11.9km
標高差	登り297m 下り255m

問合せ先
　斑鳩町役場☎0745-74-1001
　大和郡山市役所
　☎0743-53-1151
　奈良交通バス☎0742-20-3100

❶法隆寺駅 →0:20 ❷南大門 →0:50 ❸松尾寺 →0:20 ❹松尾山 →0:10 ❺国見台展望デッキ →0:40 ❻矢田山頂上展望台 →0:25 ❼峠池 →0:35 ❽霊仙寺バス停

43 / 52 / 241 / 315 / 282 / 340 / 198 / 85

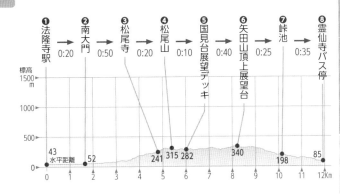

シーズンカレンダー　登山適期　1月〜7月上旬、9月〜12月

1月	2月	3月	4月	5月	6月	7月	8月	9月	10月	11月	12月
←登山適期→								←登山適期→			

椿・サザンカ／桜／バラ・ツツジ／新緑／アジサイ／紅葉／椿・サザンカ

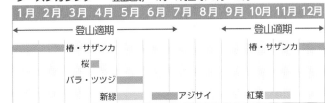

**初心者も安心のコースをたどり
自然観察と歴史探訪を楽しもう**

❶法隆寺駅の北口から北へ進んで国道25号を左折すると、まもなく法隆寺iセンターがあるので、観光情報を入手していこう。iセンターの角を右に取り、参道の松並木を進むと世界遺産・法隆寺の❷南大門の前に出る。直進すると法隆寺の境内に入るので、時間に余裕があれば拝

▲ゴルフ場内の分岐は左の道へ

観していこう（拝観有料）。

南大門の前から右に進み、突き当たりから法隆寺の東側を北上すると、国宝の東大門がある。さらに北進し、突き当たりを右に取り、ゴルフ場沿いの道を進む。森へ入ると分岐が

▲十三重塔から見る松尾寺本堂。バラの名所としても知られる

あり、左上方に続く山道に入る。途中丁石を見ながら松尾寺へと登っていく。❸松尾寺は日本最古の厄除けといわれる名刹で、歴代皇室の勅願所という格式高い寺である。

境内から十三重塔前の石段を上がり、左側の道を登る。鞍部へ出たら右の松尾道に入り、林道終点の先に見えるTVの中継局まで登っていく。建物左側の小さな三角点と木に掲げられた山名板が❹松尾山の山頂であることを

●ガイドでは矢田丘陵を縦走するコースを紹介しているが、アジサイの寺として知られる矢田寺（金剛山寺）や東明寺を経由して子どもの森に向かう山麓歩きのコースもおすすめ。田圃の脇を通るなど、のんびりムードの道が続く。国見台展望デッキから子どもの森（峠池）へ1時間15分。

▲松尾山をあとに散策路をたどり国見台へ

▲木造の矢田山頂上展望台

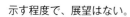

▲峠池から矢田山あそびの森を振り返る

示す程度で、展望はない。

　松尾山から急坂を下り、散策路を北へ進むと松尾湿原分岐に出る。左に進むと松尾湿原がある。あまり湿原らしくない場所だが、往復30分ほどなので時間があれば立ち寄ろう。湿原分岐を直進すると、奈良盆地を一望する❺**国見台展望デッキ**がある。

　国見台をあとにすると、すぐ矢田寺への分岐に出る。アジサイの花期ならば、矢田寺から東明寺を巡る山麓コースも味わい深い（P107欄外参照）。分岐を直進し、南僧坊谷池を経て露ナシ池畔の分岐に出る。左の散策路を進むと生駒山を間近に望む❻**矢田山頂上**

展望台に着く。展望台からも北進して小笹辻へ。そのまま進むと榁ノ木峠を経て南生駒駅へ行けるが、ここでは右前方の道に入り、子どもの森公園へと下っていく。

　❼峠池畔に出たら、子ども交流館（森に関する図書の閲覧や炭を使った料理体験ができる）を左に見て、池の中間を通る道を行く。正面にトイレが立つ分岐を直進し、沢沿いに緩く下ると再び分岐に出る。左に行くと追分の十字路で、道標を頼りに霊山寺へと向かう。第二阪奈道路の高架を渡って左に延びる枝道へ入ると、バラの花で知られる霊山寺に出て、赤い橋を渡った左が❽**霊山寺バス停**だ。

🏛 立ち寄りスポット

矢田寺

　673（天武2）年建立で、正式名は金剛山寺。重要文化財の地蔵菩薩は「矢田のお地蔵さん」として信仰を集めてきた。花の寺としても知られ、5月から9月にかけて60種10000株のアジサイが咲く。境内自由（6月1日〜7月10日は有料）。☎0743-53-1445

🏛 立ち寄りポイント

歓喜乃湯 足場

　矢田丘陵にある「小瀬保健福祉ゾーン」の一角に建ち、あずまやの下が足湯になっている（写真）。入浴を楽しむなら、コース途中の小笹辻から榁ノ木（むろのき）峠へ向かい、南生駒駅へ下る国道の途中にある。10時〜18時。無休。☎0743-74-1111（生駒市高齢施策課）

●ゴール地点手前にある霊山寺（拝観有料）には世界のバラを集めたバラ園があり、園内のティーテラスではローズティーやローズアイスが味わえる（春と秋のバラの最盛期のみ営業）。ほかに入浴施設で薬草湯が楽しめる薬師湯殿などもある。☎0742-45-0081（霊山寺）

霊仙寺バス停

矢田町からの矢田丘陵

松尾山山頂

矢田丘陵・松尾山

▲日時計のある雌岳山頂。眺めのよい広い山頂でお弁当をひろげてのんびりしよう

29 二上山
にじょうざん

當麻寺のボタン。
見頃は4月下旬

万葉の昔から多くの和歌に歌われた名山

　金剛山地北部に位置し、大阪側と奈良側のどちらから見てもひと目でわかる山頂は、最高峰の雄岳と、40mほど低いが展望のよい雌岳からなる。コースは数多く、麓から山頂までは1時間ほどだけに、四季を通して登山者が多い。紹介するのは二上神社口駅から山頂に立ち、創建1300年以上の歴史を持つ古刹・當麻寺へ下りるコース。危険箇所は少ないが、岩屋峠から祐泉寺への下りは岩が露出してやや歩きづらい。雌岳から直接岩屋峠に下ることもできるが、急斜面だけに、ビギナーや家族連れは紹介コース通りに歩こう。

🚗 アクセス情報

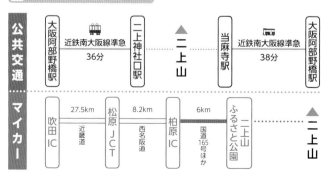

公共交通	大阪阿部野橋駅	🚃 近鉄南大阪線準急 36分	二上神社口駅	▲二上山	当麻寺駅	🚃 近鉄南大阪線準急 38分	大阪阿部野橋駅

マイカー	吹田IC	27.5km 近畿道	松原JCT	8.2km 西名阪道	柏原IC	6km 国道165号ほか	二上山ふるさと公園	▲二上山

アクセスのヒント

　マイカー利用の場合、起点の二上神社口駅周辺には駐車場がないので、駅の南方にある二上山ふるさと公園に駐車し、車道をたどって加守神社へ向かう（加守神社まで約15分）。下山時は當麻寺から北上し、石光寺を巡ってふるさと公園に戻るといいだろう。ほかにゴール近くの葛城市相撲館そばに葛城市営の有料駐車場がある。

●二上山北東の香芝市役所向かいに二上山博物館がある。二上山が生み出した3つの石（サヌカイト、凝灰岩、金剛砂）を用いた石器をはじめとする展示を行っているほか、各種イベントも開催される。入館有料。9時〜17時。月曜（祝日の場合は翌日）・年末年始休。☎0745-77-1700

🥾 登山データ

標 高	517m（雄岳）
エリア	大和・吉野 奈良県・大阪府
レベル	入門
整備度	★★★
難易度	★☆☆
歩行時間	2時間50分
歩行距離	7km
標高差	登り428m 下り437m
問合せ先	葛城市役所當麻庁舎 ☎0745-48-2811

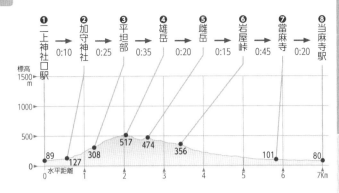

❶二上神社口駅 →0:10→ ❷加守神社 →0:25→ ❸平坦部 →0:35→ ❹雄岳 →0:20→ ❺雌岳 →0:15→ ❻岩屋峠 →0:45→ ❼當麻寺 →0:20→ ❽当麻寺駅

標高：89、127、308、517、474、356、101、80

シーズンカレンダー 登山適期 1月〜6月、9月〜12月

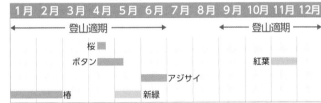

1月	2月	3月	4月	5月	6月	7月	8月	9月	10月	11月	12月
◄		登山適期			►			◄	登山適期		►
			桜								
		ボタン									
					アジサイ						
									紅葉		
椿				新緑							

やや急な斜面を登りふたつの頂へ
山麓の古刹やお土産も魅力

❶二上神社口駅を出て、山の手（西）に向かう。すでに目の前にはふたコブの二上山の姿がゆったりと横たわっている。高いほうが雄岳で、低いほうが雌岳だ。行き交う車に注意して国道を横切って集落の中を進んでいくと、山麓に❷加守神社がある。

▲雄岳山頂の葛木坐二上神社

すぐに猪避けのゲートがあって、登山道がその先に続く。ひと登りすると、右から二上山駅からの道が合流する❸平坦部に出る。やや急な登りを経て雄岳近くまで来ると右に分岐があり、その先に天武天皇の皇子で謀反を疑われ自害した大津皇子の墓がある。

▲加守神社からの登りは樹林の快適な道

広々とした❹雄岳山頂には葛木坐二上神社がある。ときどき神社の方が来ていて、ここで清掃協力金を払うこともある。次に目指すのは、もうひとつの山頂である雌岳だ。雄岳からいったん馬の背に下る。馬の背から石段を登り返すと、5分ほどで❺雌岳に着く。公園のような山頂には、日時計が整備されている。標高は雄岳より40mほど低いが、こちらの山頂の方が休憩に適しており、雄岳より

●毎年4月23日に行われる「二上山岳のぼり」は、ゴミ拾いをしながら山に登り、二上山の美化促進を図るもの。「岳のぼり」とは二上山で昔あった行事で、雨乞い登山を大和側の村人が行っていた。☎0745-48-2811（葛城市役所當麻庁舎）

も賑わっている。

そのまま南の急斜面を岩屋峠まで下ることもできるが、子ども連れやビギナーは桜の時期ならいったん馬の背まで戻り、左手につけられた雌岳を取り巻く周遊路を歩いて岩屋峠に行こう。沿道には桜並木や、大和葛城山や遠く大阪市街などが見渡せる円形の展望台が立っている。

❻岩屋峠(いわやとうげ)から谷沿いを祐泉寺まで下ると、ここからは舗装路歩きになる。右に二上山口神社を見て進んでいくと、三叉路に一本足で立つ姿が珍しい傘堂がある。ここで道を右に取り、山麓の名刹、當麻寺を目指す。

❼當麻寺(たいまでら)は中将姫が蓮の糸で織ったとされる曼荼羅を本尊とする寺で、本堂にあたる国宝の金堂をはじめ、庭園など見どころが多い。當麻寺から門前町の旧家が並ぶ参道の一本道をたどっていくと❽當麻寺駅(たいまでらえき)にたどり着く。

▲日本最古とされる當麻寺の鐘楼の背にそびえる二上山

🚶 立ち寄りポイント

山麓の名物二選

當麻寺の宗胤院(そにいん・☎0745-48-2649)では、名物の茶粥が頂ける。茶粥とあんかけうなぎなどがセットになった「茶粥点心」が人気。もうひとつの名物が蓬餅。中将堂本舗(写真・☎0745-48-3211)の中将餅、春木春陽堂(☎0745-48-2205)の姫餅が有名。

▲満開のツツジに彩られたつつじ園から眺める新緑の金剛山

30 大和葛城山
（やまとかつらぎさん）

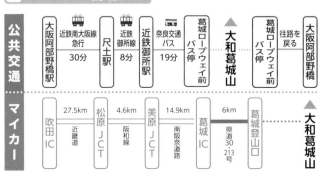

自然研究路に咲くカタクリ。
花期は4月中旬ごろ

「ひと目百万本」と称されるツツジが山頂を飾る日本三百名山

　奈良・大阪府県境に位置する山で、なだらかな高原状の山頂からは、奈良盆地や大阪方面が一望できる。ツツジを代表とする花の名山として知られるが、山頂付近にはブナの自然林も残る。ここでは展望のよい尾根を登って山頂に立ち、ふたつの滝を巡って下山する奈良県側の周回コースを紹介するが、台風の影響で道が荒れていたり、通行止めの箇所があるので注意したい。通年登れるが、1月〜2月下旬は凍結することがあるので、事前に問い合わせておこう。家族連れや入門者は往路か復路をロープウェイ利用にしてもいい。

🚗 アクセス情報

公共交通	大阪阿部野橋駅	近鉄南大阪線急行 30分	尺土駅	近鉄御所線 8分	近鉄御所駅	奈良交通バス 19分	葛城ロープウェイ前バス停	▲大和葛城山
マイカー	吹田IC	27.5km 近畿道	松原JCT	4.6km 阪和線	美原JCT	14.9km 南阪奈道路	葛城IC	6km 県道30・213号

葛城ロープウェイ前バス停 ← 往路を戻る → 大阪阿部野橋

葛城登山口 → ▲大和葛城山

アクセスのヒント

　近鉄御所線は15分間隔の運行。葛城ロープウェイ前へのバスは曜日を問わず1日6便の運行で、往路の午前は8時台と10時台の2本、復路の午後は4便あり、最終は18時過ぎ。車の場合、葛城登山口に市営駐車場（有料）がいくつもあり数百台駐車可能だが、ツツジのベストシーズンは午前中に満車となることも。早い時間の行動を心掛けたい。

● 葛城山ロープウェイは葛城登山口駅〜葛城山上駅間の標高差561m・約1.3kmを6分で結ぶ。9時10分〜17時の運行で、30〜50分（土・日曜・祝日は15〜50分）間隔。☎0745-62-4341

標　高	959m
エ リ ア	大和・吉野 奈良県・大阪府
レ ベ ル	初級
整備度	★★☆
難易度	★★☆
歩行時間	3時間25分
歩行距離	7.5km
標高差	登り655m 下り655m

問合せ先
御所市役所☎0745-62-3001
奈良交通バス☎0742-20-3100
葛城山ロープウェイ登山口駅
☎0745-62-4341

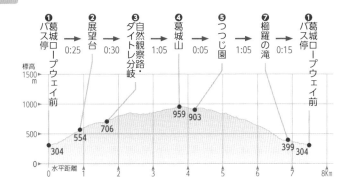

❶葛城ロープウェイ前バス停 → 0:25 → ❷展望台 → 0:30 → ❸自然観察路・ダイトレ分岐 → 1:05 → ❹葛城山 → 0:05 → ❺つつじ園 → 1:05 → ❼櫛羅の滝 → 0:15 → ❶葛城ロープウェイ前バス停

標高 1500m / 1000 / 500 / 0
304　554　706　959　903　399　304
水平距離 0　1　2　3　4　5　6　7　8Km

シーズンカレンダー　登山適期　通年

1月	2月	3月	4月	5月	6月	7月	8月	9月	10月	11月	12月
←――――――――――――登山適期――――――――――――→											
椿・サザンカ									椿・サザンカ		
カタクリ・ヤマザクラ					ヤマアジサイ						
			ツツジ・藤								
		新緑						紅葉			

百万本のツツジが咲く大展望の頂と爽快な滝を巡る周回コース

❶葛城ロープウェイ前バス停から歩き出し、不動寺を過ぎると「ようこそ大和葛城山へ」と書かれた鳥獣防止柵の扉がある。扉から200mほど先にある道標が北尾根コース

▲ブナ林が残る春の自然研究路

（秋津洲展望コース）登山口だ。いきなり急坂の登りだが、要所にフィックスロープが設置されている。やがて眺望が開け、❷展望台に出る。御所の町を眼下に眺め、ひと息入れていこう。

展望台からも急斜面の登りとなる。北尾根に出ると傾斜こそ緩むが、台風による倒木で歩きづらい箇所がある。やがて❸自然研究

展望抜群の葛城山頂を南へ向かう

路・ダイトレ分岐に着く。本来ならここを左に取り自然研究路を進むが通行止めのため（2020年現在）、そのまま直進してダイヤモンドトレールまで登っていくことになる。

ダイヤモンドトレールに出たら左に折れ、数分で分岐がある。そのままダイヤモンドトレールをたどってもいいが、ここは左の道に入り、自然研究路に合流することにしよう。ブナやカタクリの咲く道を行くと鞍部に出

●山頂の南東面に葛城高原ロッジがあり、宿泊以外に食事や入浴（11時〜15時）のみの利用ができる。食事は鴨や山芋など各種の鍋や大和牛のカレーなどが味わえる。薬石の麦飯石（ばくはんせき）を使用した大浴場も人気が高い。☎0745-62-5083

る。ここから右へ緩やかに上がり、左に白樺食堂を見て右へ登ると好展望の❹葛城山山頂にたどり着く。

展望を楽しみながら山頂を南に進むと、つつじ園の先に大峰山脈を背にした金剛山が視界に入る。❺つつじ園を抜けてダイヤモンドトレールに合流し、右手の文学碑先の分岐を右へ。下っていくと櫛羅の滝コースに出て、右へ進む。ここから櫛羅の滝コースを下るが、途中道がえぐれて歩きづらい箇所がある。やがて行者の滝（二の滝）への分岐に出るが、滝への道は2020年4月現在通行止め。

▲落差8mの櫛羅の滝

行者の滝の分岐からは、木製の急な階段の道を下っていく。ロープウェイの下を通過すると、しばらくで櫛羅の滝分岐に出る。左に進めば不動明王石像が祀られる❻櫛羅の滝（不動の滝）がある。

櫛羅の滝からは石畳の道を下って川を渡り、北尾根コース登山口を過ぎると❶葛城ロープウェイ前バス停に着く。

立ち寄りポイント

かもきみの湯

御所市南方の国道24号沿いにある日帰り入浴施設で、「神々が宿る杜（もり）の天然温泉源泉」がキャッチフレーズ。泉質はナトリウム炭酸水素塩泉で、ストレスなど心身疲労、神経痛、関節痛、慢性消化器病、冷え性、慢性皮膚病に効果があるという。2階には食事処もある。10時〜23時。無休。
☎0745-66-2641

31 金剛山
（こんごうさん）

近畿で人気ナンバーワンの大阪の名山

　地元では毎日登山を楽しむ人も多い人気の山。大阪側、奈良側を合わせて俗に48本もあるとされるほどルートが豊富。ここでは、千早本道から山上に立ち念仏坂を下る、金剛山の王道コースを紹介する。道標が充実し道幅が広くて歩きやすく、要所に売店やトイレもある。ロープウェイもあるので、初心者や家族連れ、天候急変時に利用価値が高い（2020年4月現在運休中）。春の桜、初夏の新緑、秋のカエデの紅葉、ブナの黄葉、冬の霧氷と、四季を通じて楽しめるが、冬季は数10cmの積雪もあり、防寒装備を万全に。なお、最高点の葛木岳（1225m）は神域のため立入禁止となっている。

湧出岳の一等三角点

▲新緑が鮮やかな千早本道沿いのブナ林。10月後半の黄葉の時期もすばらしい

🚌 アクセス情報

公共交通	難波駅	南海高野線 急行 30分	河内長野駅	南海バス 35分	金剛登山口バス停	▲金剛山	金剛山ロープウェイ前バス停	南海バス 40分	河内長野駅	往路を戻る	難波駅

マイカー	吹田IC	27.5km 近畿道	松原JCT	4.6km 阪和線	美原JCT	4.6km 南阪奈道路	羽曳野IC	18km 府道33・705号、国道170・309号	金剛登山口	▲金剛山

アクセスのヒント

　入下山口へは、近鉄長野線富田林駅から金剛バスでもアプローチできる。なお、金剛バスは、下山口のバス停名が千早ロープウェイ前なので注意。マイカー利用の場合、金剛登山口周辺に民営の駐車場（有料）が複数ある。下山後はバスで金剛登山口に戻るが平日は本数が少ないので、歩いて戻ってもよいだろう（約50分）。

　●南海電鉄では金剛山登山者向けの割引きっぷ「金剛山ハイキングきっぷ」を販売している（2日間有効）。南海電車と南海バスの往復割引乗車券以外に、金剛山ロープウェイ（2020年4月現在運休中）の料金の割引や、河内長野駅周辺の飲食店などの割引が受けられる。☎06-6643-1005（南海テレホンセンター）

登山データ

標高	1125m（葛木岳）
エリア	大和・吉野 大阪府・奈良県
レベル	初級
整備度	★★★
難易度	★★☆
歩行時間	3時間35分
歩行距離	7.1km
標高差	登り604m 下り475m

問合せ先
千早赤阪村役場
☎0721-72-0081
南海バス☎0721-53-9043
金剛バス☎0721-23-2287

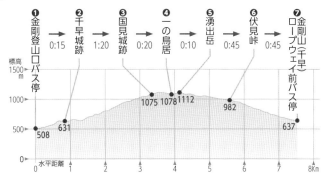

❶金剛登山口バス停 → 0:15 → ❷千早城跡 → 1:20 → ❸国見城跡 → 0:20 → ❹一の鳥居 → 0:10 → ❺湧出岳 → 0:45 → ❻伏見峠 → 0:45 → ❼金剛山（千早）ロープウェイ前バス停

標高1500m / 1000 / 1075 1078 1112 / 982 / 637 / 508 / 631
水平距離 0 1 2 3 4 5 6 7 8Km

シーズンカレンダー　登山適期　通年

	1月	2月	3月	4月	5月	6月	7月	8月	9月	10月	11月	12月
登山適期	←──────────────────────→											
桜					（国見城跡の桜は5月初旬）							
カタクリ												
新緑												
霧氷												
紅葉												

千早本道を登り大阪平野を一望する 金剛山の王道コースをたどる

　南海高野線河内長野駅から南海バスに乗るか、近鉄長野線富田林駅から金剛バスに乗り、いずれも❶金剛登山口バス停で下車する。

▲大阪平野を見渡す国見城跡

　車道を少し戻って橋の手前を右折。足湯「ふくろう」や食堂「まつさ」を経て、高城茶屋が立つ突き当たりの道（千早本道）を右に取る。そのまま直進してもよいが、千早城跡への案内板に従い、右の急な階段を上がっていく。❷千早城跡の広場にはベンチがあり休憩によい。千早神社の右横に延びる山道を下り、再び千早本道と合流する。ここからは長い階段の登りが続く

▲紅葉色づく金剛山頂売店。週末は多くの登山者で賑わう

ので、自分のペースを守ろう。やがて新道と旧道に分かれる。どちらも距離は大差ないが、見事なブナ林が広がる右の新道をおすすめする。再び旧道と接するが、左は比較的緩やかで、❸国見城跡の広場に直接登っていく。右は引き続きブナ林を楽しめ、金剛山練成会の巨大な看板が立つ広場に出る。社務所、金剛山頂売店を経て、国見城跡の広場に着く。

　広場からは大阪平野が見渡せ、大休止に最

●金剛山ロープウェイ（千早駅～金剛山駅・所要6分）は諸般の事情により、2019年3月15日から運休中。これに伴い、長い間登山者や観光客に親しまれた宿泊施設の「香楠荘」も休業となっている。詳細は千早赤阪村役場観光・産業振興課☎0721-26-7128へ。

適だ。5月の連休前後には金剛桜が薄緑色の花をつける。売店を経て転法輪寺を抜け、葛木神社に参拝する。本殿奥の葛木岳（1125m）は金剛山の最高点だが、立入禁止。杉の巨木が並ぶ参道は、❹一の鳥居でダイヤモンドトレールと合流する。出迎え不動を右に見送ってすぐの分岐を左に入り、一等三角点のある❺湧出岳に寄り道しよう（往復15分）。

　元の分岐に戻り左へ。ブナ林を抜けるとやがて右に大阪府最高点（1053m）を示す標識を見る。ちはや園地のピクニック広場を右折すると香楠荘やロープウェイの駅があるが、ともに2020年現在休業中。ピクニック広場を直進すると、足元は舗装道に変わる。

　❻伏見峠で右折し念仏坂に入る。長い下り坂なので、ゆっくり歩こう。右に樹齢約300年の「千早のトチノキ」が見えたら、❼金剛山（千早）ロープウェイ前バス停は近い。

▲長い下り坂が続く念仏坂を行く

🍴 味覚・おみやげ

山の豆腐

　金剛登山口の食堂「まつまさ」の隣にある、創業1777（安永6）年の老舗。定番の「やまのとうふ」は下山後の持ち帰りによい。豆乳と地元産の棚田米で作られた「棚田米プリン」（写真）はヘルシーなおいしさ。9時〜17時。年末年始休。☎0721-74-0015（まつまさと共通）

金剛山

1:25,000
0　250　500m
1cm=250m
等高線は10mごと

▲高取山山頂部。吉野朝時代から明治初頭まで高取城があったが、今は石垣だけが残る

32 高取山
たかとりやま

壺坂寺に咲くヤマブキ。
見ごろは4月中旬

「日本一の山城」の遺構が残る山頂から大和の国を一望する

山頂には天嶮を利用した高取城があったが、今は老樹が茂る中に石垣だけが往時の面影を留める。その山頂近くまで車道が延びるが、この山域を楽しむなら、壺阪山駅を起点に西国三十三所のひとつ壷阪寺を参詣し、山頂の遺構と大展望を満喫、旧城下町の町屋が立ち並ぶ土佐街道を経て壺阪山駅に戻る周回コースを歩いてみたい。山好きで歴史好きの人にはたまらないコースだ。ところどころに急斜面があるがコース自体はよく整備され、初心者でも楽しめる。途中の観光案内所で、タイムリーなコース情報を入手していこう。

🚗 アクセス情報

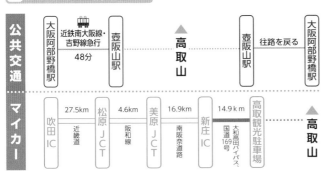

| 公共交通 | 大阪阿部野橋駅 | 近鉄南大阪線・吉野線急行 48分 | 壺阪山駅 | ▲ 高取山 | 壺阪山駅 | 往路を戻る | 大阪阿部野橋駅 |

| マイカー | 吹田IC | 27.5km 近畿道 | 松原JCT | 4.6km 阪和線 | 美原JCT | 16.9km 南阪奈道路 | 新庄IC | 14.9km 大和高田バイパス、国道169号 | 高取観光駐車場 | ▲ 高取山 |

アクセスのヒント

起点となる壺阪山駅は近鉄吉野線の特急、急行、各駅停車のすべてが停車する。往路は壺阪山駅から壷阪寺そばの壷阪寺前バス停まで奈良交通バス（10分）が運行されているので、利用すれば30分ほど時間が短縮できる。マイカーの場合、土佐街道・金剛力酒造の向かいに観光第1駐車場が、北側の山手に第2駐車場がある（ともに無料）。

● 壺阪山駅から15分ほどのところにある高取町観光案内所「夢創舘」では、高取町の観光情報や高取山のコース情報などを提供している。9時30分〜 16時30分。月曜（祝日の場合翌日）・年末年始休。☎0744-52-1150。裏手には「くすりの町」高取の製薬について学べる「くすり資料館」がある（見学無料）。

📖 登山データ

標　高	584m
エリア	大和・吉野 奈良県
レベル	初級
整備度	★★☆
難易度	★★☆
歩行時間	3時間20分
歩行距離	10.6km
標高差	登り468m 下り468m

問合せ先
高取町観光協会「夢創舘」
☎0744-52-1150
奈良交通バス
☎0742-20-3100

行程図

❶壺阪山駅 →0:15→ ❷高取広場 →0:40→ ❸壷阪寺駐車場 →0:35→ ❹高取城跡入口 →0:20→ ❺本丸跡広場 →0:20→ ❻飛鳥・栢森への分岐 →0:20→ ❼林道終点 →0:35→ ❷高取広場 →0:15→ ❶壺阪山駅

標高
1500m
1000
500
0
水平距離

116　137　　　　305　　　483　584　472　　266　　137　116

0　1　2　3　4　5　6　7　8　9　10　11Km

シーズンカレンダー　登山適期　3月～7月上旬、9月下旬～11月下旬

1月	2月	3月	4月	5月	6月	7月	8月	9月	10月	11月	12月
		◀── 登山適期 ──▶						◀ 登山適期 ▶			

椿
桜
ヤマブキ
アジサイ
新緑　　　　　　　　　　　　　紅葉

西国霊場の古刹から新緑・紅葉の山頂へ　下山は旧城下町の家並みを眺める

❶壺阪山駅の改札を出て国道を横断した
ら、突き当たりの土佐街道を右折。しばらく
行くと❷高取広場（札の辻跡）の十字路に出
る。古い石の道標に従い右折する。清水谷の

▲土佐街道沿いの植村邸長屋門

家並みを過ぎると
吉備川に出合う。
舟戸橋の手前で左
折、川沿いに進ん
で高架下を通り、
参道の標識を右

へ。人家の庭先を通って小橋を渡り、竹林の
中を進めば車道に出る。その先に「ハイキン
グ道・壺阪寺へ」の道標がある。道標に従い
左下の道に入り緩く登っていき、沢から離れ
道が階段状になると❸壷阪寺駐車場に着く。

▲真興上人作の五百羅漢像。自分の親似の石像があるという

仁王門そばのつぼさか茶屋で、名物のめ煎餅
を山中でのおやつとして買っていこう。

　駐車場から右の階段を上り、車道を左へ進
むと五百羅漢への分岐に出る。車道を離れて
山道へ入り、五百羅漢を巡ってしばらく登る
とNTT中継塔への林道に出合うが、すぐ山
道へ入る。八幡神社を右上に見送れば❹高取
城跡入口に着く。石垣の横を登って三の丸跡
広場を経て、三の丸跡から上ノ門跡を通ると

●毎年11月下旬「たかとり城まつり」が開催され、火縄銃の実演や時代行列、大道芸人など、楽しみの多い催し
が高取広場（札の辻跡）で開かれる。☎0744-52-1150（高取町観光案内所「夢創舘」）

❺**本丸跡広場**のある高取山山頂に到着する。吉野・大峰山脈、台高山脈の高見山や多武峰方面の展望が広がり、秋は紅葉に彩られる。

　山頂をあとに、三の丸跡広場から上子島の集落方面へ向かう。しばらく下ると、左に**国見櫓跡**分岐の標識が出てくる。金剛・葛城山脈を望み、土佐の家並みを眼下にする国見櫓へは左へ50mほどだ。分岐に戻りしばらく下ると、右に猿石が残る❻**飛鳥・栢森への分岐**が現れる。ここからはうっそうとした深い樹林内の整備された広い道を進む。一升坂、七曲りと呼ばれる急坂を下ると植村家菩提寺の宗泉寺への分岐となる❼**林道終点**に着く。

　ここからは舗装された林道歩きとなる。右に立派なトイレがある砂防公園を過ぎ、山村風景が広がる上子島の集落を抜ける。家老屋敷跡の前を通って土佐街道に出て、今朝来た道を❶**壺阪山駅**へと緩やかに下っていく。

▲国見櫓跡から大和盆地を望む

🍶 立ち寄りポイント

金剛力酒造

　土佐街道沿いの高取広場近くにある老舗の酒造。地酒の銘酒「金剛力」は、金剛山の伏流水で醸した純米吟醸。清酒、にごり酒があり、気軽に利き酒もできる。金剛力吟醸は、やや辛口でさっぱりしている。お土産にも手ごろでおすすめだ。
☎0744-52-2073

高取山

1:25,000
250　　　500m
1cm=250m
等高線は10mごと

▲吉野杉の林につけられた道を、川の瀬音を聞きながら登っていく

コース中に咲く
ノコンギク

33 龍門岳
りゅうもんだけ

 マイナスイオンあふれる吉野杉の道が延びる日本三百名山

　東西に長く尾根を引く秀麗な姿の龍門岳。「仙境」と伝承された山頂や吉野山口神社、龍門寺跡など山岳信仰の山だっただけに、歴史好きの人にもおすすめだ。コースの一部は癒しの効果がある森林セラピーロードに認定されている。ここでは南面の吉野山口神社を起点に龍門の滝と吉野杉の林をたどって山頂に立ち、三津峠を経て多武峯バス停へ下るコースを紹介する。登山道は一部荒れた箇所こそあるが、険しい岩場の通過はない。沢沿いを歩くので、降雨直後の入山は避けること。下山後は紅葉の名所、談山神社へ足を延ばそう。

🚌 アクセス情報

公共交通	大阪阿部野橋駅	近鉄南大阪線・吉野線特急 1時間11分	大和上市駅	吉野町スマイルバス 17分	山口バス停	▲龍門岳	多武峯バス停	桜井市コミュニティバス 22分	桜井駅	近鉄大阪線急行 47分	大阪上本町駅

マイカー	吹田IC	27.5km 近畿道	松原JCT	4.6km 阪和道	美原JCT	16.9km 南阪奈道路	新庄IC	28.5km 県道155・37・28号 国道169号 大和高田バイパス、	吉野運動公園		▲龍門岳

アクセスのヒント

　吉野町スマイルバスは曜日により始発時間や便数が異なったり運休（休日と年末年始）となるので、事前に調べておこう。バスの運行期間外はタクシー（約10分・約2000円。奈良近鉄タクシー☎0746-32-2961）を利用する。マイカーの場合は山口バス停から徒歩5分の吉野運動公園の駐車場に車を停め、龍門岳を往復する。

登山データ

標　高	904m
エリア	大和・吉野 奈良県
レベル	中級
整備度	★★☆
難易度	★★☆
歩行時間	4時間20分
歩行距離	9.4km
標高差	登り659m 下り514m

問合せ先
　吉野町役場☎0746-32-3081
　桜井市役所☎0744-42-9111
　吉野町スマイルバス☎0746-39-9070
　桜井市コミュニティバス☎0744-42-9111

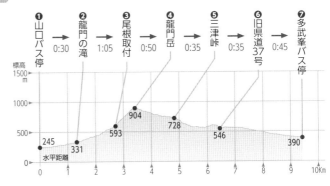

❶山口バス停 → ❷龍門の滝 → ❸尾根取付 → ❹龍門岳 → ❺三津峠 → ❻旧県道37号 → ❼多武峯バス停
0:30　1:05　0:50　0:35　0:35　0:45

標高1500m・1000・500

245　331　593　904　728　546　390

水平距離　0　1　2　3　4　5　6　7　8　9　10Km

シーズンカレンダー　登山適期　3月下旬～11月

1月	2月	3月	4月	5月	6月	7月	8月	9月	10月	11月	12月
					登山適期						
		新緑									
	山野草										
									紅葉		

神仙峡をたどり、「仙境」と称された 一等三角点の頂を目指す

❶山口バス停（よしのやまぐちじんじゃ）（吉野山口神社）で下車して鳥居左の車道を行くが、その前に吉野山口神社に立ち寄ろう。境内は高鉾神社、山口神社、意賀美神社（おがみ）が合祀されている。意賀美神社に

▲吉野山口神社の境内を抜ける

は、その昔、雨乞いのためお籠もりをしたときの伝説が残っている。「じょうさん、じょうさん」と唱えたところ、滝からにわかに龍が立ち昇り、雨を降らせたという。

境内の左から車道に出て右へ。集落の外れから植林帯になり、川に沿って進むとバイオトイレが立っている。

▲龍門寺跡への分岐。龍門岳へは右の道を直進する

下乗石を右に見て急な斜面を少し登ると、久米仙人の窟跡の石標がある。そこからしばらく行くと龍門の滝へ下る道に出る。❷龍門の滝（りゅうもん）（たき）は2段10数mの滝で、滝の傍にはここを訪れた松尾芭蕉の句碑が立っている。

車道に戻って滝頭の橋を渡り、龍門寺塔跡、本堂跡を過ぎるとその先の分岐に出る。これを左に進むと広い宿坊跡がある。やがて沢と離れて登山道に入り、丸太階段の急な登りと

●登路にある龍門寺跡は、7世紀後半に義淵僧正により建立され、金堂や三重塔、六角堂などの伽藍が立ち並んでいたという。しかし1500年ごろに寺のあった龍門郷が焼き討ちに遭い、この頃から勢力が衰えていった。ちなみに下山地の多武峰とは、しばしば勢力争いをした間柄のようだ。

▲嶽神社が立つ龍門岳山頂。展望はほぼない

▲山頂直下の休憩適地。展望も開けている

▲刈り取られた棚田と吉野山口神社の奥深くに姿を見せる龍門岳

なる。谷を横切るように高度を上げていくと、再び沢に出る。奥の滝の滝頭だ。

堰堤の上に出て、土砂で埋まった川床を進んでいく。細い流れの二股から左股を跨いで、❸尾根取付（おねとりつけ）から尾根道に入る。「龍門岳0.75km」の標識から傾斜が増し、高度を稼いでクマザサの台地に出ると、❹龍門岳（りゅうもんだけ）の山頂はもうすぐだ。たどり着いた山頂は、一等三角点と嶽神社の祠がある静かな場所だ。

下山は北面の三津峠に向かう。嶽神社の後方から細長い山頂部を下る。途中には龍門城の堀切跡とされる小さな崖の通過が数箇所あるので気をつけたい。「左三津・右柳（別所）」

の標識を左に進むと5分ほどで反射板のある草地に出る。休憩によい展望ポイントで、北に熊ヶ岳、西に金剛・葛城の山並みが見渡せる。展望を楽しんだら、吉野杉の林につけられた尾根道をたどって三津峠を目指す。

❺三津峠（みつとうげ）で道は四方に分かれ、下山地となる三津集落へは、左につけられたしっかりした登山道を下っていく。車道に出て八王子神社を過ぎ、三津の集落の分岐に出る。右の車道を登るとほどなく小集落に着き、沢沿いに下ると❻旧県道37号（きゅうけんどう37ごう）に出る。右に進んで鹿路（ろ）トンネル（ライトがあると便利）を通過し、約2kmで❼多武峯バス停（とうのみねバスてい）に到着する。

🏠 立ち寄りポイント

談山神社（たんざん）

下山後に時間があれば、多武峯バス停の西方15分ほどの談山神社に足を延ばそう。「関西の日光」と称され、桜や紅葉の名所として知られる。重要文化財の十三重塔や春と秋に行なわれる蹴鞠祭が見もの。拝観有料。8時30分〜17時。
☎0744-49-0001

🍴 味覚・おみやげ

吉野の味覚

柿の葉寿司はしめサバやサケを寿司飯の上に置き、柿の葉にくるんで押したもの。また、日本でも有数の品質を誇る吉野葛も名高く、葛きりや葛餅、葛湯などが甘味処などで味わえる。柿の葉寿司は近鉄特急の車内で購入できるので、昼食に購入していこう。

●中級者向きになるが、三津峠から北へ音羽三山（熊ヶ岳・経ヶ塚山・音羽山）の縦走コースがある。一部ヤブがかぶる事があるが、歩き通した充実感が味わえる。三津峠から三山を経て下居バス停へ3時間30分。

桜井駅　下居

龍門岳

1:50,000
0　　　500　　　1km
1cm=500m
等高線は20mごと
N

672

556

461.8

南音羽

538

善法寺

音羽山　851

経ヶ塚山　889

660

710

奈良県
桜井市

御破裂山　607

不動滝　不動滝

コンビニ

八井内

三津峠から音羽三山（熊ヶ岳・経ヶ塚山・音羽山）を経由して下居バス停へ向かうこともできる（3時間30分）

大宇陀本郷

442

701

紅葉の名所として知られる。多武峰バス停から徒歩15分

591

談山神社

多武峰

西口

談山神社

7　多武峯バス停

飯盛塚

608

703

大峠トンネル

熊ヶ岳
904

858.8

宇陀市

551.8

601

大宇陀宮奥
宮奥ダム

威徳院

412

尾曽

車に注意して歩く

551

鹿路
新鹿路トンネル

三津峠。下山は「三津」の方向へ

三津峠。下山は「三津」
の方向へ

625

673.1

明日香村

579

662

トンネル内を歩く

510

鹿路峠

細峠

鹿路トンネル

725

789.5

八王子神社

582

右上の道へ

大峠
分岐
803

三津峠　5

登山口

0:50
0:35

吉野杉の林

休憩適地の展望ポイント

反射板

653

752.2　旧県道37号

6

0:45
0:35

0:45
0:35

龍門岳　4
904

柳・別所分岐

山頂直下に小さな崖がある

急斜面の登り

668.3

563.9

「龍門岳 0.75 km」の標識

0:50
0:35

3　尾根取付

624.4

570

堰堤
奥の滝

松尾芭蕉の句碑が立つ

1:05
0:50

463.8

龍門寺宿坊跡
龍門寺塔跡

402

龍門寺跡の解説板

504

2　龍門の滝

下乗石

スペース少ない

龍門の滝

544.6

496

456.9

吉野町

420.9

バス運行日以外はタクシーを利用する

高鉾・山口・意賀美の三社が合祀されている

326

366

314

予稲

0:30
0:25

山口バス停　1

吉野山口神社
山口

吉野運動公園

279

大淀町

253

319.3

マイカーの場合は吉野運動公園に駐車して山口バス停まで歩く（5分）

グランデージGC

347.7

山口バス停

319.2

308

346

373

374.4

吉野町観光案内所

吉野町役場

立野

河原屋

津風呂ダム

龍蔵自然歩道

▲新緑のみたらい渓谷。河原に降りることができるポイントがある

34 みたらい渓谷・観音峰

けいこく　かんのんのみね

観音峰の登りに咲くツツジ

関西有数の渓谷美と大峰山脈の展望を満喫

「天の国」「木の国」「川の国」と称される奈良県天川村の名スポット・みたらい渓谷と、大峰山脈の前衛峰の観音峰をセットで歩く。観音峰は標高が1500mを超える山が多い大峰の中では比較的低く、危険箇所もなく登りやすい。ただし山頂へは時間がかかるので、手前の観音峰展望台を目指す。コース後半は山上川沿いのみたらい遊歩道を散策し、洞川温泉へ。観音峰展望台へは急斜面が続くので、ビギナーは展望台往復をカットする（レベルは初級）。大阪からは距離があるので、下山後に洞川温泉で一泊するのもおすすめだ。

🚗 アクセス情報

						▲観音峰	▲みたらい渓谷・観音峰				往路を戻る		

公共交通

大阪阿部野橋駅 → 近鉄南大阪線・吉野線特急 1時間4分 → 下市口駅 → 奈良交通バス 54分 → 天川川合バス停 → ▲みたらい渓谷・観音峰 → 洞川温泉バス停 → 奈良交通バス 1時間11分 → 下市口駅 → 往路を戻る → 大阪阿部野橋駅

マイカー

吹田IC → 27.5km 近畿道 → 松原JCT → 4.6km 阪和道 → 美原JCT → 16.9km 南阪奈道路 → 新庄IC → 46.8km 大和高田バイパス・国道24号・県道21号 → 観音峰登山口 → ▲みたらい渓谷・観音峰

アクセスのヒント

バスは季節や曜日によってダイヤが異なるので、事前に確認しておこう。マイカーの場合は観音峰登山口近くの駐車場に車を停め、みたらい滝と観音峰展望台をそれぞれ往復するのが効率的。下山後は車で洞川に移動し、龍泉寺やエコミュージアムセンター（P127欄外参照）など周辺の散策や洞川温泉の入浴を楽しむといいだろう。

登山データ

標高	1285m（観音峰展望台）
エリア	大和・吉野 奈良県
レベル	中級
整備度	★★☆
難易度	★★☆
歩行時間	5時間30分
歩行距離	11.4km
標高差	登り679m 下り501m

問合せ先
天川村総合案内所
☎0747-63-0999
洞川温泉観光協会☎0747-64-0333
奈良交通バス☎0742-20-3100

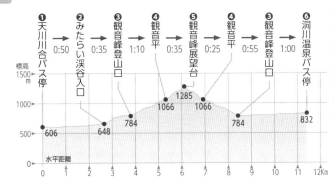

❶天川川合バス停 →0:50→ ❷みたらい渓谷入口 →0:35→ ❸観音峰登山口 →1:10→ ❹観音平 →0:35→ ❺観音峰展望台 →0:25→ ❹観音平 →0:55→ ❸観音峰登山口 →1:00→ ❻洞川温泉バス停

標高：606 648 784 1066 1285 1066 784 832

シーズンカレンダー　登山適期　4月下旬〜11月中旬

登山適期
ツツジ
紅葉
新緑

新緑と紅葉があざやかな渓谷を歩く
ゴールは行者宿が軒を連ねる温泉地

スタートは❶天川川合バス停。その先の信号で左に国道が分かれるが、まっすぐ進んで役場の手前で左の橋を渡る。弁天淵橋の手前から川迫川沿いに遊歩道が設置されているが、崩れることも多いので、道路を歩いたほうがいいだろう。川迫川は、白い石灰岩の巨岩の間を縫うように、ときにはエメラルドグリーンの淵を形作りながら流れていく。左に階段と吊橋が見えたら❷みたらい渓谷入口だ。

階段を上がって吊橋をひとつ渡る。ここはみたらい滝を見下ろすビュースポットだ。遊

▲まずはみたらい滝を目指す

▲みたらい渓谷の名瀑のひとつ・光滝

歩道は橋や桟道が多いので、足元に注意しながら進もう。光滝の先で道は二手に分かれるが、いずれこの先で合流するので、どちらを進んでも構わない。河原に降りられる場所もあるので、時間があれば行ってみよう。

左手に渓谷を見ながら進む。やがて渓谷は終わり、杉の植林の道になる。吊橋が架かる場所に出たら、❸観音峰登山口は近い。吊橋を渡った対岸に駐車場とトイレがある。

●洞川温泉の先にあるエコミュージアムセンターは、「自然」、「水」、「修験道」をテーマに、大峯山系の豊かな自然や生活環境を、見て、触れて、親しめる体験型のミュージアム。大峯山行場西ノ覗きの3D体験コーナーは必見。入館無料。10時〜17時。水曜（祝日の場合は翌日）・冬季休。☎0747-64-0999

▲観音峰展望右から東面の大日岳、稲村ヶ岳方面の眺望

▲観音峰登山口。ここからは急な斜面が続く

▲大きな石碑が立つ観音峰展望台

　吊橋の先の右手に、観音峰への登山道が植林帯の中に延びている。ひと登りで湧水の観音の水が、さらに登ると左の斜面の上に第一展望台がある。樹木こそ伸びているが南側に弥山方面が眺められるので、ひと休みしていこう。植林が自然林になると、やがて**❹観音平**と呼ばれるあずまやのある広場に着く。

　観音平から山腹を歩いて右へ折り返すと、急斜面の尾根道に変わる。尾根道が緩やかになると再び植林帯になり、ひと登りでススキの原が広がる**❺観音峰展望台**に着く。大きな石碑が立っており、北の観音峰方面以外は展望が開けている。とりわけラクダのような姿をした稲村ヶ岳が印象的だ。

　往路を**❹観音平**経由で**❸観音峰登山口**まで戻る。前方の吊橋か右手の遊歩道を少し進んで車道に出て（洞川温泉に寄らないなら、遊歩道を出て洞川方面に進むと観音峰登山口バス停がある）、車道を700mほど歩くとみたらい遊歩道の入口があり、ここを右へ。なお、遊歩道は台風後などは通行止めになることがあり、その際は車道をそのまま歩こう。

　ほぼ平坦な道が続くみたらい遊歩道をのんびりたどると公共浴場の洞川温泉センターがあり、山上川に架かる橋を左に行くと終点の**❻洞川温泉バス停**に出る。

味覚・おみやげ

洞川の「名水どうふ」

　洞川では、石灰岩で磨かれた洞川湧水群の水を使ったおいしい豆腐が味わえる。山口屋（☎0747-64-0509）や丸亀商店（☎0747-64-0022）では洞川を代表する名水とうふを、小屋商店本店（☎0747-64-0324）では吉野葛を使った名水ごまどうふを購入できる。

立ち寄りポイント

洞川温泉センター

　古くから大峯山登山者の疲労回復に利用されてきた洞川温泉。その洞川温泉の南外れにある天川村営の日帰り入浴施設。檜の浴槽には31℃の弱アルカリ性のお湯が満たされ、入浴後は肌がすべすべに。露天風呂もある。11時〜20時。水曜休。☎0747-64-0800

　●マイカー利用なら、登山後に天川地区に立ち寄ってみよう。芸能の神様として知られるパワースポット・天河大弁財天社や、その近くに立ち寄り湯で高野槇の浴槽が自慢の天の川温泉センター（☎0747-63-0333）がある。

黒滝 ↑

大峰山に行場を開いた
修験道の祖・役行者
ゆかりの寺

山上ヶ岳歴史博物館

小泉川

洞川川

洞川温泉

コウモリノ窟

洞川エコミュージアム

延長150mの鍾乳洞
で、奈良県の文化財
に指定。(入洞有料)

龍泉寺 卍

洞川中 ⊗

面不動鍾乳洞

洞川八幡宮

洞川

山口屋(豆腐)

小屋商店本店
(豆腐)

ごろごろ水(名水百選)・山上ヶ岳 →

面不動鍾乳洞

奈良県

天川村

みたらい遊歩道

洞川温泉バス停 6

観光案内所

小屋商店温泉前店
(豆腐)

丸亀商店(豆腐)

旅館街

大峯山系の自然や
文化を紹介

P 洞川温泉センター

立ち寄り入浴施設

み
た
ら
い
遊
歩
道

山
上
川

1:00
0:55

金
山
谷

△1043.9

洞川浄水センター

みたらい遊歩道の閉鎖時は
車道を歩いて洞川温泉へ

798.2 △

遊歩道はほぼ
平坦な道が続く

観音峰展望台から

樹林の中の
展望のない山頂

法力峠

観音峰橋

みたらい遊歩道入口

観音峰まで
往復1時間

観音峰
△1348

みたらい遊歩道入口

虹峠

みたらい遊歩道入口

標高1285m。
大峰北部の
山々を一望

天川川合バス停 1

天川村総合案内所

川合

マイカー利用の
場合はここに駐車

観音峰登山口

観音の水

観音平のあずまや

5 観音峰展望台

急斜面

ふれあい直売所
小路の駅「てん」

ヴィレッジ
オアシス

中越

△896.4

虹トンネル

吊橋

川合の吊橋

沢谷

607.5 △

天川村役場

P

みのずみ
オートキャンプ場

天川小 ⊗

第一展望台

3 観音峰
登山口

南朝ロマンの道

1:10
0:55

0:30
0:35

0:35
0:25

観音平のあずまや

観音の岩屋

4 観音平

あずまや

橋や桟道を歩く

南角

309

北角

関電吊橋

み
た
ら
い
渓
谷

2 みたらい
渓谷入口

階段と吊橋

宮垣内神社

弁天淵橋

川迫川遊歩道

0:50

川迫川

みたらい滝

みたらい休憩所

P(有料)

P(有料)

八経ヶ岳

みたらい渓谷・観音峰

1:25,000
0 250 500m
1cm=250m
等高線は10mごと

N

▲桜に彩られる中千本。左奥は修験道の総本山として知られる金峯山寺蔵王堂

35 吉野山
よしのやま

世界遺産を示す標柱

世界遺産・吉野の地を満喫する入門コース

日本一の名所とされる桜や紅葉、金峯山寺をはじめとする世界遺産の寺社仏閣など、魅力満載の吉野山。日本屈指の観光スポットと同時に、ハイキングの名所でもある。道はよく整備され、道標も完備しているだけに、ビギナーに最適。ここでは下千本、中千本、上千本を経て奥千本の高城山に登って如意輪寺へ下る、吉野山核心部の周遊コースを歩く。ベストは桜の3月下旬〜4月中旬、アジサイの6月中旬〜7月上旬、紅葉の11月上旬〜下旬。下りの一部以外は足に負担のかかる舗装路だけに、靴はウォーキングシューズがいい。

アクセス情報

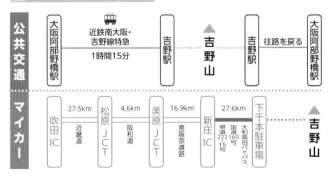

| 公共交通 | 大阪阿部野橋駅 | 近鉄南大阪・吉野線特急 1時間15分 | 吉野駅 | ▲吉野山 | 吉野駅 | 往路を戻る | 大阪阿部野橋駅 |

| マイカー | 吹田IC | 27.5km 近畿道 | 松原JCT | 4.6km 阪和道 | 美原JCT | 16.9km 南阪奈道路 | 新庄IC | 27.6km 大和高田バイパス、国道222号、169号、県道15号 | 下千本駐車場 | ▲吉野山 |

アクセスのヒント

公共交通の場合、「奈良世界遺産フリーきっぷ」が便利。3日間有効なので、翌日以降は山辺の道（P102）や高取山（P119）に行ってみよう。金峯山寺や如意輪寺などの拝観料の割引特典もある。マイカーは下千本、吉野神宮、如意輪寺など各所に駐車場があるが、桜のシーズンは満車になり渋滞もひどいので、橿原神宮駅から鉄道利用がいい。

●金峯山寺の先にある吉野山ビジターセンターは、桜や修験道など、吉野の歴史と自然をわかりやすく展示・解説している。立ち寄って知識を高めておけば、より散策の楽しみが増すだろう。入館有料。9時〜16時30分。観桜期は全日開館、5月〜11月不定休、12月〜3月休。☎0746-32-8371

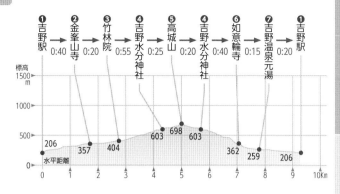

登山データ

標　　高	698m（高城山）
エリア	大和・吉野 奈良県
レベル	入門
整備度	★★★
難易度	★☆☆
歩行時間	3時間55分
歩行距離	9.2km
標高差	登り492m 下り492m

問合せ先
　吉野山観光協会☎0746-32-1007
　吉野山ビジターセンター☎0746-32-8371
　吉野大峯ケーブル自動車☎0746-39-0010
　吉野町スマイルバス☎0746-39-9070

❶吉野駅　0:40　❷金峯山寺　0:20　❸竹林院　0:55　❹吉野水分神社　0:25　❺高城山　0:20　❹吉野水分神社　0:40　❻如意輪寺　0:15　❼吉野温泉元湯　0:20　❶吉野駅

標高
1500m
1000
500
0

206　357　404　603　698　603　362　259　206

水平距離

0　1　2　3　4　5　6　7　8　9　10Km

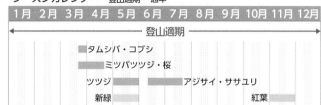

シーズンカレンダー　登山適期　通年

1月	2月	3月	4月	5月	6月	7月	8月	9月	10月	11月	12月
←――――――――――――――――――― 登山適期 ――――――――――――――――――→

■タムシバ・コブシ
■ミツバツツジ・桜
ツツジ　　　アジサイ・ササユリ
新緑　　　紅葉

荘厳な寺社仏閣や日本一の桜を眺め吉野名物と温泉も楽しむ贅沢なコース

❶吉野駅の改札を出ると、桜の花期なら約3万本といわれる、世界に類を見ない規模のヤマザクラが咲き誇る光景が視界に飛び込んでくる。古来より「千本桜」などと形容されてきた下千本桜である。

▲幣掛明神の御車返しの桜

駅前から右へ進んで千本口駅前を通り、第108代天皇・後水尾天皇ゆかりの御車返しの桜がある幣掛明神前に出る。夏はアジサイ、秋は紅葉に彩られる七曲坂を登り、金峯山寺への車道に入る。朱塗りの大橋を渡って吉野山駅、ついで総門となる黒門、銅の鳥居の前を通り抜ける。土産物店

▲金峯山寺総門（黒門）。修験道の入口だ

が立ち並ぶ坂道を上がると、世界遺産❷金峯山寺の仁王門下に出る。

金峯山寺の山門をくぐり、本堂で国宝の蔵王堂でお参りを済ませたらまっすぐ南へ抜け、宿坊・旅館街通りを勝手神社まで進む。神社には源義経の妻女・静御前の舞塚がある。

神社前の分岐で右の坂道に入る。途中喜蔵院や桜本坊の名刹や、土産物店、食事処が並び、たくさんの人で賑わう。吉野名物の柿の

●吉野では主要史跡を結ぶバスが運行されている。運行区間は吉野神宮から高城山先の奥千本口間で、途中金峯山寺や勝手神社、竹林院などに停車する。コース最高点の高城山にも停車するので、山歩きで疲れたり、天候急変時などに便利。☎0746-39-0010（吉野大峯ケーブル自動車）。上千本までは吉野町スマイルバスも運行。

▲吉野連山を見渡す高城山の展望台

▲秋の高城山遊歩道。吉野は紅葉の名所でもある

▲稚児松地蔵堂から如意輪寺への下り

葉すしの店も多いので、食べ比べてみたい。宿坊で知られる**❸竹林院**には千利久作の回遊式庭園・群芳園があるので見学していこう。

竹林院先の分岐を左へ、すぐ先の分岐を右へ進み、歌舞伎で知られる花矢倉へと車道を上がっていく。車道の上部には急坂の登りがあるが、桜の頃なら上千本の絶景が楽しめる。

吉野山を見渡す展望台がある花矢倉から、吉野山最奥の奥千本に入る。**❹吉野水分神社**を過ぎるとうっそうとした吉野杉の中の道になる。牛頭天王社跡を過ぎ、分岐を左へ進むと本コースの最高地点**❺高城山**に到着する。ここは1300年代に躑躅ヶ城があった場所

で、展望台からは吉野連山が一望できる。

展望を満喫したら車道を花矢倉下の如意輪寺への分岐まで戻り、尾根道へ入る。ここからしばらくは山道歩き。稚児松地蔵堂を過ぎ、桜林を下って車道へ。道を横断して下ると**❻如意輪寺**に着く。如意輪寺は後醍醐天皇の勅願寺で、桜材を使用した蔵王権現立像は国の重要文化財に指定されている。

如意輪寺の西山門から石段を下り、林道を右へ。谷沿いに緩く下ると**❼吉野温泉元湯**だ。予約が必要だが、立ち寄り入浴ができる。

泉湯橋を渡って広い車道を進み、右からバス道が合流すると**❶吉野駅**はもうすぐだ。

🏯 立ち寄りポイント

吉野温泉元湯

1300年の歴史を持ち、昔から修験者や文人墨客に愛され、「吉野の隠し湯」と呼ばれる。本来は料理旅館であるが、予約（当日可）をすれば日帰り入浴ができる。11時〜15時。無休（GW期間中の日帰り入浴はできない）。
☎0746-32-3061

🍡 味覚・おみやげ

吉野の味覚

花見といえば団子がつきもの。吉野は中千本を中心に茶店が並び、おいしい草餅や桜餅、葛餅、桜ようかんなど和スイーツが食べられる。甘いものが苦手な人は、吉野を代表する郷土料理の柿の葉すしや、つるつるした食感の葛うどんがおすすめ。☎0746-32-1007（吉野山観光協会）

🚶歩き足りない人は、高城山から大峰奥駈道をたどり、上部の青根ヶ峰（858m）まで足を伸ばそう（往復1時間30分）。途中には吉野山の地主神を祀る金峯神社や、歌人・西行ゆかりの西行庵跡などの見どころがある。

吉野山

1:25,000
1cm=250m
等高線は10mごと

吉野神宮駅・大阪阿部野橋駅

下千本

城山
419

1 吉野駅

吉野駅

吉野山

下千本口駅

常掛明神

吉野山観光車道

0:20
0:25

吉野山駅

旅館街

0:30

金峯山寺
仁王門前

総門黒門
銅の鳥居

泉湯橋

島崎藤村ゆかりの一軒宿。
立ち寄り入浴もできる(要予約)

船岡山
455

奈良県

吉野町

如意輪寺の西山門

411

438

御園

460.0

2 金峯山寺

蔵王堂

仁王門

吉野山
ビジターセンター

吉野水神社
358

7 吉野温泉元湯

林道を右へ

0:15
0:20

6 如意輪寺

如意輪寺

稚児松地蔵堂

東南院

サクラ

勝手神社前/中千本

0:15
0:20

土産物店や食事処が並ぶ

喜蔵院

西郷平園地

石段

0:40
0:30

235

558

近畿自然歩道

稚児松地蔵堂

3 竹林院

412
村上義隆墓

竹林院前

桜本坊

435.1

宗信法印
の墓

如意輪寺口
上千本口

上千本

0:45
0:55

石標

石段を下る

案内マップの看板

如意輪寺への分岐

道標

如意輪寺への分岐

443

雨飾観音堂跡
横川覚範の首塚

446

花矢倉

鷲尾神社

4 吉野水分神社

歌舞伎で知られる。展望台あり

子授けの神として信仰
を集める。世界遺産

516.9

570
岩倉

牛頭天王社跡

0:30
0:25

5 高城山
698

かつての躑躅ヶ城
跡で展望台がある

バス専用道

高城山遊歩道

紅葉がすばらしい

628

高城山展望台

高城山～青根ヶ峰間
登り50分、下り40分

吉野水分神社

奥千本口

修行門

吉野山の最高点
だが、樹林に囲
まれ展望はない

682

498.4

594

黒滝村

歌人・西行が3年ほど草庵
を結んだといわれる地

西行庵跡

金峯神社

奥千本

愛染宿跡

山上辻

青根ヶ峰
858

川上村

大天井ヶ岳・山上ヶ岳

大峯奥駈道

▲立ち枯れのトウヒが立つ正木ヶ原。東大台ヶ原を代表する景観だ

36 大台ヶ原山
（おおだいがはらやま）

シャクナゲの花期は
5月中旬〜下旬

台高山脈の主峰をなす日本百名山。登りやすさと豊かな自然が魅力

　奈良・三重県境にある山で、山頂だけなら40分ほどで登れることもあり、初心者でも登れる日本百名山として人気が高い。危険箇所はほぼないが、前半のシャクナゲ坂の登りがきついので、家族連れは起点の大台ヶ原駐車場から中道を経由して尾鷲辻に向かうショートカットコースがおすすめ。紹介コースはダイナミックな山岳風景が広がる東大台ヶ原のみだが、心・湯治館大台ヶ原で1泊して深い樹林が魅力の西大台ヶ原を組み合わせてもいい（P137「サブコース」参照）。日本屈指の降雨量のあるエリアだけに、雨具は必携。

🚌 アクセス情報

公共交通	大阪阿部野橋駅	近鉄南大阪線・吉野線特急 1時間11分	大和上市駅	奈良交通バス 1時間51分	大台ヶ原バス停	▲ 大台ヶ原山	大台ヶ原バス停	往路を戻る	大阪阿部野橋駅

マイカー	吹田IC	27.5km 近畿道	松原JCT	4.6km 阪和道	美原JCT	16.9km 南阪奈道路	新庄IC	76km 国道165号、国道169号、大和高田バイパス	大台ヶ原駐車場	▲ 大台ヶ原山

アクセスのヒント

　大台ヶ原へのバスの運行期間はドライブウェイが開通する4月下旬から11月下旬まで。平日が1日1便、土・日曜・祝日は2便（ともに9時台発）と少ないので、人数がまとまっているならタクシー利用も考慮したい。タクシーの場合は大和上市駅から約1時間30分・約1万5000円。バスの最終便は平日、土・日曜・祝日ともに15時30分。

登山データ

標　高	1695m（日出ヶ岳）
エリア	大和・吉野 奈良県・三重県
レベル	初級
整備度	★★☆
難易度	★★☆
歩行時間	4時間
歩行距離	7km
標高差	登り279m 下り121m

問合せ先
　上北山村役場☎07468-2-0001
　大台ヶ原ビジターセンター☎07468-3-0312
　奈良交通バス☎0742-20-3100
　奈良近鉄タクシー☎0746-32-2961

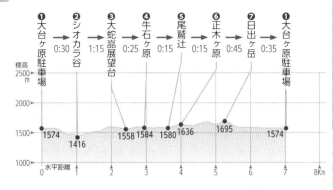

❶大台ヶ原駐車場　0:30　❷シオカラ谷　1:15　❸大蛇嵓展望台　0:25　❹牛石ヶ原　0:15　❺尾鷲辻　0:15　❻正木ヶ原　0:45　❼日出ヶ岳　0:35　❶大台ヶ原駐車場

標高2500m
2000
1500　1574　　　1558 1584　1580 1636　　　1695　　1574
1416
1000　水平距離
0　1　2　3　4　5　6　7　8Km

シーズンカレンダー　登山適期　5月〜11月

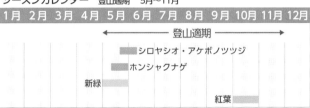

1月	2月	3月	4月	5月	6月	7月	8月	9月	10月	11月	12月
			◀			登山適期				▶	

シロヤシオ・アケボノツツジ
ホンシャクナゲ
新緑
紅葉

シャクナゲと一面の笹原、断崖からの絶景を満喫する周回

　バス停のある❶大台ヶ原駐車場が起終点。まずは駐車場南の、売店とトイレの間の道を抜けていく。トウヒやウラジロモミの針葉樹林の中に快適な道が続く。旧大台山の家を過ぎると道は下り始め、❷シオカラ谷に出る。水辺に降りて休憩していこう。ただし沢の水は飲めない。

▲シオカラ谷の吊橋を渡る

　シオカラ谷に架かる吊橋を渡ると、本コース最大の急斜面となるシャクナゲ坂の登りとなる。シャクナゲ坂はその名の通りホンシャクナゲの多い道で、花期となる5月中旬には道の両側が花で覆われる。

▲岩壁の先端に設けられた大蛇嵓の展望台

　シオカラ谷から1時間ほど登ると分岐に出る。絶景が広がる大蛇嵓への分岐で、右の道に進んで❸大蛇嵓展望台を往復してこよう。やや幅の狭い道が続くが、危険というほどではない。大蛇嵓は前方が深く切れ落ちた露岩で、正面に不動返しの岩頭や東ノ川の渓谷、その奥に大峰山脈と、大台ヶ原随一の絶景が広がっている。

　展望を楽しんだら分岐に戻り、右折すると

●登山口に宿泊施設の「心・湯治館大台ヶ原」が立つ。本館と新館があり、6〜8畳の個室と35人収容の相部屋がある。予約すれば、翌日の昼食用のお弁当も用意してもらえる（有料）。夕食は地場の食材を使用した和定食。温泉でこそないが入浴もできる（洗面用具類は要持参）。冬季休業。☎07468-2-0120

▲広々とした草原が広がる牛石ヶ原

▲日出ヶ岳へと続くボードウォークを行く

❹**牛石ヶ原**に入る。ここには魔物を封じ込めたという伝説を持つ牛石がある。

牛石ヶ原から少し下ると、あずまやのある❺**尾鷲辻**に出る。ここは大台ヶ原駐車場から延びてくる中道との合流点になっている。直進して登っていくと❻**正木ヶ原**に着くが、小さな丘で特徴的な場所ではない。正木ヶ原を過ぎ、下っていくと正面に白骨林と草原が見えてくる。下り切ったところからはボードウォークとなって日出ヶ岳まで続くので、ここからはとても歩きやすい。風景を楽しみながら正木嶺（峠）へと登っていく。昔はこのあたりも樹林だったそうだが、伊勢湾台風で

多くの木が倒れ、現在のようになったという。

正木嶺から下ると、展望デッキがある鞍部に出て、階段を登っていくと❼**日出ヶ岳**の山頂に出る。大台ヶ原山の最高点にふさわしく、設置された展望台からは尾鷲湾や大峰山脈をはじめ、360度の大展望が広がっている。運がよければ、秋の晴れた日の早朝には約275kmも離れた富士山が見えることもある。

下山は展望デッキのある鞍部に戻り、右折して舗装路を❶**大台ヶ原駐車場**へ向かう。なお、若干時間が多くかかるが、途中から右に曲がり、さまざまな苔が観察できる苔探勝路を経由して駐車場に下るのも楽しい。

▲休憩所を兼ねた日出ヶ岳山頂の展望台

▲心・湯治館大台ヶ原。温泉ではないが入浴ができる

●大台ヶ原山のある上北山村は奈良県南部の小さな村だが、奈良県のもうひとつの日本百名山である大峰山やたくさんの滝、上北山と小処のふたつの温泉、トチ餅やめざさ寿司などの特産品などがある。村内の民宿に宿泊して、観光と登山をセットで楽しむのもおすすめだ。☎07468-2-0001（上北山村役場）

西大台ヶ原周遊
距離：8.1km　時間：3時間50分　レベル：初級

　西大台ヶ原は1日の入山人数が決まっている利用調整地区。入山するには事前申請（3ヶ月前から・手数料1000円）が必要で、入山前に大台ヶ原ビジターセンターでレクチャーを受ける。申請は上北山村商工会☎07468-3-0070へ。一般的なコースは大台ヶ原駐車場から七ツ池湿地跡や開拓跡をたどり開拓分岐へ。別コースをたどり大台ヶ原駐車場へと戻る。

大台ヶ原ビジターセンター
　起点の大台ヶ原バス停そばにある施設で、ニホンジカやコケをはじめとする動植物や環境など、大台ヶ原の自然を紹介している。展示や映像を通じて学ぶことができるので、登山前の予習に最適だ。また、レンジャーやパークボランティアによる自然観察イベントも催しているので、参加して山の魅力を知りながら登るのもいいだろう。入館無料。9時〜17時（11月下旬〜4月下旬休館、営業期間中は無休。☎07468-3-0312

美しい苔

大台ヶ原山は鹿が多い

大台ヶ原山

1:30,000
250　　500m
1cm=300m
等高線は20mごと

N

▲戒長寺先の東海自然歩道から望む額井岳。均整な姿から「大和富士」と呼ばれている

37 額井岳・戒場山
ぬかいだけ・かいばやま

戒長寺のお葉付きイチョウ。
葉の上に実を結ぶ珍しいものだ

容姿端麗な「ふるさと富士」と万葉歌人伝説の地を行くハイキング

　奈良県宇陀市にある額井岳は、地元で「大和富士」と称される関西百名山の一峰。古刹・戒長寺や万葉の歌人・山部赤人の墓、山麓に広がる山里風景などの見どころもあり、ハイキングコースとして人気が高い。ここでは、その額井岳と北東にある戒場山の２山を歩く。一部に固定ロープが設置された急斜面の下りがあるが、全体的には悪天候でもなければ特に困難を伴うコースではないので、初級者でも問題なく歩ける。盛夏と降雪直後以外はいつでも登れるが、おすすめは田園風景や新緑が美しい初夏や、紅葉の10月下旬頃。

アクセス情報

| 公共交通 | 大阪上本町駅 | 近鉄大阪線急行 54分 | 榛原駅 | 奈良交通バス 8分 | 天満台東二丁目バス停 | ▲額井岳・戒場山 | 天満台東三丁目バス停 | 奈良交通バス 11分 | 榛原駅 | 往路を戻る | 大阪上本町駅 |

| マイカー | 吹田IC | 近畿道 27.5km | 松原JCT | 西名阪道 27.2km | 天理IC | 名阪国道 16km | 針IC | 国道369号ほか 11.6km | 榛原駅 | | ▲額井岳・戒場山 |

アクセスのヒント

　榛原駅は特急の一部を除き、全列車が停車する。入下山口へのバスは、日中は1時間に2本の運行。体力に余裕があれば、下山後は直接榛原駅まで歩いてもいいだろう（1時間）。マイカーの場合、十八神社の手前に駐車スペースがあるが、駐車できる台数が2～3台程度だけに、榛原駅周辺の駐車場に車を停めてバスでアクセスする方が確実。

登山データ

標　高	812m（額井岳） 737m（戒場山）
エリア	室生・鈴鹿 奈良県
レベル	初級
整備度	★★☆
難易度	★★☆
歩行時間	3時間50分
歩行距離	7.8km
標高差	登り455m 下り479m

問合せ先
宇陀市役所
☎0745-82-8000
奈良交通バス
☎0742-20-3100

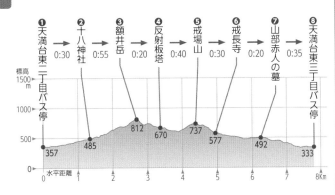

❶天満台東三丁目バス停 → 0:30 → ❷十八神社 → 0:55 → ❸額井岳 → 0:20 → ❹反射板鉄塔 → 0:40 → ❺戒場山 → 0:30 → ❻戒長寺 → 0:20 → ❼山部赤人の墓 → 0:35 → ❽天満台東三丁目バス停

357　485　812　670　737　577　492　333

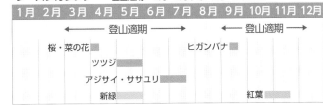

シーズンカレンダー　登山適期　3月〜7月中旬、9月〜12月上旬

1月	2月	3月	4月	5月	6月	7月	8月	9月	10月	11月	12月

←―――登山適期―――→　　　←――登山適期――→

桜・菜の花　　　ヒガンバナ
ツツジ
アジサイ・ササユリ
新緑　　　　紅葉

棚田が広がる山麓の景観を楽しみ
ふたつのピークを縦走する

❶天満台東二丁目バス停からバス通りの道を100mほど戻り、トリムコースの看板のある交差点を右へ。この先、目指す額井岳への登りは分岐が多いが、要所に「額井岳」の道標があるので、それを目印に進んでいこう。

車道を北へ向かい、団地の外れで右の道へ入る。額

▲広域農道への登り

井公民館を左に見て緩く登っていくと広域農道に出る。車に注意して横断し、左上に延びる道へ。緩く登っていくと東海自然歩道の車道に出て、左に進むと❷十八神社が立っている。右の石段を登って境内に入り、登山の安

▲十八神社の入口。額井岳へは左方向へ

全をお願いしていこう。

鳥居前の道まで戻って右へ進み、山道へ入る。コース唯一の水場を過ぎると林道に出て左へ。すぐに「額井岳」への道標が立つ分岐に出る。ここから上へ延びる山道を登り、額井岳南西尾根の峠へ向かう。途中、振り返ると室生ダム方面を垣間見る場所がある。

額井岳南西尾根の峠からの急登で❸額井岳に着く。あずまやの立つ山頂は西から南に木

●額井岳の北西山麓、吐山（はやま）南口バス停（奈良交通）の南にスズラン自生地がある。日本のスズランの南限で、天然記念物に指定されている。花の見頃は5月初旬〜中旬にかけて。☎0745-82-2457（宇陀市観光協会）

▲登路は要所に「額井岳」の道標が立つ

▲あずまやと龍王を祀る祠がある額井岳山頂

▲戒長寺下の東海自然歩道から戒場山を望む

の間越しにわずかな展望が得られる。

　ひと息入れたら、次のピーク戒場山へと向かう。急坂をスリップに注意しながら下り、小さなコブをふたつ越えると**④反射板塔**がある。ここからロープのある斜面を下ると戒場峠だ。峠を直進し、高度差150mの急斜面を登り返すと15分ほどで**⑤戒場山**に着くが、山頂は桧の植林に囲まれ、展望は利かない。

　戒場山から尾根を下り、道標のある分岐を右へ。沢沿いに下ると**⑥戒長寺**裏の駐車場に出る。聖徳太子が建立し、空海が修行したと伝えられる戒長寺の境内には、奈良県の天然記念物であるお葉付きイチョウと朴の巨木が

あり、初夏の新緑、秋の紅葉が美しい。

　山門を出ると、秋なら石段の両側をヒガンバナが飾っているだろう。山門下の東海自然歩道を右へ進む。棚田のある山村風景が広がる道を行くと、あずまやに出る。振り返れば、戒長寺が戒場山の山懐に抱かれ、南画のような風景となって望まれる。

　あずまやから**⑦山部赤人の墓**と伝えられる墓石の前を下り、山畑の道をたどって広域農道を左前方へ横断し、さらに下ると国道165号との分岐に出る。右に進み狭い車道を歩いて天満台団地の大通りに出たら、**⑧天満台東三丁目バス停**はもうすぐだ。

▲戒場峠から樹林の道を戒場山へ登っていく

▲樹林の中の戒場山山頂

▲山部赤人の墓

●時間に余裕がなく戒場山に登らない場合は、戒場峠から右手の道に入り、直接東海自然歩道に出るといい（反射板塔～山部赤人の墓間50分）。峠からの歩き始めはやや荒れた急な下りなので、転倒やスリップに注意しよう。

🏠 立ち寄りポイント

保養センター美榛苑（みはるえん）

額井岳南方、宇陀市榛原福地地区の高台にある温泉宿泊施設で、立ち寄り入浴も受け付けている。榛原駅への無料送迎バスが運行されているので、下山後の利用に都合がいい。露天風呂こそないが、「たまご肌美人の湯」と称されるナトリウム炭酸水素塩泉が満たされた大浴場からは額井岳が見える。効能は関節痛・うちみ・疲労回復など。食事の利用もできる。10時〜20時。無休。☎0745-82-1126

🏠 立ち寄りポイント

榛原の町並み

額井岳のお膝元である榛原町（宇陀市榛原）は、大和と伊勢を結ぶ交通の要衝で、かつては伊勢参宮への参宮客で賑わいをみせた町。数は少なくなりつつあるが、宇陀市の指定文化財で、国学者・本居宣長が宿泊した旧旅籠の「あぶらや」をはじめ、道標、常夜灯（伊勢灯籠）など、駅の周辺に今も宿場町らしい町並みが残っている。下山後にそのまま歩いて見学していくのもいいだろう。☎0745-82-2457（宇陀市観光協会）

額井岳・戒場山

1:25,000
250　　500m
1cm=250m
等高線は10mごと

南西尾根への峠に立つ道標

玉立橋バス停〜十八神社間 徒歩40分

榛原からの額井岳の全容

奈良県
宇陀市

▲その昔には切手の絵柄にもなった荷担滝。大きな滝壺を擁する二条一流の堂々とした滝だ

38 赤目四十八滝
（あかめ しじゅうはちたき）

赤目四十八滝の名前の
由来となった赤目の牛の像

個性的な滝や淵が連続する渓谷美と四季折々の景観

赤目四十八滝は室生火山群の北端を流れる丈六川（別名滝川）の上流にある名勝で、不動滝や布曳滝をはじめとする大小50もの滝や淵が美しい渓谷の約4kmにわたって続き、「日本の滝100選」に選ばれている。紅葉の名所としても知られ、最盛期である11月の16～19時はライトアップされる。渓谷沿いの散策路はコンクリートで舗装され、危険箇所には手すりが取り付けられるなど、道はよく整備されている。ただしコースの後半部は苔がついて滑りやすい舗装道を歩くので、トレッキングシューズで臨もう。

🚗 アクセス情報

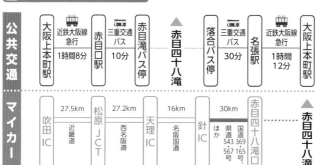

公共交通	大阪上本町駅	近鉄大阪線急行 1時間8分	赤目口駅	三重交通バス 10分	赤目滝バス停	▲赤目四十八滝	落合バス停	三重交通バス 30分	名張駅	近鉄大阪線急行 1時間12分	大阪上本町駅
マイカー	吹田IC	27.5km 近畿道	松原JCT	27.2km 西名阪道	天理IC	16km 名阪国道	針IC	30km ほか 国道369号、165号、県道543号、567号	赤目四十八滝口		▲赤目四十八滝

アクセスのヒント

赤目口駅発のバスは平日は便数が少ない。下山地の落合バス停からのバスは、午後は14時台と17時台の2本（秋の土・日曜・祝日は4本）なので、行動時間を調整して歩く必要がある。バスの待ち時間があるなら車道を北上し、香落渓まで足を延ばしてみよう。マイカーは赤目渓谷入口付近の駐車場（有料）を利用し、岩窟滝か出合茶屋跡で引き返す。

●公共交通で赤目四十八滝へ行くなら、近鉄の「赤目四十八滝 渓谷の自然探勝きっぷ」（4月1日～12月1日有効）がおすすめ。鉄道とバスの往復乗車券や入山チケット引換券、赤目温泉の入浴割引券などがセットになっている。
☎050-3536-3957（近鉄電車テレフォンセンター）

👟 登山データ

標　高	620m（コース最高点）
エリア	室生・鈴鹿 奈良県
レベル	初級
整備度	★★☆
難易度	★☆☆
歩行時間	2時間50分
歩行距離	7.5km
標高差	登り317m 下り282m

問合せ先
赤目四十八滝渓谷保勝会
☎0595-63-3004
名張市観光協会☎0595-63-9148
三重交通バス☎0595-66-3715

❶赤目滝バス停 → 0:10 → ❷日本サンショウウオセンター → 0:25 → ❸百畳岩 → 0:40 → ❹岩窟滝 → 0:30 → ❺出合茶屋跡 → 0:05 → ❻落合分岐 → 0:40 → ❼展望台跡 → 0:20 → ❽落合バス停

303 304　419　495　528 525　480　338

シーズンカレンダー　登山適期　3月〜11月

1月	2月	3月	4月	5月	6月	7月	8月	9月	10月	11月	12月

← 登山適期 →
椿
桜
ヤマアジサイ
新緑　紅葉

赤目五瀑をはじめ大小50の滝を眺め苔むした山道をたどって香落渓へ

　近鉄大阪線赤目口駅からバスで終点の❶**赤目滝バス停**まで行く。

　土産物店の並ぶ通りをまっすぐ進み、赤目四十八滝のゲートをくぐる。左にあるキップ売り場で入山料（渓谷の環境保全費、日本サンショウウオセンターなどの入場料込み）を払ったら❷**日本**

▲土産物店が並ぶ四十八滝入口

▲岩窟滝までは渓谷沿いのよく整備された遊歩道が続く

サンショウウオセンターの中を通って、渓谷沿いの散策路へ出る。

　最初に現れる行者滝を右に見て、一度流れを渡り返すと、乙女滝の先で右上から大日谷が入る。トイレとあずまやがある八畳岩を過

ぎると最初の見どころとなる。千手滝、布曳滝、竜ヶ壷を経て斧ヶ淵へと進む。いったん平流となり、右上に縋藤滝を仰ぐ。陰陽滝、霧降滝、釜ヶ淵などを眺めながら進み、❸**百畳岩**の下を抜けると七色岩前の茶店が立つ。

　茶店前の橋を渡り、七色岩の前を通って姉妹滝を正面に見ると再び滝が連続して現れ、この谷の重鎮で切手の絵柄にもなった荷担滝の前に出る。明るく開けた谷はさらに小滝が

●コース中にある日本サンショウウオセンターでは国内外約10種・50匹のサンショウウオを飼育・展示。見ものは特別天然記念物のオオサンショウウオで、個性的な姿や生態をじっくり観察できる。入場有料。8時30分（冬季は9時）〜 17時（冬季は16時30分）。冬季の木曜・12月28日〜 31日休。☎0595-63-3004

続き、琵琶滝あたりから山道となって❹岩窟滝（がんくつ・たき）前の広場に出る。岩窟滝から右に人工池を見て、水量の少なくなった渓流沿いの小道を行くと❺出合茶屋跡（であいちゃやあと）がある柏原今井林道に上り着く（名張駅へのバスは廃止された）。林道を右へ5分ほど進み、❻落合分岐（おちあいぶんき）で左の赤目・香落渓ハイキングコースに入る。

しばらく舗装林道の登りが続くが、やがて登山道に変わる。階段道を登り、尾根を絡むように下ると❼展望台跡（てんぼうだいあと）がある。この先は苔むす滑りやすい下りや、露岩と転石の道が続く。小沢を横切り、尾根を巻くと古い山抜け跡に出る。ここからの道はセメントで固められてこそいるが、外傾し、苔がついて滑りやすい。平坦で広い伐採跡を経て下っていくと、左に「落合バス停へ」の道標がある。

あとは左の山道を下れば、トイレと茶店がある❽落合バス停（おちあいバスてい）に着く。

▲小笹峠へと続く苔むした石段の道

立ち寄りポイント

青蓮寺湖

　落合バス停から名張駅へ向かう途中にある多目的ダム湖で、周辺には桜、藤、ツツジが多く、新緑、紅葉と四季を通じて美しい景色が楽しめる。キャンプやハイキングなどのアウトドアスポットとして人気があり、イチゴ狩りやブドウ狩りも体験できる。湖畔には香落渓温泉があり、青蓮寺レークホテルでは15時までだが立ち寄り入浴（無休）ができる。
☎0595-63-7000（青蓮寺湖観光村ぶどう組合）

▲ヤマザクラが満開の屏風岩公苑。奥の屏風岩は柱状節理の岩肌を連ね、国の天然記念物になっている

39 住塚山・国見山
（すみづかやま・くにみやま）

住塚山に咲いていた
ナンバンキセル

1000m級のふたつの山と滝が懸かる渓流の道を行く

　奈良県曽爾村にある関西百名山のひとつ住塚山と、その北面の国見山。ともに標高1000mを超え、スケール感は十分。ヤマザクラの名所の屏風岩公苑をベースに2山を縦走し、いくつもの滝が懸かる散策路を下る、変化のあるコースを行く。登山道は、屏風岩の一ノ峰鞍部までの急坂と、国見山への露岩の急坂と狭い尾根を除けば大半が緩やかな道だ。危険箇所には固定ロープや鉄柵、手すりが設置されており、慎重に行動すれば問題はない。近くに日本三百名山の倶留尊山（P148）があるので、山麓に1泊して両方登ってもいい。

🚗 アクセス情報

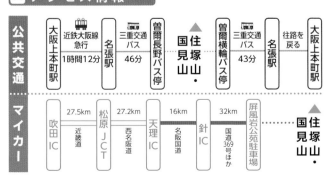

公共交通	大阪上本町駅	近鉄大阪線急行 1時間12分	名張駅	三重交通バス 46分	曽爾長野バス停	▲住塚山・国見山	曽爾横輪バス停	三重交通バス 43分

名張駅	往路を戻る	大阪上本町駅

マイカー	吹田IC	27.5km 近畿道	松原JCT	27.2km 西名阪道	天理IC	16km 名阪国道	針IC	32km 国道369号ほか	屏風岩公苑駐車場	▲住塚山・国見山

アクセスのヒント

　終点の曽爾横輪バス停から名張駅へのバスは2～3時間に1本の運行で、最終は17時頃。マイカーの場合、屏風岩公苑に駐車場（春と秋は有料）がある。下山路途中の済浄坊渓谷入口から林道をそのまま進み、屏風岩公苑駐車場に戻る周回コースがいいだろう（所要45分）。駐車場は桜のベストシーズンには午前10時までに満車のこともある。

●起点の曽爾長野バス停へは上記の三重交通バスのほか、便数こそ少ないが近鉄大阪線榛原駅から奥宇陀わくわくバス（約50分）も運行されている。下山地の曽爾横輪バス停は通らないため、徒歩5分強の曽爾村役場バス停から乗車して榛原駅に向かう。☎0742-20-3100（奈良交通バス）

🥾 登山データ

標高	1009m（住塚山）
	1016m（国見山）
エリア	室生・鈴鹿
	奈良県
レベル	初級
整備度	★★☆
難易度	★★☆
歩行時間	4時間30分
歩行距離	11.4km
標高差	登り594m
	下り598m

問合せ先
曽爾村観光協会
☎0745-94-2106
三重交通バス
☎0595-66-3715

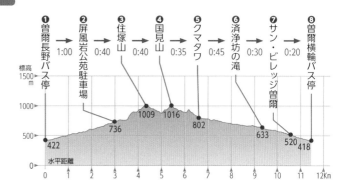

❶曽爾長野バス停 → 1:00 → ❷屏風岩公苑駐車場 → 0:40 → ❸住塚山 → 0:40 → ❹国見山 → 0:35 → ❺クマタワ → 0:45 → ❻済浄坊の滝 → 0:30 → ❼サン・ビレッジ曽爾 → 0:20 → ❽曽爾横輪バス停

標高1500m

736　1009　1016　802　633　520　418
422　水平距離

0　1　2　3　4　5　6　7　8　9　10　11　12Km

シーズンカレンダー　登山適期　3月下旬〜12月上旬

1月	2月	3月	4月	5月	6月	7月	8月	9月	10月	11月	12月
		←			登山適期					→	

■マンサク・コブシ・タムシバ
■ヤマザクラ・ミツバツツジ
ツツジ・藤 ■　　　　　　　　　　紅葉 ▨
新緑 ▨　　　▨ ササユリ・ヤマアジサイ

天然記念物の屏風岩から好展望の山頂へ
下山は渓流と滝の散策路を行く

❶曽爾長野バス停で下車すると、これから向かう屏風岩の5つの峰を連ねる姿が眺められる。小学校横を流れるこも川沿いに小道を行き、要所にある道標を頼りに進む。

山畑の中を大きく蛇行して登っていくとやがて植林の中の道になり、クマタワと屏風岩公苑の分岐に出

▲ベンチのある国見山山頂

る。分岐を左に進み、若宮神社を右上に見ると❷屏風岩公苑駐車場に着く。4月中旬には、満開のヤマザクラが迎えてくれるだろう。

駐車場から林道を西へまっすぐ進む。そびえ立つ柱状節理（岩にできた五角形や六角形

▲国見山山頂からの古光山や倶留尊山方面

の柱状の割れ目）の障壁を連ねる屏風岩を眺め、公苑を抜けると住塚山への道を示す道標がある。ここから山道になり、杉植林の急斜面をジグザグに登る。一ノ峰鞍部からはツツジの茂る山腹から尾根に出て、緩やかに登ると❸住塚山に着く。ひと息入れたら、北面のゼニヤタワへ下る。

タワからは急な露岩の登りになる。フィックスロープを利用し、足元を確かめてゆっく

●下山地となる曽爾横輪バス停近くの辻商店では、山芋まんじゅうや、隣の門僕神社の銀杏を餡に使用したぎんなん最中など、手作りの和菓子が購入できる。登山で疲れた体を甘いお菓子で満たそう。9時〜17時。水曜休。☎0745-94-2526

り登ろう。やがて周囲が明るくなると植生が自然林に変わり、稜線に出る。ここからも露岩のヤセ尾根なので、慎重に足を運ぼう。尾根の幅が広くなると石仏が残る**❹国見山**に登り着く。山頂からの展望はほぼ360度。曽爾高原をはじめ曽爾・室生の山々が一望できる。

展望を満喫したら、山頂をあとに松ノ山を目指す。潅木帯の尾根道は階段状の下りになって鞍部へと続き、登り返すと松ノ山だ。再び階段の道を下って**❺クマタワ**へ向かう。

クマタワから右へ進み、済浄坊渓谷入口まで林道を歩く。渓谷入口で沢沿いの道へ入り、**❻済浄坊の滝**、小滝、滑滝を見ながら進む。やがて沢を離れ、目無橋に着く。橋を渡り、左に長走りの滝を見ながら下ると**❼サン・ビレッジ曽爾**の入口だ。左にある道標に従い、建物の東側から下っていく。狭い階段道を下ると舗装路と合流し、**❽曽爾横輪バス停**に出る。

▲「奈良県やまとの水100選」の済浄坊の滝

📷 立ち寄りポイント

サン・ビレッジ曽爾

住塚山東麓にある通年営業のオートキャンプ場。テントサイト以外に設備が充実したバンガローやコテージもあるので、キャンプ用具を持っていない人でも大丈夫だ（食材は販売していない）。木製の遊具もあるので、ファミリー連れにおすすめ。ここを拠点に、1泊2日で曽爾の山を歩くのもいいだろう。人気のキャンプ場だけに、早めに予約をしておきたい（3ヶ月前から可）。☎0745-94-2619

国見山手前は露岩を登っていく

住塚山山頂

住塚山・国見山

1:50,000
0　　　500　　　1km
1cm=500m
等高線は20mごと
N

▲二本ボソへの登りからの曽爾高原の眺め。中央がお亀池、左が亀山。奥の山は古光山

40 曽爾高原・倶留尊山
（そにこうげん・くろそやま）

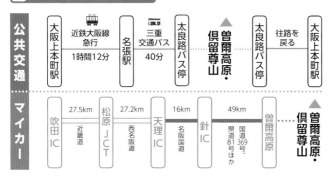

ススキは曽爾高原のシンボル

一面のススキの原が広がる爽快な高原と日本三百名山をセットで歩く

奈良県曽爾村と三重県津市美杉の境にある、室生火山群の主峰・倶留尊山。そして南麓の曽爾高原は、関西を代表するススキ草原のひとつで、草原性の花が数多く見られる。そのツートップをセットで歩く周回コースを紹介する。危険箇所はほとんどないが、倶留尊山直下の急斜面はファミリーやビギナーには少しきつい。曽爾高原周回のみか、二本ボソで引き返そう。それでも山域の魅力は十分楽しめる。通年登れるが、5月の新緑と10月下旬のススキの頃がベスト。高原内は日陰がないので、盛夏の登山の際は帽子を忘れずに。

🚗 アクセス情報

公共交通	大阪上本町駅	🚃近鉄大阪線急行 1時間12分	名張駅	🚌三重交通バス 40分	太良路バス停	▲曽爾高原・倶留尊山	太良路バス停	往路を戻る	大阪上本町駅

マイカー	吹田IC	27.5km 近畿道	松原JCT	27.2km 西名阪道	天理IC	16km 名阪国道	針IC	49km 国道369号、県道81号ほか	曽爾高原	▲曽爾高原・倶留尊山

アクセスのヒント

太良路発の最終バスは17時6分。ススキシーズン（10月1日〜11月30日）には名張駅から曽爾高原への直通バス（約50分・1日1〜2便）が運行される。タクシーやマイカーの場合は高原入口まで入ることができるので、往復1時間半ほど時間が短縮できる。秋のススキのライトアップを見る場合は、時間の都合上マイカー利用が前提。

👟 登山データ

標　　高	1037m
エ リ ア	室生・鈴鹿 奈良県・三重県
レ ベ ル	初級
整備度	★★☆
難易度	★★☆
歩行時間	4時間10分
歩行距離	10.5km
標高差	登り652m 下り652m

問合せ先
　曽爾村観光協会
　☎0745-94-2106
　三重交通バス
　☎0595-66-3715

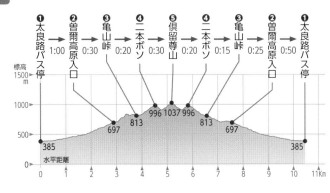

❶太良路バス停 →1:00→ ❷曽爾高原入口 →0:30→ ❸亀山峠 →0:20→ ❹二本ボソ →0:30→ ❺倶留尊山 →0:20→ ❹二本ボソ →0:15→ ❸亀山峠 →0:25→ ❷曽爾高原入口 →0:50→ ❶太良路バス停

標高 1500m / 1000 / 500 / 0　水平距離

385 / 697 / 813 / 996 / 1037 / 996 / 813 / 697 / 385

0 1 2 3 4 5 6 7 8 9 10 11Km

シーズンカレンダー　登山適期　3月〜12月

1月	2月	3月	4月	5月	6月	7月	8月	9月	10月	11月	12月
					登山適期						
		シャクナゲ									
		アザミ						紅葉			
					クルマユリ						
		新緑						ススキ			

高原散策と絶景の稜線歩き
下山後は食事と温泉を楽しもう

　バス利用の場合、ススキのシーズンには曽爾高原までバスが運行されているが、その他の季節は西麓の太良路（たろじ）から歩くことになる。

　❶太良路（たろじ）バス停（てい）の南にある橋を渡り、曽爾高原への舗装路を登っていく。途中には日帰り入浴施設の曽爾高原温泉お亀の湯などが揃う曽爾高原ファーム

▲曽爾高原・すすきの館

ガーデンがあるが、先が長いので帰路に立ち寄ることにしよう。

　東海自然歩道の道標に従って舗装路をショートカットして進んでいくと、❷曽爾高原入口（げんいりぐち）にたどり着く。高原に入ると、目の前に

▲すり鉢状のススキの原が広がる曽爾高原

はすり鉢状のススキの草原が広がっている。

　高原散策は下山時に楽しむことにして、ここではすぐ右にある亀山への道に入る。樹林を抜けると、高原の縁を巡るように登山道がつけられている。左手に草原を見下ろしながらやや急な斜面を登っていくと、最高点の亀山に着く。特に山名板などはないが、南を向けば古光山（ここうやま）、西に向けば屏風岩から住塚山、鎧岳（よろいだけ）など、室生火山群の荒々しい山々の景観

●曽爾高原では、ススキの見頃となる9月中旬から11月下旬にかけてライトアップ（日没頃〜21時）が行われる。
また、高原の春を告げる3月の山焼きも圧巻。☎0745-94-2106（曽爾村観光協会）

149

▲曽爾高原からは住塚山や国見山など曽爾の山々が見渡せる

▲倶留尊山直下はロープのある急斜面

▲倶留尊山山頂。展望は西側のみ

が広がっている。ここで早めのランチタイムにしてもいいだろう。

亀山から北へ下り着いたところが**③亀山峠**だ。東海自然歩道の奈良・三重の県境地点となっていて、左は下山で利用する曽爾高原からの道が、右からは中太郎生バス停からの道が延びている（P151「サブコース」参照）。

目指す倶留尊山へは北へ向かう。高度を上げるにつれ眺望がよくなるが、やがて樹林帯に入り、展望はほとんどなくなる。入山料徴収小屋で500円を支払って、**④二本ボソ**の山頂に立つ。正面には目指す倶留尊山がそびえ、その東に尼ヶ岳、真東には大洞山が横たわっている。右手の断崖の上にあるイワシの

曽爾高原・倶留尊山

1:25,000
0　250　500m
1cm=250m
等高線は10mごと
N

名張駅・国道165号

槻ノ木橋バス停

奈良県
曽爾村

倶留尊山荘
•801

倶留尊大権現
十の場峠分岐

二本ボソからの倶留尊山

布浦

伊賀見

中村

•508

十の場峠

•643

•482

国立曽爾
青少年自然の家
なかよしホール

秋のススキの
シーズンのみ運行

鎧岳
▲894

屏風岩・兜岩および鎧岩

太良路バス停

新宅本店前

太良路バス停 ❶

•390

青蓮寺

下小場

極楽寺

太良路

東海自然歩道

長峰寺

葛

中小場

相輪

•508

1:00
0:50

曽爾
高原
ファームガーデン

（入浴施設）
お亀の湯

峠tawa
キャンプ場

曽爾
高原

728

曽爾
高原

0:35

•550

曽爾高原の水
販売所

曽爾高原の
水

曽爾高原入口 ❷

•555

麦の館

すすきの館

マイカーやタクシーの
場合はここから歩く
（駐車場は有料）

0:25

お亀

亀

曽爾村役場

民宿2・7

•450

長尾峠・古光山

口からは、眼下に池の平高原が見下ろせる。

二本ボソから急な斜面を下り、シャクナゲの茂る鞍部（ケヤキ谷のコル）から倶留尊山へ向けて登っていく。この登りは岩の混じった急斜面で、ロープがつけられた箇所もある。

登り着いたところが小さな広場となっている**⑤倶留尊山（くろそやま）**で、西側の展望が開けている。

下山は来た道を戻り、**③亀山峠（かめやまとうげ）**から右へ入って曽爾高原へと下る。湿性植物の宝庫であるお亀池周辺散策などゆったりとした時間を過ごしたあとは**②曽爾高原入口（そにこうげんいりぐち）**から往路をたどり、曽爾高原ファームガーデンへ。お亀の湯で汗を流したり、すすきの館でお土産を買っていこう。ただし、満喫し過ぎて**①太良路（たろじ）バス停**発の最終バスに乗り遅れないように気をつけたい。

🧭 サブコース

三重県側から倶留尊山へ

距離：8.6km　時間：3時間55分　レベル：初級

東面の三重県側にある中太郎生（なかたろう）バス停を起点として、周回コースを取ることもできる。中太郎生から北西の西浦峠を経由して山頂へ。紹介コースで亀山峠に下り、東海自然歩道をたどって中太郎生バス停に戻る。バス停近くの「たろっと三国屋」（☎059-273-0001）で宿泊できるので、前泊して登るのもいいだろう。

📷 立ち寄りポイント

曽爾高原ファームガーデン

曽爾高原ビールが飲める麦の館をはじめ、曽爾特産のトマトなどを使った料理が味わえるすすきの館、人気の立ち寄り入浴施設のお亀の湯（写真）など施設が充実。11時〜21時（冬期短縮）。水曜休（祝日の場合翌日）。☎0745-98-2615（データはお亀の湯）

東面の池の平から

▲草地が広がる円山草原からは伊賀盆地から伊勢の山々まで見渡せる

41 青山高原
あおやまこうげん

風車は青山高原を代表する
景観のひとつ

「関西の軽井沢」と称される爽快な大草原からの展望を満喫

青山高原は三重県津市から伊賀市の南北約10kmにわたる大きな高原で、山上からは伊賀、鈴鹿山系、伊勢湾を見渡す大展望が広がる。西青山駅からコース最高点の髻山、名瀑・布引滝を巡って東青山駅へ抜けるコースの人気が高いが、マイカーの場合は駐車場のある東青山駅側を起点とする周回としてもいい。紹介コースは歩行距離がやや長いが、道はほぼよく整備され道標も要所にあり、ビギナーやファミリーでも楽しめる。冬季は下山路を中心に凍結することもあるので、山頂部から往路を引き返すことも考慮したい。

🚗 アクセス情報

公共交通	大阪上本町駅	🚃 近鉄大阪線急行 1時間40分	西青山駅	▲ 青山高原	東青山駅	🚃 近鉄大阪線急行 1時間45分	大阪上本町駅
マイカー	吹田IC	27.5km 近畿道	松原JCT	27.2km 西名阪道	天理IC	24.7km 名阪国道	上野東IC	30.6km ほか 国道422・165号	東青山四季のさと	⋯ ▲ 青山高原

アクセスのヒント

西青山駅、東青山駅ともに快速急行以上は停車しない。マイカーの場合、起点の西青山駅周辺に駐車場がなく、下山地側の東青山四季のさとに駐車し（有料）、鉄道で西青山駅へ向かう。東青山四季のさとの駐車場は休園日となる水・木曜（GW・祝日除く）は駐車できない。また、利用時間は9時〜16時30分頃なので遅れないこと。

●マイカー登山の場合は東青山四季のさとに駐車し、直接髻山に登る周回コースを取るのもいいだろう。東青山四季のさとの駐車場から林道を歩いて滝見展望台へ。滝谷川を渡って東海自然歩道に入り、道標に従って登っていくと髻山に着く（東青山四季のさとから2時間20分）。あとは紹介コースで下山しよう。

登山データ

標　高	756m（髻山）
エリア	室生・鈴鹿 三重県
レベル	初級
整備度	★★☆
難易度	★★☆
歩行時間	4時間45分
歩行距離	13.4km
標高差	登り446m 下り612m

問合せ先
青山観光振興会
☎0595-52-5202
津市観光協会
☎059-246-9020

❶西青山駅 → ❷歩道橋 → ❸サニーヴィラ石碑 → ❹髻山 → ❺あせびの丘 → ❻滝見展望台 → ❼トンネル口 → ❽東青山駅

0:30　0:50　1:00　0:35　0:45　0:30　0:35

標高
1500m
1000
500

310　424　567　756　676　351　228　144
水平距離

0　1　2　3　4　5　6　7　8　9　10　11　12　13　14Km

シーズンカレンダー　登山適期　通年

1月	2月	3月	4月	5月	6月	7月	8月	9月	10月	11月	12月
						登山適期					

マンサク
桜
ツツジ
新緑　　アジサイ　　紅葉

四方さえぎるものない大展望の
高原散策と三段に落ちる名瀑へ

❶西青山駅を出たらすぐ右の階段を登り、桜並木の道を東へ向かう。乗馬クラブ（クレイン三重）前で左折して橋を渡り、国道165号沿いの歩道を進む。国道に架かる❷歩道橋を渡って自然歩道へ入る。樹林に延びる舗装路を登っていくと転石の多い道になり、売店跡を右に進むと青山高原道路に出る。

▲515段の長い階段登り

青山高原道路をくぐって別荘地（サニーヴィラ）に入るとまもなく❸サニーヴィラ石碑の前に出る。別荘地の中の車道を道標に従って登っていくと、

▲あせびの丘からスリップに注意しながら滝見展望台へ

515段もの階段道が現れる。ようやく登り切って青山高原道路近くの峠へ出たら、さらに登ってログハウス風の建物がある広場まで行く。広場から坂道を上がると、コース最高点の❹髻山に着く。明るく開けた山頂で、日本三百名山の高見山や曽爾の山々、伊勢平野に鈴鹿山脈などの大展望が広がっている。

展望のよい散策路を円山草原へ向かう。アセビ、ツツジの多い道が草原状になると円山

●髻山山頂にログハウス調のカフェ「WINDY HILL」があり、コーヒーを飲みながら、景色も楽しめる。食事もできるのでランチに利用していこう。11時〜17時。不定休。☎0595-52-3311

草原だ。あずまやがあり、髻山同様にすばらしい景観が楽しめる。円山草原から進むと、フィールドアスレチックの分岐があり、右へ進むと4月にはアセビの花で覆われる**❺あせびの丘**に出る。すぐ先の左にはつつじの丘もあるので、花期の5月なら足を延ばそう。

あせびの丘からコース後半のハイライト・布引滝へは植林と自然林の尾根道を下るが、

下り始めからしばらくは急斜面が続くので注意したい。やがて林道に出て5〜6分下ると、霧生滝、飛竜滝、大日滝の三段の滝が懸かる布引滝を望む**❻滝見展望台**に着く。

谷間に白布を落とす滝を眺めたら、元の道から分岐まで行き、左の東青山四季

▲滝見展望台から新緑の谷と布引滝を眺める

のさとへの道に入る。大村川左俣につけられた山腹道を下り、橋を渡る。右から開拓道路が合流する分岐を左折し、大村川右俣沿いに進む。キノコ形のベンチがある、かつての近鉄大阪線跡の道を右の**❼トンネル口**まで行き、左の階段を上がる。植林の道を進むと、せせらぎコースに出る。ここから林道を**❽東青山駅**へと目指すが、駅の手前に広い公園の東青山四季のさとがあるので、立ち寄っていこう。

🏠 立ち寄りポイント

東青山四季のさと

東青山駅前に広がる公園で、春から初夏にかけ花が美しい。特にツツジは種類も多く、ヒラド、キリシマなど3万本近くある。リスやウサギ、ムササビなど小動物たちと出会えるので、家族連れに人気。入園無料。9時〜17時。水・木曜休（GW・祝日は開園）。
☎052-262-4612

42 御在所岳
<ruby>御在所岳<rt>ございしょだけ</rt></ruby>

**奇岩に岩場、大展望
変化に富む上級コース**

　三重県と滋賀県を南北に連ねる鈴鹿山脈。その主峰が御在所岳だ。ロープウェイ利用なら30分ほどで山頂に立てるが、この山を満喫するなら山麓から歩きたい。登路の中道は、急峻な道が多い御在所岳の中でも鎖場や岩場のある上級コースだが、パワースポットの地蔵岩をはじめとする花崗岩の奇岩群、コースからの展望、5月の満開のツツジなど、御在所岳の魅力が詰まっている。中級者のステップアップに適したコースだ。なお、鎖場を避けたい人には、表道や一ノ谷新道がある。下山後は山麓の名湯・湯の山温泉に浸かっていきたい。

御在所岳の春を彩る
アカヤシオ

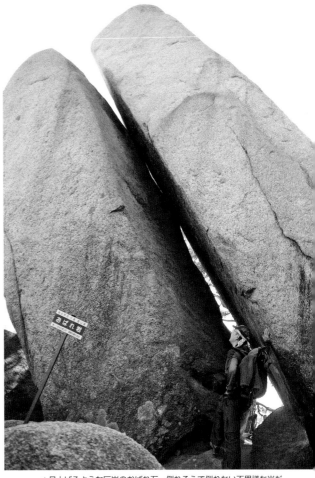

▲見上げるような巨岩のおばれ石。倒れそうで倒れない不思議な岩だ

🚗 アクセス情報

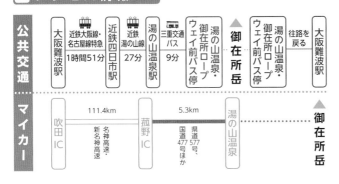

公共交通	大阪難波駅	→ 近鉄大阪線・名古屋線特急 1時間51分	→ 近鉄四日市駅	→ 近鉄湯の山線 27分	→ 湯の山温泉駅	→ 三重交通バス 9分	→ 湯の山温泉・御在所ロープウェイ前バス停	▲ 御在所岳	← 湯の山温泉・御在所ロープウェイ前バス停	→ 往路を戻る	→ 大阪難波駅
マイカー	吹田IC	→ 111.4km 名神高速・新名神高速	→ 菰野IC	→ 5.3km 国道477号・県道577号ほか	湯の山温泉			▲ 御在所岳			

アクセスのヒント

　マイカーの場合は中道登山口近くの駐車場を利用し、下山時に裏道登山口から国道を20分ほど歩いて中道登山口に戻れば時間が短縮できる。マイカーの場合、御在所ロープウェイ湯の山温泉駅の有料駐車場（約300台）を利用するが、国道477号の裏道登山口もしくは中道登山口近くの駐車場に車を置けば歩行時間が短縮できる。

●本項では鎖場の続く中道を登路に使うコースを紹介しているが、初級者がステップアップとして登るなら、山頂南面の表道を登路に使い、ロープウェイもしくは紹介コースの裏道を下山するといい。

🥾 登山データ

標　　高	1212m
エリア	室生・鈴鹿 三重県・滋賀県
レベル	上級
整備度	★★☆
難易度	★★★
歩行時間	6時間15分
歩行距離	9.1km
標高差	登り812m 下り812m

問合せ先
菰野町観光協会☎059-394-0050
三重交通バス☎059-323-0808
御在所ロープウェイ
　☎059-392-2261

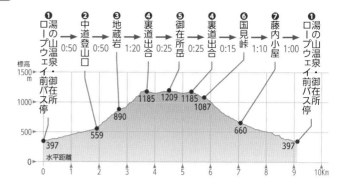

❶湯の山温泉・御在所ロープウェイ前バス停 0:50 ❷中道登山口 0:50 ❸地蔵岩 1:20 ❹裏道出合 0:25 ❺御在所岳 0:25 ❹裏道出合 0:15 ❻国見峠 1:10 ❼藤内小屋 1:00 ❶湯の山温泉・御在所ロープウェイ前バス停

標高 1500m
397　559　890　1185　1209　1185　1087　660　397
水平距離
0　1　2　3　4　5　6　7　8　9　10Km

シーズンカレンダー　登山適期　3月中旬～11月

1月	2月	3月	4月	5月	6月	7月	8月	9月	10月	11月	12月

◀――――――――　登山適期　――――――――▶
新緑
アカヤシオ
ツツジ
紅葉

シンボルの奇岩群の道を登り
大展望が広がる山頂に立つ

❶湯の山温泉・御在所ロープウェイ前バス停からロープウェイ駅の裏を抜け、突き当たりを左折する。すぐに県道に出て右に折れ、道なりに行く。一の谷茶屋跡から山道を登り、国道を渡った先が**❷中道登山口**。

▲キレット～朝陽台間の鎖場

中道に入るといきなりの急登だ。U字型に掘れた花崗岩の歩きづらい道を、ゆっくり登っていく。展望が開けた尾根に出て、さらに登るとおばれ石が現れる。その先にある**❸地蔵岩**は、近年パワースポットとして人

▲キレット付近から地蔵岩（右）と菰野町を見下ろす

気がある。この先でコース最大の難所、キレットの鎖場を慎重に下り、急斜面を登り返す。

やがて岩峰帯に突き当たり、岩の右手（北側）を通って鎖場を通過する。周囲は4月中旬からはアカヤシオが多く咲くが、コース中要注意箇所のひとつだけに、花に見とれてスリップなどしないよう、注意して進もう。なおも続く急斜面を登り切ると遊歩道に出る。富士見岩を過ぎ、ロープウェイ山上公園駅か

●湯の山温泉の隠れた名物が、地ビールならぬ地サイダーの「キララ ポンポン水」。鈴鹿山脈の伏流水で仕込んだ、さっぱりした味わいが特徴。ロープウェイ湯の山温泉駅や旅館の売店などで購入できる。

らの道が左から合流すると**④裏道出合**だ。

　左手の遊歩道に入り、レストランのある広場へ。さらに20分ほど進むと一等三角点のある**⑤御在所岳**山頂に着く。山頂西側にある望湖台（地形図の標高1212m地点）からは、鈴鹿山脈の山並みや琵琶湖が見渡せる。

　山頂から**④裏道出合**まで戻り、左の山道（裏道）に入る。**⑥国見峠**で右折し、北谷を下る。北谷は2008年の集中豪雨で登山道が壊滅的な状況に陥ったが、現在は問題なく歩くことができる。右に藤内壁を見ながら下り、兎の耳から広い河原を進むと山小屋の**⑦藤内小屋**がある。北谷の下流沿いにしばらく下って左岸に渡り、七の渡しで右岸へ。大きな堰堤を過ぎ、林道の先が裏道登山口。国道をくぐり、蒼滝茶屋跡の先で階段を下る。ロープウェイをくぐった先の分岐を左に行くと**①湯の山温泉・御在所ロープウェイ前バス停**はすぐだ。

▲朝陽台からの御在所岳（左）。山頂までは30分ほど

🏠 立ち寄りポイント

湯の山温泉

　御在所岳東麓の三滝川沿いに湧く温泉で、アルカリ性ラジウムのお湯は「美人の湯」として人気が高い。大小多くのホテルや温泉宿などがあり、宿泊以外に日帰り入浴ができるところも多い。

☎059-392-2115（湯の山温泉協会）

▲ブナの新緑とミツバツツジが咲く春のブナ林観察路を行く

鮮やかなブナの新芽

43 和泉葛城山
（いずみかつらぎさん）

天然記念物のブナ林とススキの原が広がる和泉山脈の最高峰へ

　和泉葛城山は和泉山脈の主峰で、山頂北面に広がるブナ原生林は国の天然記念物に指定されている。このブナ林をたどるように、「ボードウォーク」と呼ばれる木道が設置されている。登山コースは北面の大阪府側、南面の和歌山県側から何本も延びているが、ここでは大阪府側からの2コースをつなぐコースを歩く。両コースともに、滝の懸かる渓谷があるのが魅力。道標などはよく整備されており、危険箇所も少ない。登山は通年可能で、おすすめはブナの新緑が美しい5月と山頂のススキが広がる10月、そして紅葉の11月。

🚗 アクセス情報

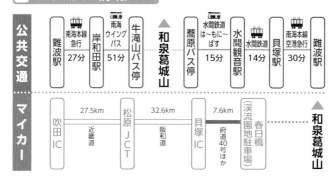

アクセスのヒント

　牛滝山へのバスは、午前中は平日、土・日曜・祝日ともに2便のみ。蕎原からのバスは平日の午後が3便、土・日曜・祝日の午後は4本便行（ともに最終バスは17時台）。マイカーの場合は、下山地途中の春日橋手前の渓流園地駐車場（有料）に車を停め、Bコース～Aコースの周回を取ることになる（春日橋から山頂へ約3時間）。

●山頂北面直下の塔原バス停へのBコースも歩く人が多い（登り2時間10分・下り1時間30分）。ところどころに標石や灯篭が残る歴史の道だ。紹介した2コース同様、コースは整備されている。

登山データ

標　高	858m
エリア	阪南・紀北 大阪府・和歌山県
レベル	初級
整備度	★★☆
難易度	★★☆
歩行時間	4時間20分
歩行距離	8.7km
標高差	登り576m 下り636m

問合せ先
岸和田市役所☎072-423-9486
貝塚市役所☎072-423-2151
南海ウイングバス南部☎072-467-0601
水間鉄道バス☎072-447-1017

❶牛滝山バス停 →0:30→ ❷七丁目地蔵 →1:15→ ❸二十一丁目地蔵 →0:55→ ❹和泉葛城山 →0:05→ ❺展望台 →0:05→ ❻和泉葛城山 →0:35→ ❼ハシカケの滝 →0:35→ ❽春日橋 →0:20→ ❽蕎原バス停

標高1500m / 1000 / 500

282　398　753　858　842　858　590　302　222

水平距離 0 1 2 3 4 5 6 7 8 9Km

シーズンカレンダー　登山適期　通年

1月	2月	3月	4月	5月	6月	7月	8月	9月	10月	11月	12月
←──────────────── 登山適期 ────────────────→

ミツバツツジ
新緑
ススキ
紅葉

お地蔵さんに見守られながら
豊かなブナ林と好展望の山頂部へ

❶牛滝山バス停で下車し、大威徳寺の山門をくぐると樹齢数百年のカエデ群に迎えられる。大威徳寺は役の行者を開基とする古刹で、紅葉の名勝として知られ、真っ赤に色づいた

▲大威徳寺多宝塔

カエデは、息をのむほどの美しさと評される。山門を入ってすぐ右手に一丁目地蔵がある。多宝塔・本堂の左手から滝見遊歩道に入る。一の滝、二の滝、三の滝を経て錦流の滝へ向かう。錦流の滝の

上部に出て、谷を渡って急斜面を登る。牛滝林道と合流すると❷七丁目地蔵が立っている。

▲九丁目地蔵が祀られたじぞうさん道の登り

右は牛滝林道経由で大威徳寺へと通じる「じぞうさん道」で、ここでは林道を左にとって、すぐ右上の「じぞうさん道」に入る。一丁ごとに出合う地蔵尊に手を合わせながら薄暗い杉林の間を緩やかに登っていくと、再び牛滝林道が左から合流する。林道脇には❸二十一丁目地蔵が祀られている。

ここからしばらくは林道を歩く。やがて右手のブナ林観察路に入るが、ここ和泉葛城山

●水間鉄道との乗り換え駅となる南海本線貝塚駅改札口前の「まちの駅かいづか（貝塚市観光案内所）」では、貝塚市の観光スポット・ハイキングコースなどの案内やパンフレットの配布や、貝塚市のゆるキャラ「つげさん」グッズなどを多数取り揃えている。10時〜19時。年末年始休。☎072-432-1244

▲山頂西側にある展望台。紀の川や紀北の山々、大阪湾などが一望の下

▲錦流の滝を見下ろして遊歩道を進む

の標高800m足らずの地点で見られるブナ林は日本の南限といわれ、国の天然記念物に指定されている。ブナを主体にミズナラ、リョウブなどの落葉樹が森を構成し、春にはミツバツツジの花が彩りを添える。

　ほどなく八大竜王社の参道分岐に着く。まっすぐの道は下山路の宿の谷へ、右は塔原へ、ここでは左の八大竜王社参道を登る。長い石段を上がって❹和泉葛城山へ。山頂には、大阪府側と和歌山県側のそれぞれに背中を合わせた形で、八大竜王社が祀られている。正式には大阪府側が葛城一言主を祀る高靇神社で、和歌山県側には葛城二十八宿の第九番、

八大竜王の石の宝殿が据えられている。

　石の宝殿から西へ200mの場所に、円形の❺展望台がある。ススキ原を中心に360度の眺望が広がり、紀の川を間に龍門山、高野山、大峰の山並みが連なる。その反対側には、大阪湾や関西国際空港、淡路島が見える。

　ひと休みして下山にかかる。❹和泉葛城山を通って八大竜王社参道分岐に戻った後、左のAコースに入り、宿の谷に下る。やがてブナの水を集める❻ハシカケの滝に着く。小滝が連続する宿の谷渓流沿いの舗装林道を下る。本谷林道に出たら右折し、❼春日橋を渡って車道を進むと❽蕎原バス停がある。

▲展望台から。紀ノ川平野の奥に龍門山（右奥）を望む

▲沢沿いの林道を下って春日橋へ

牛滝温泉 四季まつり

起点の牛滝山バス停手前にある総合宿泊施設（以前の牛滝温泉いよやかの郷）。地下1645mから湧出するお湯は、絹のような肌触りで肌がしっとりする「美人の湯」。立ち寄り入浴（7時〜21時）も受け付けており、内風呂や露天風呂などでの入浴が楽しめる。ほかにも本格懐石からお手軽メニューまでバラエティ豊かな食事処や、バーベキューやキャンプを楽しめるアウトドア施設まで揃っている。
☎072-479-2641

そぶら山荘・石窯パン工房 愛（まな）

終点の蕎原バス停の手前にある、森の中のレストラン（前・そぶら山荘 愛のパン）。店内には本格的な石窯があり、客席からパンやピザを焼く様子が見られる。グリルプレートや焼きカレー、揚げ玉子ご飯などメニューも豊富。米粉を使ったパンは販売しているので、下山後のおみやげにしたい。店外にはアスレチックや川遊びができるスペースもある。11時〜16時（土・日曜・祝日は要予約）。火・水曜休（臨時休業あり）。☎072-478-8770

マイカーで周回コースを登って蕎原分岐へ

牛滝川の増水は牛滝林道を歩く

塔原バス停〜和泉葛城山間
登り2時間10分、下り1時間30分

一丁目ごとに地蔵様が祀られている

ここからブナ林入口まで林道歩き

飲用不適

360度の展望

大阪府
岸和田市
貝塚市

和歌山県
かつらぎ町
紀の川市

① 牛滝山バス停
② 七丁目地蔵
③ 二十一丁目地蔵
④ 和泉葛城山
⑤ 展望台
⑥ ハシカケの滝
⑦ 春日橋
⑧ 蕎原バス停

牛滝温泉四季まつり
大威徳寺
岸和田駅
塔原町
みろく寺
津田川
本谷林道
枇杷平
Bコース登山口
チョウボ谷
休場橋
渓流園地
宿の谷林道
カクモ谷
本谷
本谷林道
Aコース
ハシカケの滝
そぶらの森のレストラン
牛滝林道
ブナ林観察路
八大竜王社参道分岐
和泉葛城山ブナ林
高龗神社
八大竜王社
ブナ林入口
和泉葛城山三角点
八大竜王社参道分岐
大石ヶ峰
近畿自然歩道
五本松・犬鳴山温泉

和泉葛城山

1:25,000
1cm=250m
等高線は10mごと

▲第1パノラマ台からは大阪平野や関西国際空港、大阪湾の奥に六甲山まで見渡せる

44 雲山峰
うんざんぽう

稜線の春を彩るツツジ

「紀泉アルプス」の名にふさわしい、変化のある縦走を楽しむ

　和泉山脈西端の雲山峰は、古くから雨乞いの山、そして海上を航行する船の指針として親しまれてきた。登山道が四方から延び、「紀泉アルプス」と称される砂岩層の地肌が露出した展望のよい縦走路として人気が高い。ここでは駅と駅を結ぶ、アプローチが容易なコースを紹介する。「アルプス」とはいってもこれといった危険箇所はなく、歩きやすい道が続く。ただし下山路は分岐が多いので、分岐点ではこまめに道標（持っていればGPSなど）を確認しよう。また、雲山峰への露岩の道は、濡れていると滑りやすい。

🚌 アクセス情報

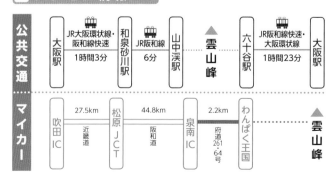

公共交通	大阪駅	JR大阪環状線・阪和線快速 1時間3分	和泉砂川駅	JR阪和線 6分	山中渓駅	▲雲山峰	六十谷駅	JR阪和線快速・大阪環状線 1時間23分	大阪駅

マイカー	吹田IC	27.5km 近畿道	松原JCT	44.8km 阪和道	泉南IC	2.2km 府道261・64号	わんぱく王国	▲雲山峰

アクセスのヒント

　起点の山中渓駅へは大阪駅から紀州路快速号を利用するが、朝と夕方以降の一部の便は山中渓駅を通過するので、ふたつ手前の和泉砂川駅で各駅停車に乗り換える。なお、ゴール地点の六十谷駅には紀州路快速号が全便停車する。マイカーの場合は山中渓駅近くのわんぱく王国の有料駐車場（第3水曜休）を利用し、下山後に阪和線で戻る。

●コース中に水場がないので、用意するのを忘れた場合は山中渓駅前の自販機で購入しておこう。縦走路上は樹林など直射日光をさえぎる箇所が少ないだけに、特に夏は注意が必要だ。帽子などの暑さ対策も万全にしたい。

👞 登山データ

標　高	490m
エリア	阪南・紀北 大阪府・和歌山県
レベル	初級
整備度	★★☆
難易度	★★☆
歩行時間	4時間55分
歩行距離	12.2km
標高差	登り415m 下り477m

問合せ先
阪南市役所
☎072-471-5678
和歌山市役所
☎073-435-1234

❶山中渓駅 →0:45 ❷第1パノラマ台 →0:15 ❸四ノ谷山の肩 →1:25 ❹雲山峰 →0:20 ❺青少年の森広場 →0:20 ❻四ツ辻 →0:50 ❼四ツ池分岐 →0:20 ❽大関橋 →0:40 ❾六十谷駅

標高1500m / 1000 / 500 / 0　水平距離
75　301　337　490　422　331　136　37　13
0　1　2　3　4　5　6　7　8　9　10　11　12　13Km

シーズンカレンダー　登山適期　1月〜6月中旬、9月下旬〜12月

1月	2月	3月	4月	5月	6月	7月	8月	9月	10月	11月	12月
◀ーーーー	登山適期	ーーーー▶						◀ー	登山適期	ーー▶	

桜
ミツバツツジ
紅葉
新緑

大阪湾を見渡す展望ポイントが点在する縦走コースをたどっていく

❶山中渓駅（やまなかだにえき）下車。駅を出るとすぐ左手が紀州街道の山中宿跡で、ここでは右の道へ。阪和線と平行する車道を南に進み、すぐの分岐を右折して踏切を渡る。銀の峰ハイキングコースの標識に従い、阪和道のガードをくぐる。

▲雲山峰山頂。展望はない

山裾に取り付くと、いきなり疎林帯の急登が始まる。早春には、ミツバツツジの花が山道を彩っている。ひたすら登っていくと、銀の峰ハイキングコースの分岐に出る。左の道は目指す雲山峰への縦走路、右の道は銀の峰ハイキングコース第1・第2パノラマ台を経て、時計回

▲ところどころ岩が露出した道をたどり雲山峰へ

りに山中渓駅へと一巡している。

ここでは右へすぐのところにある、銀の峰❷第1パノラマ台（だい）に立ち寄ることにしよう。大阪湾に浮かぶ関西国際空港や淡路島、遠く六甲方面の雄大な眺望が開けている。展望を楽しんだら呼吸を整え、先の分岐に戻って雲山峰を目指す。分岐から尾根を登ると❸四ノ谷山の肩（たにやまのかた）に出る。三等三角点がある四ノ谷山へはわずかの登りで行けるので、足を伸ばし

▲六角堂から四ツ辻へ樹林の道を行く

▲ベンチのある青少年の森展望広場。広々としていて、ランチタイムに最適

▲地蔵山分岐から青少年の森を目指す

てみよう。ただし樹林の中で展望はない。

　四ノ谷山の肩からは、起伏が緩やかな縦走路を進む。時おり展望が開け、砂岩層の地肌が露出して、まさにミニアルプスといった様相だ。鳥取池への道を右に見送ると、まもなく❹雲山峰山頂だ。ベンチのある山頂には、八大竜王の石祠が祀られている。

　雲山峰からも主稜線をたどると地蔵山分岐に出て、ここを直進する。なお、右は井関峠に下る道で、この道を下っても大関橋で紹介コースに合流する。❺青少年の森広場からは、紀の川河口や紀淡海峡、遠く和歌浦方面の大パノラマが開けている。

　下山路は六角堂休憩舎を経て、紀伊・六十谷駅方面に進む。Ｙ字路を右に下り、❻四ツ辻に出る。右は役ノ行者堂経由で墓ノ谷から六十谷駅、左は先ほどのＹ字路の左からの道と合流して、紀伊駅へ。ここでは四ツ辻を直進し、四ツ池・鉄塔コースに入る。

　わずかに進むと展望のよい地蔵峠に出る。ここも直進し、自然林の緩やかな起伏の道を、快適に進んでいく。❼四ツ池分岐（湯谷辻）まで下ったら、左に四ツ池コースを分けて、右の道に入る。小さなコブを越えて、❽大関橋の北詰へと下っていく。あとは千手川沿いの車道を、❾六十谷駅へと向かう。

🏠 立ち寄りポイント

子安地蔵尊のしだれ桜

　起点の山中渓駅周辺は桜の名所として知られる。また、駅からほど近い紀州街道・山中宿の地福寺・子安地蔵尊には、樹齢50年というシダレザクラがある。4月上旬、地表近くまで枝の垂れ下がったシダレザクラが見事な花を咲かせている（写真）。
☎072-472-2082

📖 山の雑学

関西の「アルプス」

　雲山峰の稜線は「紀泉アルプス」と称されるが、関西には「アルプス」の名が冠される山が数多くある。本書だけでも須磨アルプス（P16）や金勝アルプス（P83）、「播磨アルプス」と呼ばれる高御位山（P20）があるが、ほかにも比良アルプス（滋賀県）や小野アルプス、新龍アルプス、多紀アルプス（兵庫県）などがある。多くの山が初級～中級コースなので、ミニスケールのアルプスを楽しんでみよう。

●関西屈指のラーメン王国・和歌山市。終点の六十谷駅近くでは、丸高中華そば 六十谷店（☎073-461-0086）で味わえる。早すし（十分に発酵していない状態の鯖寿司）を食べてラーメンを待つのが和歌山流。

箱作駅

南海本線

萬願寺 卍

貝掛中

黒田 26

貝掛

桑畑

第二阪和国道

飯の峯中

ⓧ

箱作

阪南スカイタウン

大阪府
阪南市

キャンプ場跡

紀泉高原

鳥取池

栄谷池

▲ 俎石山
420

▲ 大福山
427

▲ 籤法ヶ岳
381

西谷池

井関峠
井関峠道

ろくろ坂

八王子道

大福の名水

井関橋

幕ノ谷行者道

墓ノ谷行者道

小川地蔵尊 ●

観音寺

八王子道

▲ 上人山
165
上人山コース
是徳上人遺跡

直川観音 卍

同寺

0:40

丸高中華そば

9 六十谷駅

ⓧ 開智高・中

JR阪和線

直川小 ⓧ

和歌山北IC

紀ノ川大橋

和歌山駅 ← 24 和歌山IC →

阿弥陀寺 卍

智辯 ⓧ

西田井 卍

田屋

卍 小豆島

雨山 ▲ 152

高山 ▲ 176

泉南市

信達岡中

天玉寺駅

和泉鳥取駅

阪南IC

自然田

さつき台

泉南IC

銀の峰ハイキングコース
第2パノラマ台

下出

桜の名所

新家ヶ丘

泉鳥取高

樹齢50年のシダレザクラ

王子神社跡

山中渓駅 **1**

有料 P
地福寺卍
P 有料

山中宿跡

ⓧ

わんぱく王国

0:35
0:45

急登

第1パノラマ台 2
大阪湾の展望

0:10
0:15

ミツバツツジ

四ノ谷山の肩 3

岩と松の尾根道

四ノ谷山
363

ツツジ咲く四ノ谷
山の肩への道

1:20
1:25

ミツバツツジ

分岐からすぐ
山頂に立てる

滝畑

雄ノ山トンネル

栄谷池分岐

大阪方面の展望

鉄塔

4 雲山峰
490

0:20

展望はほとんどない

和歌山県
和歌山市

紀の川の展望がよい

地蔵山 ▲
地蔵山分岐

5 青少年の森広場

0:20

道標あり

六角堂

0:25

役ノ行者堂
地蔵峠

Y字路を右へ

6 四ツ辻

落合

奥新池

紀伊駅道

モチツツジ ❀

娘地蔵

四ツ池

292 ●

エビ峠

中谷池

コース

四ツ池分岐 **7**

0:25
0:20

湯谷池

大池

四ツ池コース

0:05
0:50

(湯谷辻)

大関橋 8

青少年の森広場からの
和歌山市街

和歌山JCT

京奈和自動車道

阪和自動車道

岩出市

雄ノ山峠

JR阪和線

和歌山貝塚線

和歌山JCT

黒谷

湯屋谷

下黒谷

中筋日延

岩出根来IC

山口西

藤田

照福寺 卍

10.9

卍 来迎寺

宇田森

北別所

新池

名草池

紀ノ川SA
上野廃寺跡 ●

紀伊中

変電所

若宮池

北野

卍 正楽寺

府中

府守神社 卍

ⓧ

粉河加太線

紀伊駅

和歌山バイパス

和歌山北IC

開智高・中

紀

正永社

卍 川永小

ⓧ

雲山峰

1:50,000

0   500   1km

1cm=500m
等高線は20mごと

N

▲桃畑が広がる山麓からの龍門山（中央奥）。西方からは「紀州富士」と称される円錐形の姿を見せる

45 りゅうもんざん 龍門山

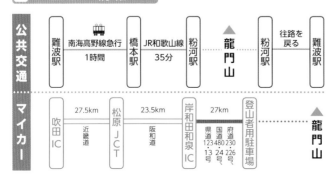

キイシモツケは
バラ科の落葉低木

和歌山県の特産種・キイシモツケが山頂を飾る紀ノ川平野の名峰

　龍門山は、西方から見ると円錐形の美しい姿をなすことから「紀州富士」と称される。紹介コースは龍門山を代表するコースで、道標などが整備され、危険箇所も少ない（雨天や降雨直後はコース上部にある蛇紋岩の露岩が滑りやすい）。ただし、粉河駅から歩くと標高差がやや大きいので、ビギナーはタクシーで中腹の一本松まで入るといい（登山レベルは初級）。盛夏と降雪直後以外はいつでも登れるが、桜の4月上旬から、キイシモツケが咲く6月中旬までが特におすすめ。下山後は西国三十三所の粉河寺へ足を延ばそう。

🚌 アクセス情報

公共交通	難波駅	南海高野線急行 1時間	橋本駅	JR和歌山線 35分	粉河駅	▲龍門山	往路を戻る	粉河駅	難波駅

マイカー	吹田IC	近畿道 27.5km	松原JCT	阪和道 23.5km	岸和田和泉IC	県道123号、国道480号、府道230号、国道226号 27km	登山者用駐車場		▲龍門山

アクセスのヒント

　公共交通の場合、粉河駅から一本松までの車道歩きが長いので、人数がまとまれば行きはタクシーを利用してもいい（約15分・約2000円）。マイカーの場合、県道123号の龍門橋を渡った先にある粉河荒見郵便局の角を右折して300mほどの場所に、登山者用の無料駐車場がある。ここから一本松まで徒歩40分ほど。

●体力のある人は田代峠東方にある飯盛山（746m）の往復を加えてもいい。山頂はかつての山城跡で、二段の曲輪や空濠が残っている。ただし往復3時間かかるので、一本松までタクシーでアクセスして時間を短縮したい。

登山データ

標　　高	756m
エリア	阪南・紀北 和歌山県
レベル	中級
整備度	★★☆
難易度	★★☆
歩行時間	4時間55分
歩行距離	11.2km
標高差	登り714m 下り714m

問合せ先
　紀の川市役所
　☎0736-77-2511
　有交紀北タクシー
　☎0736-73-3333

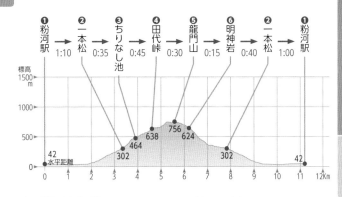

❶粉河駅 →1:10→ ❷一本松 →0:35→ ❸ちりなし池 →0:45→ ❹田代峠 →0:30→ ❺龍門山 →0:15→ ❻明神岩 →0:40→ ❷一本松 →1:00→ ❶粉河駅

標高 1500m / 1000 / 500 / 0
756 624 638 464 302 302 42 42
水平距離 0 1 2 3 4 5 6 7 8 9 10 11 12Km

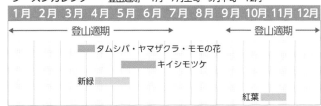

シーズンカレンダー　登山適期　1月〜7月上旬　9月中旬〜12月

1月	2月	3月	4月	5月	6月	7月	8月	9月	10月	11月	12月
← 登山適期 →								← 登山適期 →			

タムシバ・ヤマザクラ・モモの花
キイシモツケ
新緑
紅葉

春から初夏にかけて華やかな
樹の花が咲く道を登っていく

❶粉河駅を出たら東に進み、右折して踏切を渡る。正面にどっしりとした山容の龍門山を眺めながら車道をまっすぐ進む。紀の川に架かる長い竜門橋を渡って、集落の間を直進し、突き当たりとなる農道とハイキング道の分岐を左へ。ついでクワの木の大木が茂っているY字路分岐を

▲竜門橋からの龍門山は平らな姿

右に取る。果樹園の間を緩やかに登ると先ほどの農道が合流し、アカマツ林を抜けると、風の森大明神を祀る❷一本松に着く。

すぐに中央コースと田代峠コースの分岐に出る。ここでは左の田代峠コースに入る。ア

カマツに混じってコナラ、リョウブなどの落葉広葉樹の道が続く。谷を左に横切り20mほど登ると、ちりなし池分岐に着く。右手に進んだ先にある❸ち

▲田代峠から山頂への稜線をたどる

りなし池畔には、土蜘蛛を退治したという九頭龍王の祠が祀られている。

分岐に戻って右に進み、再び落葉広葉樹の道に入る。地蔵尊を見ながら登り❹田代峠へ。直進する道は、権現滝から黒川コース、左は飯盛山への縦走路。ここでは右の主稜線へ進む。蛇紋岩の露岩が混ざる、緩やかな道が続く。ただし岩が濡れているときは滑りやすい。

●龍門山には磁石岩とキイシモツケのふたつの和歌山県天然記念物がある。磁石岩は磁鉄鉱を含んだ蛇紋岩で、コンパスがクルクル回るほど。キイシモツケは、「キイ（紀伊）」の名の通り、和歌山県だけに分布しているとても貴重な植物だ。

▲龍門山山頂。山頂周辺のキイシモツケ群落は和歌山県の天然記念物

▲明神岩から紀ノ川平野を見晴らす

左から穂落コースが合流し、磁気を帯びた磁石岩を過ぎると❺龍門山（りゅうもんざん）はもうすぐだ。

　龍門山の北斜面は5月下旬、キイシモツケの小さな白い花で覆われ、その向こうに和泉山脈が見える。龍門山は南朝方の四條中納言降俊（しじょうちゅうなごん たかとし）率いる三千余騎と、北朝方の尾張守義深率いる三万余騎が激闘した古戦場跡だった。「春の女神」といわれる、ギフチョウの最南端生息地でもある。

　山頂から西へ進み、すぐのY字路を右に取って中央コースを下る。しばらくで「蛇紋原」と呼ばれるキイシモツケ群生地に着く。樹齢200年以上のキイシモツケの花が、5月中旬から約1ヶ月の間、順次山頂に向かって咲いていく。春の終わり頃にはホウノキの花が咲いている。

　中央コースに戻ってしばらく下ると、明神岩分岐に着く。右に進むと、すぐに龍門山最大の蛇紋岩、高さ30mの❻明神岩（みょうじんいわ）がある。足下には、遠く大台ヶ原から端を発した紀の川が蛇行する景観が広がっている。明神岩の隣には、龍門山の名の由来となった九頭龍王が出現したとされる風穴がある。

　分岐に戻って中央コースを急下降し、農道に出たら右に進んで❷一本松（いっぽんまつ）に戻る。後は往路を❶粉河駅（こかわえき）へと向かう。

🏠 立ち寄りポイント

粉河寺

　JR粉河駅から北へ約800m、西国三十三所第三番札所の風猛山粉河寺は、左甚五郎作「野荒らしの虎」で知られる。また桃山時代の庭園は国の名勝に指定され、龍門山で多く見られる蛇紋岩が庭石として使用されている。本殿の拝観有料。8時～17時。☎0736-73-4830

🏠 立ち寄りポイント

道の駅 紀の川万葉の里

　粉河から東へ約6km、万葉集で知られる妹山・背ノ山、船岡山にほど近い国道24号沿いにある道の駅。地元の特産品や土産物、農産物直売はもちろん、レストラン、万葉集の歴史・文化を映像とパネルで紹介し、楽しい旅の魅力と情報を提供している。☎0736-22-0055

●マイカー利用に限られるが、アクセス路のひとつである府道62号（粉河街道）沿いに、神通温泉と犬鳴山温泉がある。前者は立ち寄りのみ、後者は宿泊がメインだが、立ち寄り入浴もできる。

龍門山

1:25,000
0 250 500m
1cm=250m
等高線は10mごと

N

→上之郷IC　　卍粉河寺

P　　大門

卍蛭子神社

西国三十三所巡礼第三番札所。
粉河駅から徒歩15分

秋葉山公園
観光特産センター
北石町局

粉河高 ⊗

起点の粉河駅

卍毘沙門寺
長中

中山

王子神社

小松院 卍　西照寺

橋本駅→
道の駅紀の川万葉の里・橋本→

粉河小 ⊗

JR和歌山線

井田

東野

王子

卍

紀伊長田駅

粉河駅 ①

踏切を渡る

〒粉河局

紀の川市役所
粉河支所
粉河ふるさとセンター

24

井田団地

藤崎

打田　卍善光寺
和歌山駅→

藤崎井用水路

松井

嶋

せせらぎ公園

紀
の
川

竜門橋南詰
龍門山温泉跡

1:10　1:00

1:00

竜門橋

新龍門橋

373

ハイキングコース案内板

13

荒見 〒粉河荒見局
尾島

荒見

中筋

登山者用
P

竜門小 ⊗

竜門川

50

突き当たりを左へ
（標識あり）

Y字路を右へ

九頭神社 卍　ちりなし池

農道とハイキング道の分岐

東杉原

100

△175.9

新田荒見

風市

13

杉原

150

200

龍門山先のY字路分岐は右
に進む

農道に出て
右へ

250

中央コース入口

△358.6

中
央
コ
ー
ス

風の森大明神を祀る

② 一本松

P

スペース少ない

和歌山県
紀の川市

0:40
0:50

0:35
0:25

キイシモツケ

ちりなし池 ③

450

最後の水場
ちりなし池分岐

ヤマザクラ

往復3時間

急斜面の下り

ホオノキの大木

風穴あり

0:45
0:35

展望よい

⑥ 明神岩

550

田
代
コ
ー
ス

田代峠

④ 田代峠

ミササ峰 △687

蛇紋原

⑤ 龍門山

638

キイシモツケ群生地

磁石岩

756

600

0:25
0:30

道標あり

荒見

ハンググライダー
テイクオフ基地

勝神峠

0:25
0:15

分岐
穂落コース

黒川コース

最初ヶ峰

勝神コース

キイシモツケ

Y字路を右へ

布袋石　権現滝

権現峠

熊野↓

▲雲雀山山頂から有田川を望む（背後は明神山）

鹿打坂峠に鎮座する
役ノ行者像

46 雲雀山・白上山
<ruby>雲雀山<rt>ひばりやま</rt></ruby>・<ruby>白上山<rt>しらかみやま</rt></ruby>

歴史が詰まったふたつの低山を結ぶ。コース終盤は海岸沿いを行く

　雲雀山は万葉故地、糸我山の一角をなす山。中将姫が3年間隠れ棲んだところと伝えられ、西麓の熊野古道沿いに中将姫ゆかりの雲雀山得生寺がある。雲雀山に登ったのち、かつて万葉人が通ったとされる鹿打坂峠から栖原海岸への万葉の道を歩く。栖原の海を眺めながら京都栂尾の高山寺開祖・明恵上人の遺跡にも立ち寄る。ミカン畑の農道歩きが大半だけに危険箇所がなくファミリーにも適しているが、分岐が多いので、こまめに地図を確認しよう。標高の低い山だけに、夏季の登山は避けたい。

 ## アクセス情報

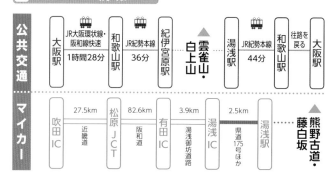

公共交通									
大阪駅	→JR大阪環状線・阪和線快速 1時間28分	和歌山駅	→JR紀勢本線 36分	紀伊宮原駅	雲雀山・白上山▲	湯浅駅	→JR紀勢本線 44分	和歌山駅	往路を戻る→ 大阪駅

マイカー								
吹田IC	27.5km 近畿道	松原JCT	82.6km 阪和道	有田IC	3.9km 湯浅御坊道路	湯浅IC	2.5km 県道175号ほか	湯浅駅 熊野古道・藤白坂▲

アクセスのヒント

　起点の紀伊宮原駅は普通列車のみ停車。ゴールの湯浅駅は特急「くろしお」の一部が停車する（新大阪駅へ約1時間35分）。マイカーの場合は下山後のことを考え、湯浅駅前なぎ広場駐車場（有料）、または観光用駐車場（無料）に車を停めるとよいだろう（位置はP173地図を参照）。湯浅駅から紀伊宮原駅へは、普通列車で2駅戻る（8分）。

●本項では糸我峠から栖原への万葉の道を紹介しているが、熊野古道を歩きたい場合は、「ひばり山道」の道標石を直進し、糸我峠を南に下るとよい。逆川王子社を経て湯浅に向かう（全行程2時間50分）。

登山データ

標　高	201m（雲雀山） 184m（白上山）
エリア	阪南・紀北 和歌山県
レベル	入門
整備度	★★★
難易度	★★☆
歩行時間	4時間5分
歩行距離	11.3km
標高差	登り161m 下り165m

問合せ先
　有田市観光協会
　☎0737-83-1111
　湯浅観光まちづくり推進機構
　☎0737-63-2525

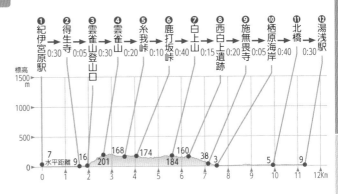

❶紀伊宮原駅 →0:30 ❷得生寺 →0:05 ❸雲雀山登山口 →0:30 ❹雲雀山 →0:20 ❺糸我峠 →0:10 ❻鹿打坂峠 →0:40 ❼白上山 →0:15 ❽西白上遺跡 →0:20 ❾施無畏寺 →0:05 ❿栖原海岸 →0:40 ⓫北橋 →0:30 ⓬湯浅駅

標高
1500m
1000
500
0
水平距離 7　9　16　201　168　174　184　160　38　3　5　9
0　1　2　3　4　5　6　7　8　9　10　11　12Km

シーズンカレンダー　登山適期　1月〜6月、9月〜12月

1月	2月	3月	4月	5月	6月	7月	8月	9月	10月	11月	12月
◀		登山適期			▶			◀	登山適期		▶
			桜								
		ミカンの花					ミカンの実				
		山野草									
			新緑							紅葉	

▲糸我峠は熊野古道との分岐点

ミカン畑の丘陵に延びる道から史跡と海、かつての宿場町へ

❶紀伊宮原駅（きいみやはらえき）下車。有田川に架かる宮原橋を渡る。宮原橋南詰の堤防を東進し、右折して国道42号を横断する。左手に目指す雲雀山を眺めながら、熊野古道沿いの道を進む。

▲中将姫ゆかりの得生寺

途中、すぐ右手のところにある得生寺に立ち寄る。❷得生寺（とくしょうじ）は、奈良時代の右大臣・藤原豊成（とよなり）の娘、中将姫が一時隠れ住んだところだ。継母の妬みによって、姫の殺害を命じられた家臣の伊藤春時は、命令に従うことができず、春時夫妻は剃髪して、それぞれ得生と妙生尼と改め、ここ雲雀山に庵を結び、姫を庇護した。それが得生寺の始まりという。

得生寺をあとに熊野古道を南下し、「すく熊の道」道標石の立つ四ッ辻に出る。右手に糸我稲荷神社、その隣には休憩スポットのくまの古道歴史民俗資料館がある。四ッ辻を南進すると、ほどなく「ひばり山道」道標石の立つ❸雲雀山登山口（ひばりやまとざんぐち）に着く。

直進は糸我峠に向かう熊野古道（P170欄外参照）、ここでは左上の雲雀山登山道に入

●戻る形になるが、起点の紀伊宮原駅の南西2kmの場所にある「有田川温泉 光の湯」では、壷湯や露天風呂、備長炭サウナなど、さまざまな浴槽や入浴法が楽しめる。敷地内にはタチウオ料理が味わえる割烹「鮎茶屋」やホテルサンシャインがある。11時〜23時。無休（臨時休業あり）。☎0737-88-5151

171

▲紀伊水道・栖原海岸の夕日

▲雲雀山山頂の御廟

る。ミカン畑の間を、ぐんぐん高度を上げて
いく。中将姫ゆかりの庵の跡・親子対面岩な
どを経て、御廟を祀る❹雲雀山(ひばりやま)山頂へ。眼下
に有田川の流れを望む。

　山頂をあとに南尾根の農道を進むと、❺糸
我峠(いとがとうげ)に着く。右は得生寺、左は湯浅への熊野
古道だ。ここでは農道を直進し、万葉の道、
栖原方面に向かう。しばらくして役の行者像
を祀る❻鹿打坂峠(ししうちざかとうげ)に着く。斜め右後ろの高台
に、稲荷大神社が祀られている。

　峠をあとに、ミカン畑の緩やかな起伏の農
道を歩く。栖原の海に浮かぶ毛無島(けなしじま)や苅藻島、
鷹島(たか)の眺望が開けてくると白上山はすぐだ。

　❼白上山(しらかみやま)をあとに、山道を大きく下ると桜
並木のＴ字路に至る。右に取ると明恵上人修
行の地・東白上遺跡、左は西白上遺跡へと続
く道だ。西白上遺跡は、明恵上人がふるさと
に戻って初めて草庵を結んだ地という。その
後、修行の妨げとなる波音や雑音を避け、東
白上へと移ったとされている。

　❽西白上遺跡(にしじらかみいせき)は眺望に恵まれ、石の卒塔婆
の向こうに、かつて万葉人が通ったとされる
白崎への海路が広がっている。❾施無畏寺(むせいじ)を
経て❿栖原海岸(すはらかいがん)に下り、海岸沿いの道を行く。
⓫北橋(きたはし)を渡り、熊野三山への宿場町として
栄えた湯浅の町並みを抜けて⓬湯浅駅(ゆあさえき)へ。

🍴 味覚・おみやげ

サバのなれずし

　かつて有田地方一帯の各家庭で作られた保存食。
棒状の大きな握り飯の上に塩サバを乗せ、長いアセ
（暖竹）の葉で包み、樽の中で自然発酵させる。独
特の匂いとほのかな酸味の
風味がクセになる。紀伊宮
原駅東方にある田殿橋北詰
の「由利寿し」（☎0737-
52-2071）で購入できる。

🏠 立ち寄りポイント

湯浅の町並み

　醤油発祥の地、湯浅町では、「湯浅まちごと醤油
博物館」と題し、湯浅美味いもん蔵（☎0737-63-
0200）を観光拠点に大仙堀、醤油資料館、甚風呂、
白壁の土蔵などの伝統的な
建造物とともに、食べ歩き
体験が楽しめる。詳細は湯
浅観光まちづくり推進機構
（☎0737-63-2525）へ。

●京都栂尾の高山寺の開祖明恵上人は、ふるさとに戻り、修行地を西白上から静穏な東白上に移したのち、修行
に打ち込みたい、また少しでも釈迦に近づきたいという思いで、右耳切断を決断したという。明恵上人のエピソー
ドのひとつとしてよく知られている。

雲雀山・白上山

1:30,000
0 250 500m
1cm=300m
等高線は20mごと

紀伊水道

紀伊宮原駅 ①

得生寺 ②

雲雀山登山口 ③

「ひばり山道」道標石

「すく熊の道」道標石

庵の跡や親子対面岩などがある

雲雀山 ④

有田川の眺め

農道を歩く

熊野参詣道（紀伊路）

鹿打坂峠 ⑥

糸我峠 ⑤

役の行者祠

施無畏寺本堂

西白上遺跡 ⑧

白上山 ⑦

施無畏寺 ⑨

あやめの浜

原海岸 ⑩

北橋 ⑪

湯浅駅 ⑫

西白上遺跡

和歌山県
有田市

有田川町

湯浅町

広川町

▲岩湧山山頂直下。カヤトの原に切られた道が青空へと延びていくようだ

47 岩湧山 <ruby>岩湧山<rt>いわわきさん</rt></ruby>

岩湧寺の秋を彩る
シュウカイドウ

波打つカヤトと山頂からの大展望が広がる和泉山脈の雄峰

　岩湧山には北麓の岩湧の森を中心にハイキングコースが整備され、ここでは岩湧の森最下部の第6駐車場からのコースを紹介する。岩湧の森へのバスがないだけに、マイカー登山者におすすめのコースだ。なお、上部の駐車場を利用し、岩湧寺から「いわわきの道」経由の往復登山ならビギナーでも楽しめる。登山のベストは4～5月の新緑の頃と、カヤトが波打つ9～11月。稜線は樹林が少ないので、日差しが強い盛夏と、吹きさらしの冬は避ける。途中にある四季彩館でコース状況を聞いていくのも安全に歩くポイントのひとつ。

🚗 アクセス情報

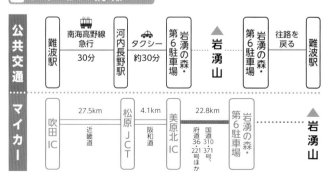

アクセスのヒント

　バスを利用する場合は、河内長野駅から南海バス（☎0721-53-9043）で終点の神納バス停へ行き（30分）、第6駐車場までは車道をさらに1時間歩く。バスの本数が少ないので注意。マイカーの場合は岩湧の森の一番下にある第6駐車場に駐車するが、収容台数が少ないので、満車時はより上部にある駐車場を利用することになる。

●岩湧寺は役行者開基と伝えられる古刹で、本尊の大日如来坐像と多宝塔は国の重要文化財に指定。花の多い寺でもあり、なかでも8月下旬から9月中旬に咲くシュウカイドウが美しい。☎0721-63-5986（四季彩館）

登山データ

標　高	897m
エリア	阪南・紀北 大阪府
レベル	初級
整備度	★★★
難易度	★★☆
歩行時間	3時間30分
歩行距離	7km
標高差	登り582m 下り582m

問合せ先
河内長野市役所☎0721-53-1111
岩湧の森四季彩館
☎0721-63-5986
近鉄タクシー☎0570-06-9001

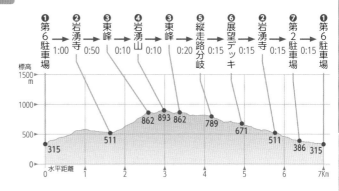

❶第6駐車場 1:00 ❷岩湧寺 0:50 ❸東峰 0:10 ❹岩湧山 0:10 ❸東峰 0:20 ❺縦走路分岐 0:15 ❻展望デッキ 0:15 ❷岩湧寺 0:15 ❼第2駐車場 0:15 ❶第6駐車場

標高 1500m 1000 500 0
315 511 862 893 862 789 671 511 386 315
水平距離 0 1 2 3 4 5 6 7Km

シーズンカレンダー　登山適期　3月〜6月、9月〜12月

1月	2月	3月	4月	5月	6月	7月	8月	9月	10月	11月	12月
←登山適期→ ←登山適期→

シャクナゲ・ボタン
ショウブ
シュウカイドウ
新緑　　　　　　紅葉

樹林、展望の稜線、涼感あふれる滝 短いながらも魅力満載の散策路

❶第6駐車場先の右手に「すぎこだちの道」の入口がある。登山道に入り、急な斜面を登っていく。やがて展望が開け、左手奥に目指す岩湧寺が見えてくる。右から一徳防山からの縦走路が合流し、正面に岩湧山を見ながら下ると車道に出て、左へ進む。ほどなく「きゅうざかの道(兼松新道)」と「いわきの道」の登山口に着く。

▲シュウカイドウが咲く岩湧寺

その先が❷岩湧寺境内だ。岩湧寺は下山時に見学するとして、ここでは北隣にセンターハウスの四季彩館に立ち寄って、コース状況を尋ねてこよう。

▲いわわきの道途中の展望デッキから大阪平野を望む

先の登山口まで戻り、案内に従い「きゅうざかの道」に入る。「きゅうざか」の名前通り、丸太で土留めされた急坂の道を登っていくだけに、ビギナーにはきつい道だ。やがて、ダイヤモンドトレール(通称ダイトレ)との合流点、岩湧山の❸東峰に出る。岩湧山へは右に進む。鞍部から岩湧山を代表する景観のカヤト原を登り、三角点を過ぎると❹岩湧山(西峰)山頂に着く。大阪平野や大阪湾越しの六

●車利用に限られるが、下山後に汗を流すなら「風の湯」がおすすめ。河内長野市内の日帰り温泉施設で、露天風呂をはじめ各種マッサージ風呂や炭酸風呂などがある。3種のサウナや岩盤浴を完備。食事もできるほか、新鮮野菜の直売所「四季彩市場」を併設。10時〜25時。無休(臨時休業あり)。☎0721-52-1726

甲山、金剛・葛城山地などが見渡せる。

　下山は先ほどの❸東峰に戻って直進し、植林帯の尾根道を❺縦走路分岐へ。ダイトレから離れ、左後方の「いわわきの道」に入る。途中の❻展望デッキからは大阪平野が見える。水場で喉を潤し、山腹の道を下って❷岩湧寺境内へと入る。岩湧寺は多宝塔を取り囲むように巨杉が立ち並び、荘厳さを漂わせている。春はミツバツツジやシャクナゲ、晩夏にはシュウカイドウの花で埋め尽くされる。

　岩湧寺をあとに、渓流沿いの石畳道「いにしえの道」に入る。すぐ先の分岐を右に進み、不動の滝、千手滝に立ち寄ろう。山麓一帯の岩盤が湧くように屹立する山容から「岩湧山」の名がついたといわれるが、この付近には、その由来を思わせる屹立した岩が目につく。

　石畳道を下って長命水の先で車道に出て、❼第2駐車場から❶第6駐車場へと戻る。

▲登山者で賑わう岩湧山西峰山頂

立ち寄りスポット

いわわきの森 四季彩館

　岩湧寺北側にある岩湧の森の中心施設。岩湧山の自然に関する情報提供、展示コーナーのほか、スタッフによる自然体験なども開催。立ち寄って花や道の状況などをチェックしていこう。10時〜16時30分。月・火曜（祝日の場合水曜など）・年末年始休。☎0721-63-5986

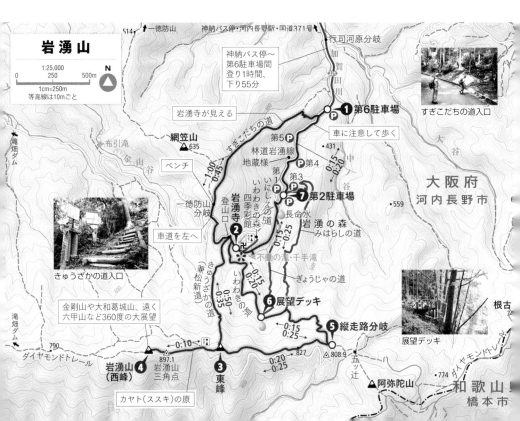

岩湧山

1:25,000

0　250　500m

1cm=250m
等高線は10mごと

神納バス停・河内長野駅・国道371号

行司河原分岐

神納バス停〜第6駐車場間登り1時間、下り55分

岩湧寺が見える

❶第6駐車場

すぎこだちの道入口

車に注意して歩く

網笠山 635

ベンチ

第5P

林道岩湧線
地蔵様

第4P

第3P

第1P

第2P

いわわきの道

❼第2駐車場

・559

大阪府
河内長野市

岩湧寺

一徳防山
分岐

登山口

❷

いわわきの森
四季彩館

長命水

岩湧の森
みはらしの道

車道を左へ

きゅうざかの道入口

不動の滝・千手滝

ぎょうじゃの道

金剛山や大和葛城山、遠く六甲山など360度の大展望

いわわきの道

❻展望デッキ

展望デッキ

❺縦走路分岐

根古

ダイヤモンドトレール

岩湧山 ❹
（西峰）

897.1
岩湧山
三角点

❸
東峰

808.9

827

五ツ辻

阿弥陀山

ダイヤモンドトレール

774

和歌山
橋本市

カヤト（ススキ）の原

滝畑ダム

布引滝

一徳防山

兼松新道

きゅうざかの道

滝畑ダム

790

514　一徳防山

48 護摩壇山・龍神岳
ごまだんざん・りゅうじんだけ

大峰や四国の山々を望む和歌山県最高峰

日本三百名山の護摩壇山は、世界遺産・高野山の南、奥高野連山の中心部にある。山そのものは15分ほどで山頂に立てるだけに、東面にある和歌山県最高峰の龍神岳や、6万本のシャクナゲが植栽された森林公園を結ぶ周回コースにすることが多い。道や道標はよく整備され、ビギナーやファミリーでも安心して歩ける。4月〜11月が登山適期だが、花の多い5月下旬が特におすすめ。高野山よりさらに奥にあるので、マイカー登山が便利。高野山の宿坊や、美人の湯・龍神温泉に前泊して登るのもいい。

森林公園のシャクナゲ

▲新緑がさわやかな階段状の遊歩道を護摩壇山へと歩く

🚗 アクセス情報

公共交通	難波駅	→南海本線・高野線特急 1時間20分→	極楽橋駅	→高野山ケーブル 5分→	高野山駅	→高野山バス（予約制） 1時間5分→	護摩壇山バス停	→▲護摩壇山・龍神岳→	護摩壇山バス停	→往路を戻る→	難波駅

マイカー	吹田IC	—27.5km 近畿道—	松原JCT	—23.5km 阪和道—	岸和田和泉IC	—74km 府道120号・国道371号ほか・県道12517040号480号—	ごまさんスカイタワー	→▲護摩壇山・龍神岳

アクセスのヒント

高野山駅からの予約制バスは4〜11月の運行で、平日1日1便、休日等は2便。ただし平日は往路・復路ともに午前中の便のみ。運行日以外は高野山駅からタクシー利用となるが、料金が1万円前後。バス利用の際はバスを下車してから最終便に乗車する時間が4時間半強しかないので（歩行時間は4時間強）、実質マイカー利用が前提。

●登山口の護摩壇山バス停に隣接する道の駅田辺市龍神ごまさんスカイタワーには、大台・大峰の山々などを一望する高さ33mの展望塔（有料）や地元・龍神村の食材を使用したレストラン天空、地域の商品などを揃えた物産館などがある。12月〜3月は休業。☎0739-79-0622

標　　高	1372m（護摩檀山） 1382m（龍神岳）
エ リ ア	阪南・紀北 和歌山県・奈良県
レ ベ ル	入門
整 備 度	★★★
難 易 度	★☆☆
歩行時間	4時間10分
歩行距離	10.5km
標 高 差	登り101m 下り248m

問合せ先
龍神観光協会☎0739-78-2222
南海りんかんバス
☎0736-56-2250
有鉄観光タクシー☎0736-56-2634

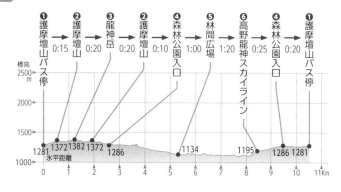

❶護摩檀山バス停 → 0:15 → ❷護摩檀山 → 0:20 → ❸龍神岳 → 0:20 → ❷護摩檀山 → 0:10 → ❹森林公園入口 → 1:00 → ❺林間広場 → 1:20 → ❻高野龍神スカイライン → 0:25 → ❹森林公園入口 → 0:20 → ❶護摩檀山バス停

標高 1281 1372 1382 1372 1286 1134 1195 1286 1281
水平距離

シーズンカレンダー　登山適期　4月〜11月

1月	2月	3月	4月	5月	6月	7月	8月	9月	10月	11月	12月
						登山適期					
			シロヤシオ		アキノキリンソウ						
			シャクナゲ								
			ヤマボウシ								
		新緑							紅葉		

和歌山県の最高峰ながら
歩きやすい道が続く初心者コース

　起点となる❶護摩檀山バス停へは南海高野線高野山駅から予約制バスを利用するが、運行日が限られている（詳細はP176「アクセスのヒント」参照）。

▲和歌山県最高点・龍神岳山頂

　バス停に立つ観光施設・ごまさんスカイタワーの横に登山口がある。ここから登山道へ入り、まずは護摩壇山を目指そう。両側にブナやミズナラなどの広葉樹が広がる道を緩やかに登っていく。春なら新緑、夏は紅葉、さらに冬は美しい樹氷が堪能できる道だ。

　15分ほどの登りで❷護摩壇山に到着する。

▲登山口の護摩檀山バス停。中央奥が護摩檀山

山頂標識や方位盤、あずまやが立っている。

　護摩壇山からは東に延びる尾根を進み、和歌山県の最高峰・龍神岳を往復してこよう。傾斜の少ない、よく整備された道を20分ほどたどると❸龍神岳に到着する。

　展望を楽しんだら来た道を❷護摩壇山まで引き返し、左手の道に入る。初夏ならばシロヤシオに彩られる道を緩やかに下ると石段があり、これを下っていくと高野龍神スカイラ

●護摩壇山周辺は森林公園「護摩壇山ワイルドライフ」として整備され、中心となる林間広場には総合案内所や食堂、山村産物販売所、野生動植物展示室、そして6万本のシャクナゲが植栽されたシャクナゲ園がある。水曜（祝日の場合翌日）と12月〜3月は休園だが通り抜けはできる。☎0739-79-0667

インに出る。道路の対面がゲートと駐車場、トイレのある❹森林公園入口だ。

再び整備された山道に入り、尾根の東面を巻くように進んでいく。30分ほど歩くと展望棟があり、ここからやや急な斜面を下るとすぐに林道に出る。ここで進路を左に取り、林道を進む。途中にあるゲートを通過すると、森林公園❺林間広場に出る。総合案内所や食堂、物産販売所などのほかシャクナゲ園もあり、開花期の5月は一帯が彩られる。

森林広場からは山腹につけられた自然観察路をたどる。杉の植林、ついでブナやミズナラの林を抜けていく。左に進路を変えて急斜面を登ると❻高野龍神スカイラインに出る。

左手に進み、車に注意しながらスカイラインをたどると20分強で往路に通った❹森林公園入口に着く。そのままスカイラインを歩き、❶護摩壇山バス停へと戻る。

▲森林公園から望む護摩壇山（左）と龍神岳

🏠 立ち寄りポイント

龍神温泉

護摩壇山からバスで南下すること約50分、日高川沿いに湧き、美肌効果が高く日本三美人湯に数えられる。上御殿（写真）をはじめ約15軒の宿泊施設がある。日帰り入浴は共同浴場の元湯の人気が特に高い。☎0739-78-2222（龍神観光協会）

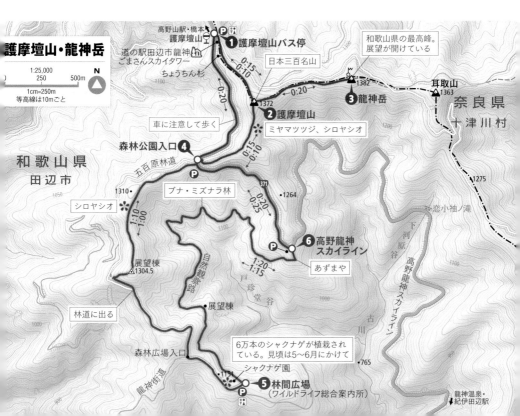

護摩壇山・龍神岳

1:25,000
250　　　500m
1cm=250m
等高線は10mごと

高野山駅・橋本
護摩壇山
❶護摩壇山バス停
道の駅田辺市龍神
ごまさんスカイタワー
ちょうちん杉
0:15
0:10
日本三名山
和歌山県の最高峰。展望が開けている
耳取山　1363
1382
0:20
❸龍神岳
0:20
1372
奈良県
十津川村
❷護摩壇山
ミヤマツツジ、シロヤシオ
車に注意して歩く
0:15
0:10
森林公園入口❹
五百原林道
ブナ・ミズナラ林
和歌山県
田辺市
1310
シロヤシオ
1264
371
恋小袖ノ滝
0:20
0:25
下河原谷
1275
展望棟
1304.5
1:10
1:00
自然観察路
❻高野龍神スカイライン
あずまや
林道に出る
1:20
1:15
戸珍堂谷
展望棟
古川
森林広場入口
6万本のシャクナゲが植栽されている。見頃は5〜6月にかけて
765
龍神街道
シャクナゲ園
❺林間広場
（ワイルドライフ総合案内所）
龍神温泉・
◀紀伊田辺駅

▲草原が広がる生石高原展望台。右の突起は笠石、左の舞台状の岩は火上げ岩

49 生石高原
おいしこうげん

生石高原のナデシコ

一面のススキ原と四方さえぎるもののない大展望が広がる稜線へ

　和歌山県紀美野町と有田川町に広がる生石高原は、東西2kmにもおよぶ広大なススキ高原で知られる。山頂近くまで車で行けるため、ビギナーでも高原散策が楽しめるが、この高原をより満喫するなら、麓から自分の足で登りたい。紹介する小川八幡神社起点の周回路は生石高原を代表するコースで、春の桜や秋の紅葉の道、点在する弘法大師ゆかりの地、そして360度の眺望と楽しみが満載。標高差こそ結構あるが、道標などはよく整備され、踏み跡もはっきりしている。通年登れるが、ススキのきれいな秋がベストシーズン。

🚗 アクセス情報

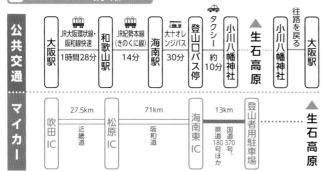

公共交通	大阪駅	→JR大阪環状線・阪和線快速 1時間28分→	和歌山駅	→JR紀勢本線 (きのくに線) 14分→	海南駅	→大十オレンジバス 30分→	登山口バス停	→タクシー 約10分→	小川八幡神社	▲生石高原	小川八幡神社	往路を戻る→	大阪駅

マイカー	吹田IC	27.5km 近畿道	松原IC	71km 阪和道	海南東IC	13km 国道370号、県道180号ほか	登山者用駐車場	▲生石高原

アクセスのヒント

　海南駅からのバス終点である登山口バス停から小川八幡神社へはタクシー利用としたが、歩くこともできる（1時間）。人数がまとまっていれば、海南駅から直接タクシーでアクセスしてもいい（約30分・約5000円）。マイカーの場合、小川八幡神社の手前に登山者用駐車場がある。ビギナーは山頂近くの生石高原駐車場に駐車して散策する。

●紹介コースは山麓から標高差760mを登り詰める中級コースなので、ビギナーは山頂近くの駐車場を利用して、標高差が少なく短時間で歩けるコースがおすすめ。その際は駐車場を拠点に東側の生石神社まで往復し、さらに駐車場西側の西オンジまで行ってみよう（総行程2時間）。

登山データ

標　高	870m (生石ヶ峰)
エリア	阪南・紀北 和歌山県
レベル	中級
整備度	★★☆
難易度	★★☆
歩行時間	4時間30分
歩行距離	10.1km
標高差	登り760m 下り760m

問合せ先
紀美野町役場☎073-489-2430
大十バス☎073-489-2751
こおのタクシー
☎073-489-2009

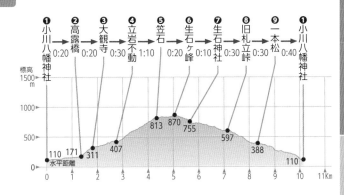

❶小川八幡神社 →0:20 ❷高露橋 →0:20 ❸大観寺 →0:30 ❹立岩不動 →1:10 ❺笠石 →0:20 ❻生石ヶ峰 →0:10 ❼生石神社 →0:30 ❽旧札立峠 →0:30 ❾一本松 →0:40 ❶小川八幡神社

標高
1500m
1000
500

水平距離
110　171　311　407　813　870　755　597　388　110
0　1　2　3　4　5　6　7　8　9　10　11Km

シーズンカレンダー　登山適期　通年

1月	2月	3月	4月	5月	6月	7月	8月	9月	10月	11月	12月

登山適期
レンゲツツジ
ミカンの花
ススキ
新緑
紅葉

弘法大師ゆかりの地を巡る
中級者向けトレッキングコース

石清水八幡宮の別宮とされる**❶小川八幡神社**で登山の安全を祈願したら、梅本川沿いの車道を、正面に生石ヶ峰を仰ぎ見ながら緩やかに登っていく。**❷高露橋**、南忠橋を渡り、すぐに左の急坂の山道に入る。20分ほど登ると、イチョウの大木が枝を広げる**❸大観寺**の前に出る。ひと

▲直登コース・一本松コース分岐

休みしたら、舗装道を右へ進む。舗装道の脇に、弘法大師（空海）が、通行の障害となっていた岩を押し上げ、そのときの手形がくぼみとして残ったという押し上げ岩がある。

ほどなく、シラカシの大木に囲まれた不動

▲ススキの原を抜けていく。右奥は笠石

辻に着く。直進して大観寺の奥の院、立岩不動に立ち寄ることにしよう。10分ほどで、大岩を背にした**❹立岩不動**に迎えられる。

不動辻に戻り、右上の植林帯の道を登る。やがて、弘法大師によって名付けられたという龍王水に出る。林道を横切り、植林帯の道に入る。別荘地の間を抜けると目の前の視界が大きく開け、生石高原のど真ん中めがけて登っていく。左手に弘法大師が護摩修行した

●生石ヶ峰山頂から南に下ったところに硯水（すずりみず）湿原がある。木道が整備され、その周囲には初夏から秋にかけ、主に湿生の花が咲いている。30分ほどの散策なので、時間があれば足を延ばしてみよう。

▲旧札立峠先の分岐。下山は左下の道へ

▲桜の小径と呼ばれる下山路にある休憩所

▲笠石ではたくさんのハイカーが思い思いに休憩している

とされる笠石、左前方には大火を焚いて雨乞いをしたという、火上げ岩がある。

❺笠石からは東に進み、晩秋にはススキの穂が銀色に輝く中、高原の最高点・生石ヶ峰山頂に向かう。たどり着いた❻生石ヶ峰の山頂からは、西方の眼下に鷹島・苅藻島の島々、紀伊水道を隔てて、四国や淡路島、振り返ると護摩壇山から奥高野の山々が重畳と波打つ。

山頂を東側に下ると、❼生石神社がある。生石神社は、一夜にして神が降臨し、突如高さ48mもの立岩が出現したとされる神社で、大汝、少彦名の二神を祀っている。

神社前の林道を左に回り込んだ後、右手の登山道に入る。15分ほど下っていくと車道上の❽旧札立峠で、右へすぐのところに石地蔵が祀られている。旧札立峠は、野上と清水をつなぐ街道の要所として古くから栄えたところで、車道を挟んだ反対側には、大正の頃まで茶屋があったという。

旧札立峠から東の新札立峠方面に車道を30mほど下ったのち、左の一本松コースに入る。直下で車道を横切り、ジグザグの急坂道に入る。やがて❾一本松と呼ばれる平坦地に出る。樹々の間から生石高原の北面を望みながら尾根道を下る。桜並木が植栽された遊歩道を下ると、❶小川八幡神社へと帰り着く。

🍴 **味覚・おみやげ**

紀美野町のカフェベーカリー

生石高原のある紀美野町は人口1万人に満たない小さな町だが、登山口にもっとも近い森のぱん屋さん（週末のみ営業。☎073-489-4422）やドーシェル（写真、月・火曜休。☎073-489-5324）など、個性豊かなカフェベーカリーが揃う。景色を眺めながら味わうランチも人気。

🏠 **立ち寄りポイント**

レストハウス 山の家おいし

生石高原駐車場近くにある、くつろいだ雰囲気のレストハウス。眼下に雄大な景色を満喫しながら、しいたけや生石高原味噌をはじめとする紀美野町のお土産選びや、喫茶・軽食が楽しめる。隣にキャンプ場が併設されている。9時30分〜16時30分。無休。☎073-489-3586

● 紀美野町には栄養価の高い金時生姜を使用したアイスミルクや飴、町内産の果物で作ったマドレーヌ、生石高原産の牛乳で作った「りらのぷりん」、町の木であるカヤの実を使ったクッキーなど、個性的なスイーツが揃っている。☎073-488-2611（紀美野町観光協会）

生石高原

1:25,000
0　250　500m
1cm=250m
等高線は10mごと

N

登山口バス停・
海南駅・海南東IC・
ドーシェル(ベーカリー)

鳶ヶ巣山 △394

安井谷

・306

△231.5

小川八幡

森の
ぱん屋さん

272・

登山口バス停
から徒歩1時間

便数少ない

P 登山者用

飯盛峠

円照寺
卍

小川小 ⊗

① 小川八幡神社

122・

南畑

奥佐々

名
寄
松
コ
ー
ス

あずまや

122

桜並木

和歌山県
紀美野町

350

円照寺
卍

中田

桜の小径

高露橋

277.4△

586.6△

安楽寺
卍

0:20
0:15

南忠橋の先で
左の道に入る

②

きょうの川

梅本240

一
本
杉
コ
ー
ス

0:55
0:40

⑨ 一本松
・399

ジグザグに切られた
れた急斜面を下っていく

大観寺への登り

0:20
0:10

直登コース

③ 大観寺
卍

車道を横切る

0:40
0:30

500

大イチョウの木がある

大観寺 卍

押し上げ岩

旧札立峠から車道を
約30m進むと分岐が
あり左の登山道へ

・460

シラカシの大木
不動辻

0:25
0:30

△463.5

狼岩

新
札
立
峠

不動辻

龍王水

旧札立峠 ⑧

△639.0

立岩不動 ④

・593

石地蔵

飲用不可

林道から右手の
登山道に入る

名
寄
松
山
脈

600

レストハウス 山の家
おいし

184・

700

北
尾
根
コ
ー
ス

0:40
0:30

生石ヶ峰のもう
ひとつのピーク

1:10
0:55

生石高原

ススキが広がる

国民宿舎跡

キャンプ場

展望台

生石ヶ峰

⑥ ・870

生石神社
⑦

大岩を背にする
生石神社

有田川町

P

P

△820.2

西オンジ

⑤ 笠石

火上げ岩

0:20
0:15

東オンジ

見晴岩

0:10
0:15

林道を
歩く

大岩の下を通って
生石神社へ下る

△782.5

山の家おいし

360度の展望

（往復10分）

生
石
ヶ
峰
コ
ー
ス

たまご牧場
まきば

△705.4

・483

50 熊野古道・中辺路
くまのこどう・なかへち

熊野古道に延びる石畳の道をたどる

「熊野古道ゴールデンルート」と呼ばれる熊野古道・中辺路の田辺から熊野本宮大社までのうち、滝尻から近露までの約13kmのコースを歩く。道標杭や休憩所などが整備され、危険箇所も少ないが、休憩時間を含めると7時間以上かかるので、湿度が高い盛夏と日暮れが早い冬は避ける。大半が山道と石畳の道だけに、靴はトレッキングシューズにする。マイカー以外日帰りが厳しいので、コース途中の高原地区の民宿で1泊し、下山後に近露の温泉や此曽原王子を訪ねくもいい。

コース中に咲いていたアジサイ

▲滝尻王子社から木立に延びる石畳の道を登っていく

🚗 アクセス情報

					▲					
公共交通	新大阪駅	JR阪和線・紀勢本線特急 2時間25分	紀伊田辺駅	タクシー 30分	滝尻バス停	熊野古道・中辺路	近露王子バス停	龍神自動車バス 1時間15分	紀伊田辺駅 往路を戻る	新大阪駅
マイカー	吹田IC	27.5km 近畿道	松原JCT	129.2km 阪和道・湯浅御坊道路	有田IC	7.9km 阪和道・紀勢道	上富田IC	17.2km 国道42号・県道36号ほか・国道311号	滝尻駐車場	熊野古道・中辺路

アクセスのヒント

大阪から公共交通利用の場合、登山口の滝尻バス停着が最速でも10時半頃。終点の近露王子発のバスの最終は17時30分台だけに、前泊がベスト。コース後半の牛馬童子口バス停着が17時近い場合は、ここで打ち切ろう。マイカーなら日帰り可能だが、滝尻には9時半頃には着いておきたい。下山後は近露からバスで滝尻に戻る。

●なかへち町観光協会では、登山口の滝尻駐車場で預かった車をゴール地点の近露王子駐車場まで移動する搬送サービスを行っている（有料・利用前日までに要予約）。歩き通してこそのコースだけに、利用価値は高い。☎0739-64-1470（熊野古道館）

登山データ

標　　高	681m（上田和茶屋跡）
エリア	阪南・紀北　和歌山県
レベル	中級
整備度	★★☆
難易度	★★★
歩行時間	6時間20分
歩行距離	12.8km
標高差	登り594m　下り389m

問合せ先
熊野古道館☎0739-64-1470
龍神バス☎0739-22-2100
明光バス☎0739-42-3008
明光タクシー☎0739-22-2300

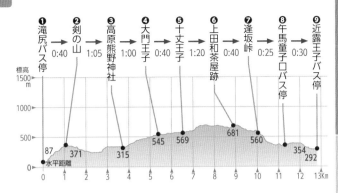

❶滝尻バス停 →0:40 ❷剣の山 →1:05 ❸高原熊野神社 →1:00 ❹大門王子 →0:40 ❺十丈王子 →1:20 ❻上田和茶屋跡 →0:40 ❼逢坂峠 →0:25 ❽午馬童子口バス停 →0:30 ❾近露王子バス停

標高 1500m / 1000 / 500 / 0
水平距離
87　371　315　545　569　681　560　354　292
0 1 2 3 4 5 6 7 8 9 10 11 12 13Km

シーズンカレンダー　登山適期　3月下旬～6月、9月～11月

1月	2月	3月	4月	5月	6月	7月	8月	9月	10月	11月	12月

← 登山適期 →　　← 登山適期 →
新緑
山野草
紅葉

世界遺産のパワーに触れる半日コース
古社や巨木、棚田など変化ある古道歩き

❶滝尻バス停で下車する。国道を挟んだ反対側に中辺路の観光案内や歴史紹介を兼ねた施設の熊野古道館（9時～17時・無休。☎0739-64-1470）がある。スタート前に立ち寄り、コース情報を入手していこう。

▲春日造りの高原熊野神社

富田川と石船川が合流する地点に、五体王子（P186地図内参照）のひとつ滝尻王子社の社殿が立っている。

滝尻王子社に参拝後、社殿左側から古道に入り、杉林に延びる苔むした石段を登っていく。道は急斜面の登りになり、やがて「胎内くぐり」と呼ばれる岩屋に出る。上部には藤

▲高原霧の里から。棚田と焼尾山の奥に果無山脈を望む

原秀衡ゆかりの乳岩がある。その先の不寝王子からは木の根が張り出した急な斜面を登っていくが、経塚跡の❷剣の山を越えると、一転してなだらかな古道歩きになる。

展望台のある飯盛山を下って車道を横切り、小さなアップダウンをくり返すと❸高原熊野神社に着く。中辺路沿いに現存するものでは最古の神社建築で、境内には南方熊楠の運動によって残った大きなクスノキが立って

●下山地の近露に大型ドライブインの古道歩きの里ちかつゆ（☎0739-65-0715）や入浴施設の近露温泉ひすいの湯（民宿ちかつゆ併設。☎0739-65-0617）、奥熊野温泉女神の湯（アイリスパークオートキャンプ場内。☎0739-65-0410）が、コース途中の高原に民宿霧の郷たかはら（☎0739-64-1900）がある。

▲中辺路のシンボル・箸折峠の牛馬童子像。右は役行者像

▲石畳道を下って近露へ。ゴールは近い

いる。高原熊野神社の先には休憩施設の高原霧の里や、民宿の霧の郷たかはらがある。後者では食事ができるので、ここでお昼ご飯にしてもいい。このあたりはコース随一の展望スポットで、目の前に棚田が広がり、その奥には果無の山並みが開けている。

旧旅籠通りを抜け、終点の近露まで民家ひとつない山道に入る。緩やかな登りが続く道を進み、高原池、ついで熊野本宮大社の鳥居があったとされる❹大門王子（だいもんおうじ）へ。さらに進んで道が左右から合流する❺十丈王子（じゅうじょうおうじ）（十丈峠）を経て、悪四郎屋敷跡へと登っていく。

稜線の北面を巻くように進んでいくと、三体月の伝説が残る❻上田和茶屋跡（うわたわちゃやあと）に着く。こ

熊野古道・中辺路

1:50,000
0　500　1km
1cm=500m
等高線は20mごと

※黒丸の数字は熊野古道の王子の通しナンバー

王子とは、熊野詣の道中、熊野の御子神を祀り難行苦行の信仰の道をつなぐために設けられた神社のこと。なかでも格式高い藤代・切目・稲葉根・滝尻・発心門の5社は「五体王子」と呼ばれる

三尾山 ▲485

熊野川トンネル

高原霧の里

初級者はこのコースを下る。栗栖川バス停へ下り25分

高原霧の里（休憩所）
霧の郷たかはら（民宿）

滝尻王子社

車道終点
ここから再び山道に入る

❸高原熊野神社

旧旅籠通り（石畳の道）

❹大門王子

展望が開ける

政城山 ▲717

王子とは…

林道を横切る

展望台あり

不寝王子

胎内くぐり・乳岩

飯盛山

❷剣の山

急登

❶滝尻バス停
紀伊田辺駅・みなべIC

休憩所あり

こがコースの最高点（約680m）で、ここからは急斜面を下っていく。秋は道が落ち葉で覆われ滑りやすい。ところどころにある石畳でもスリップに注意する。**⑦逢坂峠**、大坂本王子を経て、国道311号上の**⑧牛馬童子ロバス停**に降り立つ。ここまででかなりの疲労を感じているようなら、ここをゴールとしてもいい。

バス停から再び古道に入り、花山法皇の旅姿を模したものと伝えられる牛馬童子像が立つ箸折峠へと登っていく。ひと休みしたら、近露に向け最後の急坂を下っていく。杉林を抜けると、一気に近露の里の風景が開けてくる。石畳を下ると車道に出て、日置川に架かる北野橋を渡ると、小さな森の近露王子社がある。ゴールの**⑨近露王子バス停**はすぐだ。

📖 山の雑学

熊野古道の石畳道

　熊野古道を目指す理由として、「石畳の道を歩いてみたい」という人も多い。しかし、これが思いのほか歩きづらい。土の道と違い足の負担が大きいうえ、登り下りともに苔がついている箇所や濡れている時は非常に滑りやすい。歩くコツは、足首まで保護されたトレッキングシューズを履き、通常の登山同様小さな歩幅で歩く。突起のある石の場合、土踏まずで凸部分を踏むと転倒の可能性が軽減される。

🏛 立ち寄りポイント

熊野本宮大社まで歩く

　ここまで来たら近露で1泊して、熊野三山のひとつ熊野本宮大社まで歩いてみよう（約7時間30分）。ガイドコース同様長い道だが、よく整備されている。途中には熊野聖域へ入る門があったとされる発心門王子（写真）や大斎原の大鳥居を望む展望台など、見どころが多い。

テーマ別索引

ステップアップコース

より上のレベルを目指すのに適したコース

山名	ページ	山名	ページ	山名	ページ
ロックガーデン・六甲山魚屋道 ❶	8	金勝アルプス ㉒	83	雲山峰 ㊹	162
須磨アルプス ❸	16	伊吹山 ㉔	90	龍門山 ㊺	166
高御位山 ❹	20	武奈ヶ岳 ㉕	94	生石高原 ㊾	180
愛宕山 ⓮	56	御在所岳 ㊷	155	熊野古道・中辺路 ㊿	184

駅から駅へのコース

周回コースを含む

山名	ページ	山名	ページ	山名	ページ
ロックガーデン・六甲山魚屋道 ❶	8	音羽山 ⓰	64	高取山 ㉜	119
トエンティクロス・摩耶山 ❷	12	比叡山・雲母坂 ⓲	70	吉野山 ㉟	130
須磨アルプス ❸	16	安土山・繖山 ⓴	77	青山高原 ㊶	152
仁川・甲山 ❻	26	飯道山 ㉑	80	雲山峰 ㊹	162
中山連山 ❾	38	賤ヶ岳・余呉湖 ㉓	86	龍門山 ㊺	166
交野山 ❿	42	山辺の道・三輪山 ㉗	102	雲雀山・白上山 ㊻	170
天王山・十方山 ⓫	45	二上山 ㉙	110		

ケーブルカーやロープウェイがあるコース

※はガイドではケーブルカーやロープウェイを使用していません

山名	ページ	山名	ページ	山名	ページ
ロックガーデン・六甲山魚屋道※ ❶	8	比叡山・雲母坂※ ⓲	70	吉野山※ ㉟	130
トエンティクロス・摩耶山 ❷	12	賤ヶ岳・余呉湖※ ㉓	86	御在所岳※ ㊷	155
須磨アルプス※ ❸	16	大和葛城山※ ㉚	113		
妙見山※ ⓭	56	金剛山※ ㉛	116		

マイカー利用に適したコース

山名	ページ	山名	ページ	山名	ページ
天王山・十方山 ⓫	45	武奈ヶ岳 ㉕	94	曽爾高原・倶留尊山 ㊵	148
大文字山 ⓯	60	赤坂山 ㉖	98	御在所岳 ㊷	155
大江山 ⓱	67	二上山 ㉙	110	龍門山 ㊺	166
三上山 ⓳	74	大和葛城山 ㉚	113	岩湧山 ㊼	174
安土山・繖山 ⓴	77	高取山 ㉜	119	護摩壇山・龍神岳 ㊽	177
金勝アルプス ㉒	83	吉野山 ㉟	130	生石高原 ㊾	180
伊吹山 ㉔	90	大台ヶ原山 ㊱	134		

■ **Tシャツ**
熱がこもると暑さでバテやすいだけに、吸汗速乾性のあるものがベスト

■ **長袖シャツ**
秋〜春はウールなど保温性の高いものを。標高が高い山では夏でも用意する

■ **防寒着＊**
春と秋は薄手のフリースやウインドブレーカー、冬はセーターやジャケットを

■ **レインウエア**
上下セパレートで防水透湿素材のものを。防寒着にもなるので常備しておく

■ **ズボン**
吸汗速乾性で、ストレッチ素材など足の動きを妨げないもの。ジーンズは×

■ **トレッキングシューズ＋靴紐の予備**
マイカー登山時は運転する靴が別だけに、登山靴を忘れることもあるので注意

■ **スパッツ**
雨の日などにズボンの裾が濡れるのを防ぐ。雨後のぬかるみでの泥除けにも

■ **帽子**
防寒や日差し除け以外にも、蜂などからの虫刺されや転倒時の頭部の保護にもなる

■ **ザック・ザックカバー**
日帰りなら20〜30リットル。ザックカバーは雨天時にすぐ取り出せる場所へ

■ **手袋**
防寒だけでなく、岩場や木をつかんで登るような場所でも役に立つことも

■ **タオル**
汗や雨で濡れた体を拭くだけでなく、下山後の立ち寄り入浴にも使える

■ **ウエットティッシュ・トイレットペーパー**
手や顔を拭くのに便利。トイレットペーパーは雨で濡らさないように注意

■ **LEDヘッドランプ**
日帰りでも万が一の場合があるので用意しておく。予備の電池も忘れずに

■ **携帯電話・スマートフォン・時計**
緊急時の通信手段に。山中では電池が消耗するので、電源はオフにする

■ **飲料水・弁当**
登山口で手に入らないことが多いので事前に用意する。水は1リットル必要

■ **行動食・非常食**
キャラメルなど糖類がいい。非常食はバランス栄養食品など保存の利くものを

■ **ゴミ袋**
行動食や弁当のゴミ、雨や泥で汚れたウエアを収納するのに使う

■ **虫除けスプレー・日焼け止め＊**
特に夏場は便利。コースによってはヒル除けも用意したい

■ **健康保険証（コピー可）**
行動中のケガは珍しいことではないだけに、必ず用意しておくこと

■ **ファーストエイドキット・常備薬**
医療用テープはテーピング以外に、靴底が剥離した際の固定にも使える

■ **エマージェンシーシート**
身体から放射される熱を反射し、体温低下を緩和させるシート

■ **メモ・筆記用具**
あると意外と使うもの。濡れても書ける手帳が市販されている

■ **ガイドブック**
登るコースのページをコピーしておく

装備についてより詳しく学びたい方には、弊社刊『るるぶDo！今日からはじめる山歩き』がおすすめです。

登山計画書

御中

年　月　日

氏名 団体体		所在地 連絡先				
目的山域						
現地連絡先						
担当	氏　名	性別	生年月日	血液型	現住所	緊急連絡先

月・日	行　動　予　定
・	
・	
・	
・	
・	
・	
・	

エスケープルート、非常時の行動等

共同装備、個人装備等

＊このページをコピーしてお使い下さい

登山計画書

　装備のチェックなど登山の準備ができたら、今度は登山計画書を用意しよう。登山計画書とは、登山の際に提出する書類で、万が一の遭難やケガ等に遭った場合の捜索や救助活動への備えとなる。これを提出しないと、遭難しても探すすべがないのだ。

　主な記入内容は、登山者の氏名や年齢、連絡先、登山の予定（登るコース、下るコース、エスケープルートを明記する）と、携行する装備と食料等の量など。必要な内容を記入した計画書は、登山口にある登山届けポストに投函するか、登山地域の警察署などに事前に提出する（郵送やFAXなど）。大事なのは家族や友人、勤務先などにも登山計画書のコピー（あるいは詳細を記したメモ）を渡しておくこと。口頭だけだと、歩くコースや持ち物などの肝心なところが相手に伝わらないからだ。

　計画書はインターネットから雛型がダウンロードできるが、左の計画書を拡大コピーしてもいい。

日帰り山あるき 関西

2020年7月15日　初版印刷
2020年8月1日　初版発行

編集人	平野陽子
発行人	今井敏行
発行所	JTBパブリッシング
	〒162-8446　東京都新宿区払方町25-5

編集・制作	千秋社
	吉田祐介
取材・文・写真	加藤芳樹・岡田敏昭・岡田知子・
	小島誠孝・児嶋弘幸・森田秀巳・
	吉田祐介
写真協力	フォトライブラリー・関係諸施設ほか
表紙写真	小島誠孝・フォトライブラリー
表紙・デザイン	オムデザイン　道信勝彦
地図製作・組版	千秋社
印刷	凸版印刷

本書の内容についてのお問合せ　☎03-6888-7846
図書のご注文　☎03-6888-7893
乱丁・落丁はお取替えいたします。

インターネットアドレス
おでかけ情報満載　https://rurubu.jp/andmore

◎高低図の作成にあたっては、DAN杉本さん制作のソフト「カシミール3D」を利用させて頂きました。

◎本書の取材・執筆にあたり、ご協力いただきました関係各位に、厚くお礼申し上げます。

◎本書の掲載データは2020年5月現在のものです。料金はすべて大人料金です。定休日は、年末年始、盆休み、ゴールデンウィークは省略しています。

◎本誌掲載の料金は、原則として取材時点で確認した税率改定後の消費税込みの料金です。ただし各種料金は変更されることがありますので、ご利用の際はご注意ください。

◎宿泊料金は原則として税率改定後の消費税、サービス料込みで掲載しています。別途諸税がかかることがあります。

◎記載の交通の運賃・料金・割引きっぷ等の金額が変更されていることがありますので、ご利用の際はご注意ください。

◎各種データを含めた掲載内容の正確性には万全を期しておりますが、登山道の状況や施設の営業などは、気象状況などの影響で大きく変動する事があります。安全のために、お出かけ前には必ず電話等で事前に確認・予約する事をお勧めします。山では無理をせず、自己責任において行動されるようお願いいたします。事故や遭難など、弊社では一切の責任は負いかねますので、ご了承下さい。

JTBパブリッシング
https://jtbpublishing.co.jp/